08:01 h

Arribada al Port de Barcelona

08:02 h

Dàrsena de Sant Bertran

08:03 h

José Carlos Llop

Quan surt a coberta pensa que el temps del mar és el veritable temps del viatge. «No és el mateix travessar un continent que abandonar una illa», pensa; el món comença i s'acaba en una illa; deixar-la enrere implica marxar cap a l'altre món. No és el mateix arribar a una ciutat continental des de l'estació de tren d'una altra ciutat continental, que arribar-hi després de salpar d'un port insular. En el fil musical del vaixell sona una cançó de Khaled: Barcelona, la mestissa, la ciutat de què li havia parlat el seu avi Laloux cada cop és més a prop.

El sol ha sortit no fa gaire. Una llum pàl·lida, entre grisa i grogosa, perfila les coses del món. Els cossos passegen per la coberta com somnàmbuls, repetint les mateixes frases que s'han repetit sempre en un vaixell quan surt el sol i s'està a punt d'arribar a port. El mar agafa una densitat oliosa, com si patís una metamorfosi i deixés de ser mar per ser pantà. L'olor que fa és fins i tot diferent. Ara és una olor parenta de l'olor de pintura i fuel del vaixell, no aquella olor animal, com de cetaci, que bufeteja la cara en plena travessa.

La Julie pensa en la nit abans de salpar. En els espurneigs del passeig Marítim de Palma, una muralla de cubs embolicada en un núvol de lluernes i, al fons, el buc de pedra il·luminat per la catedral, ocultant la ciutat callada. En la inestabilitat física del viatge, com si el batec fosc del mar regís l'equilibri dels qui l'habiten, fins i tot a la seva superfície. En l'aire humit i enganxós que s'endinsa més enllà de la pell. Com la salabror o els records.

Una ciutat de records aliens és qualsevol ciutat on no s'ha viscut mai. Barcelona pot ser Khaled o Gato Pérez, però també Marsella pot ser Khaled —que ja no sona al vaixell— o Gato Pérez, si Marsella tingués rumba. Barcelona és una ciutat que es resisteix per obrir-se després a les Rambles, com una ferida vegetal. Però això la Julie encara no ho sap. Només sap que la lentitud és el *tempo* dels vaixells: la lentitud, l'òxid, la ferramenta. I que el port de Barcelona és interminable: aquesta és la resistència de la ciutat: un port que no s'acaba mai, un Purgatori marítim d'aigua embalsamada on sura una pell de taronja o una llauna de conserva. S'hi alcen les grues com flamencs futuristes, els pantalans de formigó, els molls, els dipòsits de colors que ja no són. Una atmosfera sense color ho envaeix tot. Encara que la Julie pugui veure el buc vermell o la franja verda dels vaixells atracats en el port com bucs fantasma abandonats no se sap quan, el color és l'absència metafísica de color.

I aquesta absència fa pensar a la Julie en la mort. Sap que la vida —la ciutat— és allà darrere. Esplèndida, com un cos descansat que s'estira. Però ara pensa en la mort, perquè Barcelona rep el passatger amb els seus morts, sembrats a la carena. Els morts contemplen el viatger que arriba, atrapat en el port, i el port és una llacuna Estígia. Les gavines envien missatges a una banda i a una altra. Missatges del regne dels morts al regne dels vius i a l'inrevés. La Julie pensa que ningú ja no desxifra aquests missatges. El seu avi Laloux —que va estar a Barcelona en els anys trenta— li havia parlat de Montjuïc, de l'antic cementiri dels jueus, de la fortalesa on Franco va tancar Laval abans de lliurar-lo a De Gaulle perquè l'afusellés, de com Franco havia afusellat en aquella fortalesa a tants altres que pensaven el contrari que Laval. El seu avi Laloux havia estat seguidor de Maurras en la seva joventut però considerava Franco un traïdor. Guerres d'un altre temps.

El vaixell del pràctic és un peix pilot en el llom del qual un home amb gorra, de peu, fuma una cigarreta. La Julie contempla una torre mecànica i veu, al fons, el perfil de la ciutat que es desplega sobre els darrers molls, amb les *golondrines* per als turistes i la coqueteria dels velers esportius. La línia del cel es reflecteix en l'aigua rogenca, irisada. En aquesta imatge que la Julie atrapa també hi podria haver Shangai, mentre que Marsella s'ha perdut en el rai de Khaled. Una ciutat portuària és sempre totes les ciutats portuàries. La Julie mira les finestres enceses dels edificis que es desperten. Pensa en la vida que hi ha dins, tan semblant a qualsevol vida. Barcelona ja no és un port de mercaderies que va quedant enrere. Barcelona és ara una altra cosa que no coneix. I mentre baixa per l'escala del vaixell, riu pensant en el seu avi Laloux quan li deia que les ciutats eren dones que sempre marxen amb el més guapo de la festa. O amb el més ric. Ella és una dona i la ciutat l'espera: res més. El groc i el negre dels taxis és una pintura abstracta. La Julie prefereix anar a peu, sentir com la ciutat s'obre com un ventall. El perfum del mar continua allà; la seva densitat també. Això no obstant, és com si el port industrial —aquell mar lent dels Sargassos, metàl·lic i sense color— hagués desaparegut.

Els clàxons dels cotxes són una herència oriental en el trànsit urbà. Un lleó venecià parla de la ciutat del comerç. Cristòfol Colom és el Simeó Estilita de la navegació. La Julie ha dormit bé. Sent l'aire fresc de la ciutat, l'ombra dels plataners. Entra a les Rambles amb una certa tremolor de cames. Els ocells piulen. I la Julie es pregunta per què un poeta barceloní del segle passat els va dir cabrons. La Julie no té ressaca.

Al salir a cubierta piensa que el tiempo del mar es el verdadero tiempo del viaje. No es lo mismo atravesar un continente que abandonar una isla, piensa; el mundo empieza y se acaba en una isla; dejarla atrás implica partir hacia el otro mundo. No es lo mismo llegar a una ciudad continental desde la estación de

08:07 h

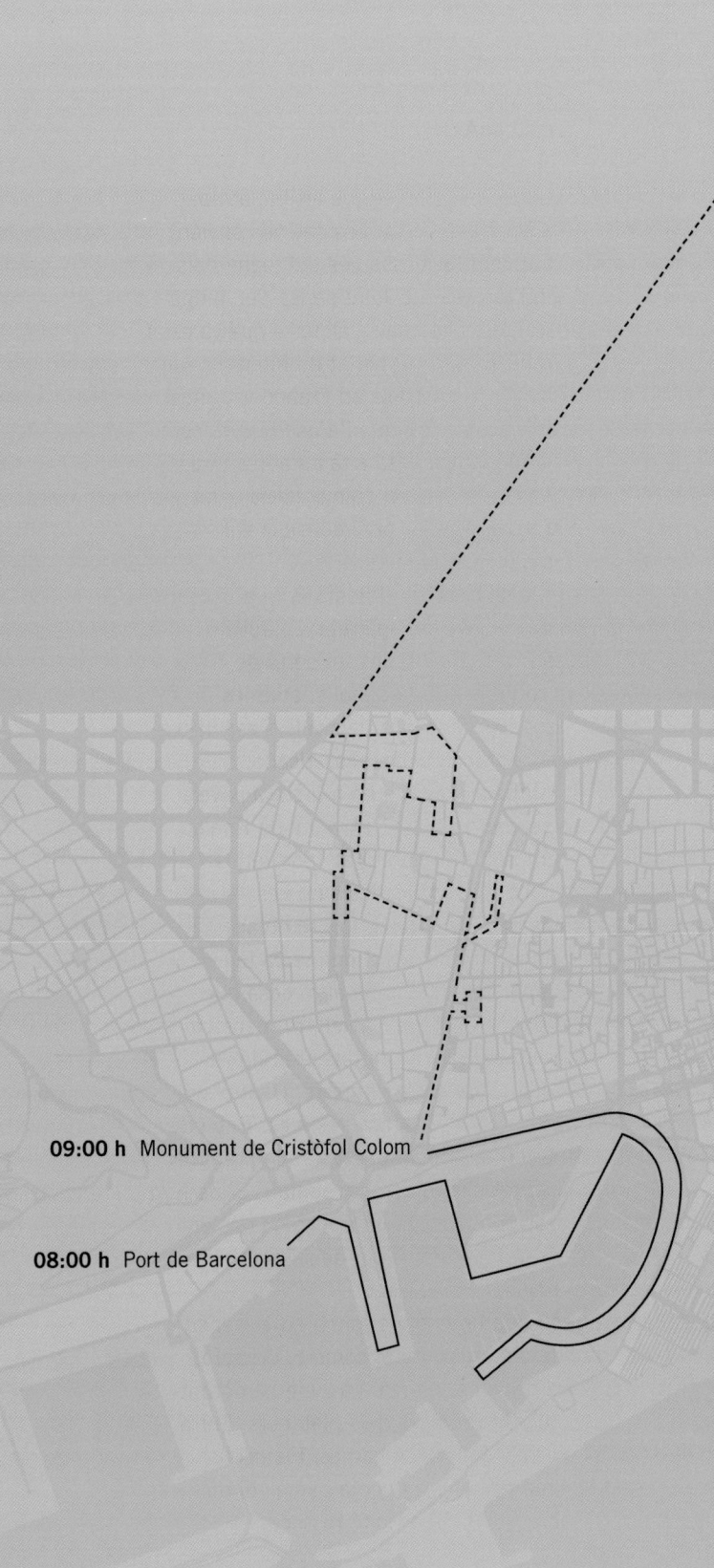

09:00 h Monument de Cristòfol Colom

08:00 h Port de Barcelona

08:08 h

tren de otra ciudad continental que tras haber zarpado de un puerto insular. En el hilo musical del barco suena una canción de Khaled: Barcelona, la mestiza, la ciudad de la que le había hablado su abuelo Laloux, está cada vez más cerca.
Ha amanecido hace poco. Una luz pálida, entre grisácea y amarillenta, perfila las cosas del mundo. Los cuerpos pasean por cubierta como sonámbulos, repitiendo las mismas frases que se repiten siempre en los barcos cuando ha amanecido y se está punto de arribar a puerto. El mar adquiere una densidad aceitosa, como si padeciera una metamorfosis y dejara de ser mar para ser pantano. Su olor incluso es diferente. Ahora es un olor pariente del olor a pintura y fuel del barco, no ese olor animal, como de cetáceo, que abofetea la cara en plena travesía.
Julie piensa en la noche pasada, antes de zarpar. En los destellos del Paseo Marítimo de Palma, una muralla de cubos envuelta en una nube de luciérnagas y al fondo el buque de piedra iluminado de la catedral, ocultando la ciudad callada. En la inestabilidad física del viaje, como si el latido oscuro del mar rigiera el equilibrio de los que lo habitan, incluso en su superficie. En el aire húmedo y pegajoso que se adentra más allá de la piel. Como el salitre o los recuerdos.
Una ciudad de recuerdos ajenos es cualquier ciudad en la que jamás se ha vivido. Barcelona puede ser Khaled o Gato Pérez, pero también Marsella podría ser Khaled —que ya no suena en el barco— o Gato Pérez, si Marsella tuviera rumba. Barcelona es una ciudad que se resiste para abrirse después en las Ramblas, como en una herida vegetal. Pero eso Julie no lo sabe aún. Sólo sabe que la lentitud es el *tempo* de los barcos: la lentitud, el óxido, la herrumbre. Y que el puerto de Barcelona es interminable: he ahí la resistencia de la ciudad: un puerto que jamás se acaba, un Purgatorio marítimo de agua embalsamada donde flota una piel de naranja o una lata de conservas. En él se alzan las grúas como flamencos futuristas, los pantalanes de hormigón, los muelles, los depósitos de colores que ya no lo son. Una atmósfera sin color lo invade todo. Aunque Julie pueda ver el casco rojo o la franja verde de los barcos atracados en el puerto como buques fantasma abandonados no se sabe cuándo, el color es la ausencia metafísica de color.
Y esa ausencia hace pensar a Julie en la muerte. Sabe que la vida —la ciudad— está ahí detrás. Espléndida, como un cuerpo descansado que se despereza. Pero ahora piensa en la muerte, porque Barcelona recibe al pasajero con sus muertos, sembrados en la ladera. Los muertos contemplan al viajero que llega, atrapado en el puerto, y el puerto es una laguna Estigia. Las gaviotas mandan mensajes a un lado y otro. Mensajes del reino de los muertos al reino de los vivos y al revés. Julie piensa que ya nadie descifra esos mensajes. Su abuelo Laloux —que había estado en Barcelona en los años treinta— le había hablado de Montjuïc, del antiguo cementerio de los judíos, de la fortaleza donde Franco encerró a Laval, antes de entregárselo a De Gaulle para que lo fusilara, como Franco había fusilado en esa fortaleza a tantos otros que pensaban lo contrario que Laval. Su abuelo Laloux había sido seguidor de Maurràs en su juventud pero consideraba a Franco un traidor. Guerras de otro tiempo.

El barco del práctico es un pez piloto en cuyo lomo un hombre con gorra, de pie, fuma un cigarrillo. Julie contempla una torre mecánica y al fondo ve el perfil de la ciudad, que se despliega sobre los últimos muelles, con las golondrinas para turistas y la coquetería de los veleros deportivos. La línea del cielo se refleja en el agua cobriza, irisada. En esa imagen que Julie atrapa también podría estar Shangai, mientras que Marsella se ha perdido en el *rai* de Khaled. Una ciudad portuaria es como todas las ciudades portuarias.
Julie mira las ventanas encendidas de los edificios que despiertan. Piensa en la vida ahí dentro, tan parecida a cualquier vida. Barcelona ya no es un puerto de mercancías que va quedando atrás. Barcelona es ahora otra cosa que no conoce. Y mientras baja por la escalerilla del barco se ríe pensando en su abuelo Laloux cuando le decía que las ciudades eran mujeres que siempre se marchaban con el más guapo de la fiesta. O con el más rico. Ella es una mujer y la ciudad le espera: no hay más. El conjunto amarillo y negro de los taxis es una pintura abstracta. Julie prefiere ir a pie, sentir cómo la ciudad se abre igual que un abanico. El perfume del mar sigue ahí; su densidad también. Sin embargo es como si el puerto industrial —ese lento mar de los Sargazos, metálico y sin color— hubiera desaparecido.
Las bocinas de los coches son una herencia oriental en el tráfico urbano. Un león veneciano habla de la ciudad del comercio. Cristóbal Colón es el Simeón Estilita de la navegación. Julie ha dormido bien. Siente el aire fresco de la ciudad, la sombra de los plátanos. Entra en las Ramblas con cierto temblor en las piernas. Pían los pájaros. Y Julie se pregunta por qué un poeta barcelonés del siglo pasado los llamó cabrones. Julie no tiene resaca.

When she goes out on deck, she thinks that the time at sea is the real time of the trip. It is not the same to cross a continent as it is to abandon an island, she thinks; the world begins and ends on an island, to leave it behind means setting off for another world. It is not the same to arrive at a continental city from the railway station of another continental city as it is to have set sail from an island port. A Khaled song is playing on the boat's piped music: Barcelona, the hybrid, the city her grandfather Laloux had spoken of, is getting closer and closer. Dawn broke a short time ago. A pale light, between greyish and yellowish, outlines the things in the world. The bodies pass through the deck like sleepwalkers, repeating the same phrases that have always been repeated on a boat when dawn has broken and the ship is about to put into port. The sea takes on an oily density, as if it has gone through a metamorphosis and changed from a sea to a bog. Even the smell is different. Now it is a smell related to the smell of paint and boat fuel, not the animal, cetacean smell that blew in her face in the middle of the voyage. Julie thinks about the night, before she set sail. About the twinkling of the seafront promenade in Palma, a wall of round turrets enveloped in a cloud of glow-worms, and, behind it, the illuminated stone ship of the cathedral, hiding the silent city. About the physical instability of the voyage, as if the throb of the sea governed the balance of those who inhabited it, even those on its surface. About the moist and sticky air that got in deeper than her skin. Like saltpetre, or memories.

Any city never experienced is a city of other people's memories. Barcelona could be Khaled or Gato Pérez, but Marseilles could be Khaled – which is no longer playing on the boat – or Gato Pérez, too, if Marseilles had the rumba. Barcelona is a tough city that then opens up on Las Ramblas, like a vegetable wound. But Julie doesn't know this yet. She only knows that a boat's tempo is slowness: slowness, rust, oxidation. And that the Barcelona port is endless: there is the city's toughness, a port that never ends, a coastal purgatory of standing water where an orange peel floats, or a tin of food. The cranes rise up out of it like futurist flamingos, the concrete docks, the quays, the coloured tanks no longer in use. A colourless atmosphere pervades it all. Although Julie can see the red hull or the green border of the boats docked at the port, like ghost craft abandoned, she knows not when, the colour is the metaphysical absence of colour.

And this absence makes Julie think of death. She knows that life – the city – is there behind her, splendid, like a well-rested body stretching itself. But now she thinks of death, because Barcelona welcomes passengers with its dead, scattered over the hillside. The dead contemplate the arriving traveller, trapped in the port, and the port is a Stygian lagoon. The seagulls send messages to one side and the other. Messages from the kingdom of the dead to the kingdom of the living, and vice versa. Julie thinks that no one will decipher those messages now. Her grandfather Laloux – who had been in Barcelona in the thirties – had told her about Montjuïc, about the old cemetery of the Jews, the fort where Franco imprisoned Laval, before sending him to De Gaulle to the firing squad, as Franco had executed so many others in that fort who were Laval's ideological opposites. Her grandfather Laloux had been a follower of Maurràs in his youth but considered Franco a traitor. Wars of another era.

The pilot boat is a guiding fish with a man in a hat, smoking a cigarette, standing on its back. Julie contemplates a mechanical tower and sees the outline of the city behind it, spreading out above the last quays, with the motor launches for tourists and the coquetry of the sport sailing boats. The line of the sky is reflected in the coppery, iridescent water. It could be Shanghai in that image Julie captures, while Marseilles has been lost in the rai of Khaled. A port city is always every port city.

Julie looks at the lit windows of the buildings waking up. She thinks about the life inside there, so similar to any life. Barcelona is no longer a cargo port that lags behind. Barcelona is something else now that she does not know. And, as she goes down the gangway of the boat, she laughs, thinking of her grandfather Laloux, of when he told her that cities are women who always leave with the handsomest man at the ball. Or the richest. She is a woman and the city is waiting for her: that's all there is to it. The yellow and black of the taxicabs is an abstract painting. Julie prefers to go on foot, to feel how the city opens up like a fan. The scent of the sea continues here, as does its density. But it is as if the industrial port – that slow Sargasso Sea, metallic and colourless – has disappeared.

The car horns are an oriental legacy in urban traffic. A Venetian lion speaks of the city of trade. Christopher Columbus is the Simeon Stylites of navigation. Julie has slept well. She feels the fresh air of the city, the shade of the sycamores. She enters the Ramblas with a certain trembling in her legs. The birds are chirping. And Julie wonders why a Barcelona poet from the last century called them bastards. Julie is not hung over.

08:26 h

08:27 h

Ana Lage

Moll de la Barceloneta i Moll de Pescadors

08:46 h

Pont de la Rambla de Mar

08:47 h

World Trade Center

Golondrina i Maremàgnum

Pont Porta d'Europa

08:50 h

Passeig del Port Vell i Maremàgnum

08:53 h

08:54 h

08:55 h

Barcelona des del Dic de l'Est

08:56 h

Monument de Cristòfol Colom

08:59 h

Albert Sánchez Piñol

Tot i que sembli mentida en un barceloní, jo no vaig trepitjar les Rambles fins als tretze anys. Hi anava amb tota la colla del barri, i el que em va estranyar va ser que el terra estigués cobert de milers de taquetes negres. «Són xiclets escopits, idiota», em va explicar algú. No érem pallussos, que consti. Un pallús s'estranyaria que en el món hi hagués tanta gent. El que em sorprenia a mi és que hi hagués tants xiclets. N'hi va haver un altre que en lloc de mirar cap a baix va mirar cap amunt: «Però que penjat que està aquell tio». Es referia a l'estàtua de Colom. (Encara que sembli mentida, mai no he pujat a Colom, ni tan sols ara. La Julie sí.)
A les Rambles no et controlava ningú. Al barri no podíem fer el brètol perquè ens coneixia massa gent. I a les Rambles els xarnegos es diluïen entre la multitud. Buf, com els odiàvem. Als xarnegos, vull dir. Apareixien quan menys t'ho esperaves, com en una batuda, i si ells eren molts i nosaltres pocs, valia més fugir per potes. Ens insultaven perquè parlàvem català, ens escorcollaven a punta de navalla i ens buidaven les butxaques. A Catalunya la paraula xarnego sempre ha estat pur tabú. Oficialment els xarnegos no existeixen. I una merda. Amb catorze anys nosaltres teníem claríssim què era un xarnego: un poli que encara no ha descobert la seva vocació. Ah, i també en sabíem el remei. Agafar a tots els polis i xarnegos, reunir-los en un camp de futbol (el RCD Espanyol, naturalment) i bombardejar-lo amb napalm.
Agafàvem el metro fins a les Drassanes i, des d'allí, a l'inrevés de tothom, passejàvem Rambles amunt. Després continuàvem molt més amunt, fins arribar al barri. El que tenien de bo les Rambles és que podies fer el que et donés la gana. Els carrers adjacents estaven plens de borratxos ajaguts sobre cartrons. Si ens queien bé, ens bevíem el seu vi. Si ens queien malament, els clavàvem puntades de peu fins que ens en cansàvem. Un dia a un dels nostres li va agafar un atac estrany. A l'alçada del Liceu es va posar a insultar la gent que hi entrava. Per tibats? No. Per *gilipollas*. (Quina sort que ha tingut la Julie de no coincidir amb ell.) Es menjava les flors exposades a les botigues, i li va petar de deixar anar els ocells, les tortugues i els llangardaixos tancats a les gàbies. Als turistes els feia molta gràcia. El molt boig els va llançar a la cara un grapat de ratolins de colors i ja no els va fer tanta gràcia. A nosaltres sí. Al venedor no. A la poli tampoc. Quan el van detenir, vam fugir sense parar de riure. Allò no va ser gaire solidari. Però què hi podíem fer? Jo no em volia deixar enxampar per un ramat de periquitos alliberats.
Als quinze anys vaig saber que les Rambles eren patrimoni artístic-urbà-cultural-sociològic (?) de Barcelona. Potser no s'ho creuen, però a les Rambles se li han dedicat cançons, poemes (tots dolentíssims), assaigs i novel·les i tot. Bé, doncs deixin-me que els digui una cosa.
Les Rambles no eren un bon lloc, simplement perquè no eren un lloc. Al barri mai no hauríem clavat puntades de peu a un borratxo. El borratxo oficial del barri tenia nom, i tothom sabia les coses horribles que la vida havia fet amb ell. Llavors, per què pegàvem els de les Rambles? Molt fàcil: perquè un borratxo de les Rambles no era un borratxo, era ningú.
El que tenen de dolent les Rambles és que la gent només és gent. I si ets gent, no ets ningú. O pitjor encara: ets qualsevol. Això et pot agradar una temporada. I molt! Però al final cansa, perquè al final tothom vol ser algú. Imaginin una terminal d'aeroport amb milers de persones amunt i avall estúpidament, com les formigues als arbres. Les Rambles eren això. Això amb mil anys d'història a sobre. Res més.
I, amb tot, hi ha una cosa que encara no he perdonat a les Rambles. Va succeir quan ja tenia setze anys. A la colleta s'hi havia afegit un xaval de la nostra edat, però tan madur que podia passar per algú de vint-i-sis o trenta-sis. Tenia veu d'ós i la barba li creixia tan de pressa que s'afaitava de bon matí i a l'anar-se'n a dormir. No aconsegueixo recordar el seu nom. Només que després es va fer ric venent fluorescents.
En aquella època ja coneixíem el gran secret de les Rambles: a l'estàtua de Colom la gent hi puja o en baixa, en el Liceu hi entra o no hi entra, i en El Corte Inglés hi compra o no hi compra. Doncs quina merda de secret. Afegeixin-hi una curiositat: de vegades no saps si la gent és qui és. Aquell dia, per exemple, vam veure la Julie a la porta d'El Corte Inglés. Podia ser ella. O no. Llavors, darrere la Julie, va aparèixer un

09:01 h

09:30 h El Liceu

09:00 h Les Rambles des de Colom

09:02 h

xarnego que també sortia d'El Corte Inglés. Un xarnego com tots els xarnegos, amb caçadora i pantalons texans, i pentinat apatxe. Però en lloc de dur un casset a l'espatlla, vomitant aquella nauseabunda música espanyola, amagava un embalum sota l'aixella. Menys per al guàrdia jurat, per a tothom era evident (almenys per a nosaltres) que havia robat un casset.
El xaval que s'afaitava dos cops al dia es va posar unes ulleres de sol i es va acostar al xarnego. «Tu, què hi portes aquí?». Va fer el gest d'ensenyar-li una placa imaginària i el va colpejar al clatell amb un diari enrotllat. Va dir: «Dóna'm això, tros d'enze». I després: «Tens sort que no estigui de servei. Fuig d'aquí!». Encara deu córrer.
El que és terrible, catastròfic, del cas és que el xarnego em va fer pena. Que ens robés un casset a nosaltres estaria molt, però molt malament. Que el robés a El Corte Inglés, no. El que no perdonaré mai a les Rambles és que em fessin dubtar d'una d'aquelles veritats bàsiques, indispensables, per a la vida tranquil·la: i si, després de tot, no érem millors que els xarnegos? Jo encara no sé com prendre-m'ho.

Aunque parezca mentira para un barcelonés, yo no pisé las Ramblas hasta los trece años. Iba con toda la pandilla del barrio, y lo que me extrañó fue que el suelo estuviera cubierto por miles de manchitas negras. «Son chicles escupidos, idiota», me explicó alguien. No éramos palurdos, que conste. A un paleto le extrañaría que en el mundo hubiera tanta gente. Lo que me sorprendía a mí era que hubiera tantos chicles. Otro chico en vez de mirar hacia abajo miró hacia arriba: «Pero qué colgado está ese tío». Se refería a la estatua de Colón. (Aunque parezca mentira, no he subido nunca a Colón, ni siquiera ahora. Julie sí.)
En las Ramblas no te controlaba nadie. En el barrio no podíamos hacer el gamberro porque nos conocía demasiada gente. Y en las Ramblas los charnegos se diluían entre la multitud. Buf, cómo los odiábamos. A los charnegos, me refiero. Aparecían cuando menos te lo esperabas, como en una redada, y si ellos eran muchos y nosotros pocos, más valía salir por patas. Nos insultaban porque hablábamos catalán, nos cacheaban a punta de navaja y nos vaciaban los bolsillos. En Cataluña la palabra «charnego» siempre ha sido tabú puro. Oficialmente los charnegos no existen. Y una mierda. Con catorce años nosotros teníamos clarísimo qué era un charnego: un poli que aún no ha descubierto su vocación. Ah, y también conocíamos el remedio. Pillar a todos los polis y charnegos, reunirlos en un campo de fútbol (el del R.C.D. Español, por supuesto) y bombardearlo con napalm.
Cogíamos el metro hasta Atarazanas y desde ahí, al revés de todo el mundo, nos paseábamos Ramblas arriba. Luego seguíamos mucho más arriba, hasta regresar al barrio. Lo bueno de las Ramblas era que podías hacer lo que te diera la gana. Las calles adyacentes estaban llenas de borrachos tirados sobre cartones. Si nos caían bien, nos bebíamos su vino. Si nos caían mal, los pateábamos hasta cansarnos.
Un día a uno de los nuestros le cogió un telele raro. A la altura del Liceo se puso a insultar a la gente que entraba. ¿Por encopetados? No. Por gilipollas. (Qué suerte tuvo Julie de no coincidir con él.) Se comía los capullos de las flores expuestas en las tiendas, y le dio por soltar a los pájaros, tortugas y lagartijas encerradas en las jaulas de los animales. A los turistas les hacía mucha gracia. El muy loco les tiró a la cara un puñado de ratitas de colores y ya no les hizo tanta gracia. A nosotros sí. Al vendedor no. A la poli tampoco. Cuando lo detuvieron huimos sin parar de reír. Eso no fue muy solidario. Pero ¿qué podíamos hacer? Yo no iba a dejar que me trincaran por un rebaño de periquitos liberados.
A los quince años me enteré de que las Ramblas eran patrimonio artístico-urbano-cultural-sociológico (?) de Barcelona. A lo mejor no se lo creen, pero a las Ramblas les han dedicado canciones, poemas (malísimos todos), ensayos y hasta novelas. Bueno, pues déjenme que diga algo.
Las Ramblas no eran un buen sitio, simplemente porque no eran un sitio. En el barrio nunca habríamos pateado a un borracho. El borracho oficial del barrio tenía nombre, y todos sabían lo terrible que había sido la vida con él. Entonces ¿por qué pegábamos a los de las Ramblas? Muy fácil: porque un borracho de las Ramblas no era un borracho, era nadie. Lo malo de las Ramblas es que la gente sólo es gente. Y si eres gente, no eres nadie. O peor aún: eres cualquiera. Eso te puede gustar una temporada. ¡Y mucho! Pero al final cansa, porque al final todo el mundo quiere ser alguien. Imagínense una terminal de aeropuerto con miles de personas arriba y abajo estúpidamente, como las hormigas en los árboles. Las Ramblas eran eso. Eso con mil años de historia encima. Nada más. Y con todo, hay algo que aún no he perdonado a las Ramblas. Ocurrió cuando ya tenía dieciséis años. A la pandillita se le había añadido un chaval de nuestra edad, pero tan maduro que podría pasar por alguien de veintiséis o treinta y seis. Tenía voz de oso y la barba le crecía tan deprisa que se afeitaba de madrugada y al acostarse. No consigo recordar su nombre.
Sólo que luego se hizo rico vendiendo fluorescentes.
Por esa época ya conocíamos el gran secreto de las Ramblas: de la estatua de Colón la gente sube o baja, en el Liceo entra o no entra, y en El Corte Inglés compra o no compra. Pues vaya mierda de secreto. Añádanle una curiosidad: a veces no sabes si la gente es quien es. Ese día, por ejemplo, vimos a Julie en las puertas de El Corte Inglés. Podría ser ella. O no. Entonces, detrás de Julie, apareció un charnego que también salía de El Corte Inglés. Un charnego como todos los charnegos, con cazadora y pantalones tejanos, y peinado apache. Pero en lugar de llevar un casete sobre el hombro, vomitando esa nauseabunda música española, escondía un bulto bajo el sobaco. Menos para el guardia jurado era evidente para todo el mundo (al menos para nosotros) que había robado un casete.
El chaval que se afeitaba dos veces al día se puso unas gafas de sol y se acercó al charnego. «Tú, ¿qué llevas ahí?» Hizo el ademán de enseñarle una placa imaginaria y le pegó en el cogote con un periódico enrollado. Dijo: «Dame eso, so borde». Y luego: «Tienes suerte de que no esté de servicio. ¡Largo de aquí!». Aún debe de estar corriendo.
Lo terrible, lo catastrófico del caso, es que el charnego me dio pena. Que nos robara un casete a nosotros estaría muy pero que muy mal. Que se lo robara a El Corte Inglés, no. Lo que nunca perdonaré a las Ramblas es que me hicieran dudar de una de

esas verdades básicas, indispensables para la vida tranquila: ¿y si, después de todo, no éramos mejores que los charnegos? Yo aún no sé cómo tomármelo.

Although it hardly seems believable coming from someone in Barcelona, I didn't step on to the Ramblas until I was thirteen. I went with the whole gang from the neighbourhood, and what was strange to me was that the ground was covered with thousands of little black spots. "That's spat-out gum, idiot," someone explained to me. We weren't country bumpkins, I'll have you know. A bumpkin would find it strange that there were so many people in the world. I was surprised that there was so much gum. There was another boy who, instead of looking down, looked up: "What a nutter that guy is." He meant the statue of Columbus. (Although it hardly seems believable, I've never been up inside Columbus, not even now. Julie has).

No one watched over you on the Ramblas. We couldn't act like hooligans in the neighbourhood because too many people knew us. And in the Ramblas the *charnegos*, immigrants from Southern Spain now settled in Catalonia, blended in among the multitudes. Oh, how we hated them. The *charnegos*, I mean. They popped up when you least expected it, like a raid, and if there were a lot of them and a few of us, we were better off running away. They insulted us because we spoke Catalan, they frisked us at knifepoint and they emptied our pockets. In Catalonia, the word *charnego* has always been pure taboo. Officially, the *charnegos* don't exist. Bullshit. At fourteen, we knew exactly what a *charnego* was: a cop who hadn't yet discovered his vocation. Oh, and we also knew the solution. Round up all the cops and *charnegos*, stick them on a football field (The RCD Español one, of course) and bomb it with napalm.

We would take the metro to Atarazanas and, contrary to the rest of the world, would go up the Ramblas from there. Then we would keep going much higher, until we got back to the neighbourhood. The good thing about the Ramblas was that you could do whatever you felt like doing. The adjacent streets were full of drunks lying down on pieces of cardboard. If we liked them, we would drink their wine. If we didn't, we would kick them until we got tired of it.

One day one of us took quite a turn. Up by the Liceu, he started to insult the people going in. Because they were posh? No. Because he was an asshole (Julie was lucky not to run into him). He was eating the buds of the flowers on display in the stalls, and he got it into his head to free the birds, turtles and lizards locked in the animal cages. The tourists found him quite funny. The nutter threw a fistful of multi-coloured rats in their faces and then they didn't think it was so funny. We did. The stall holder didn't. Neither did the cops. When they arrested him we fled, laughing uncontrollably. That wasn't very loyal. But what could we do? I wasn't going to let them tie me up for a little flock of freed parakeets.

At fifteen, I found out that the Ramblas was part of Barcelona's artistic-urban-cultural-sociological (?) heritage. You probably won't believe it, but songs, poems (all bad ones), essays and even novels have been dedicated to the Ramblas. Well, let me say something.

The Ramblas wasn't a good place, simply because it wasn't a place. We would never have kicked a drunk in my neighbourhood. The official drunk of the neighbourhood had a name, and everyone knew the horrible things that life had done to him.

So why did we beat up the ones on the Ramblas? Easy: because a drunk on the Ramblas wasn't a drunk, he was a nobody. The bad thing about the Ramblas is that people are just people. And if you are "people", you aren't anyone. Or worse still: you are anyone. You might like it for a while. A lot! But you tire of it in the end, because in the end everybody wants to be somebody. Imagine an airport terminal with thousands of people going stupidly up and down, like ants on trees. That was the Ramblas. That plus a thousand years of history. Nothing else.

And even so, there is something I still haven't forgiven the Ramblas for. It happened when I was already sixteen years old. Another guy our age had joined the gang, but he was so mature that he could have passed for a twenty-six- or thirty-six-year-old. He had a voice like a bear, and his beard grew so fast that he shaved in the morning and before he went to bed. I can't remember his name. Just that later he got rich selling fluorescent tubes.

Around this time we found out the big secret of the Ramblas: at the Columbus statue people go up or down, at the Liceu they go in or they don't, and in El Corte Inglés they buy or they buy. What a crap secret. And add this curiosity to it: sometimes you don't know if people are who they are. That day, for example, we saw Julie at the El Corte Inglés entrance. It could have been her. Or not. Then a *charnego* appeared behind Julie also coming out of El Corte Inglés. A *charnego* like any other *charnego*, with a denim jacket and jeans, and a hoodlum's hairstyle. But instead of carrying a cassette player on his shoulder, vomiting that nauseating Spanish music, he was hiding a lump under his arm. It was obvious to everyone (us, at least) except the security guard that he had stolen a cassette player. The guy who shaved twice a day put on some sunglasses and went up to the *charnego*. "You, what've you got in there?" He made as if to show him an imaginary badge and hit him on the back of the neck with a rolled-up newspaper. "Give me that, you nasty thing," he said, and then: "You're lucky I'm not on duty. Get out of here!" He's probably still running.

The horrible thing, the catastrophic thing about it, is that I felt sorry for the *charnego*. It would have been really bad if he had stolen a cassette player from us, really bad. But not if he had stolen one from El Corte Inglés. What I will never forgive the Ramblas for is making me doubt one of those basic, essential truths for living a happy life: What if, after all, we weren't any better than the *charnegos*? I still don't know how to take it.

09:04 h

Les Rambles des de Colom

09:05 h

Katja Enseling

Les Rambles

09:11 h

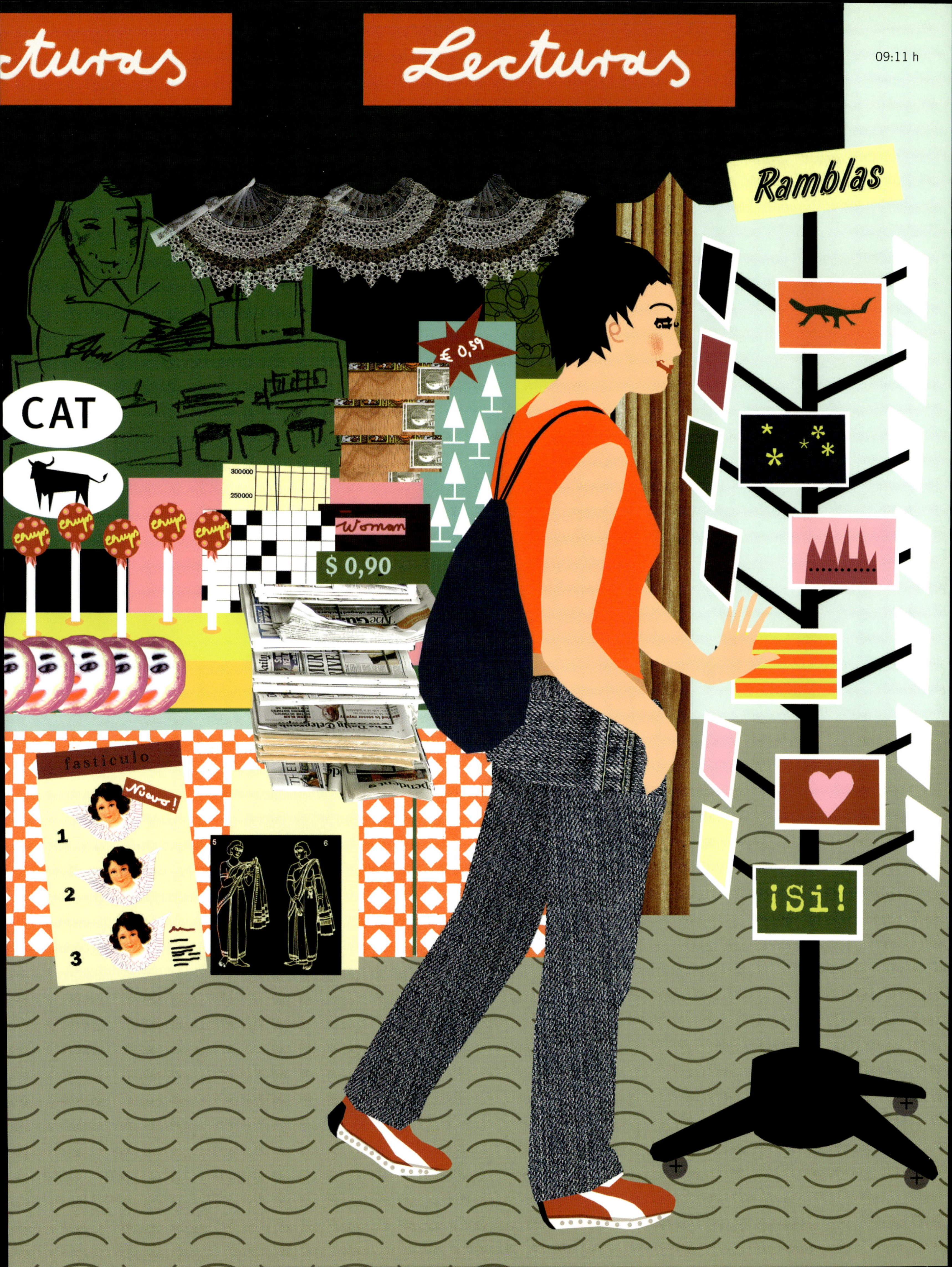

09:12 h

Plaça Reial

09:15

09:18 h

Liceu

El Liceu, entrada principal

09:19 h

09:22 h

El Liceu, *backstage*

09:29 h

09:30 h

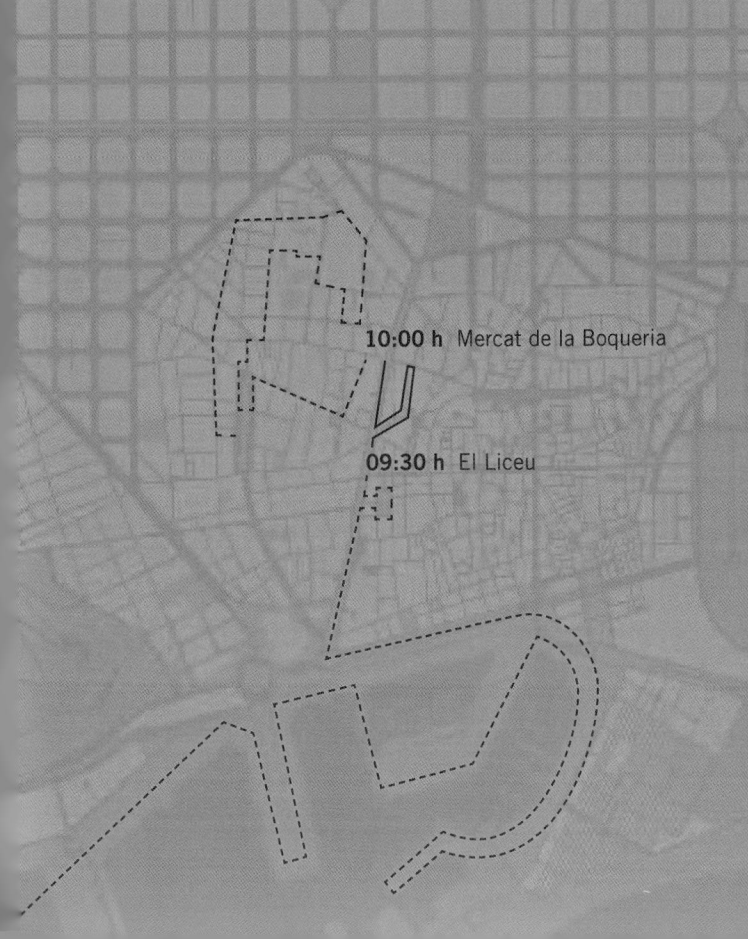

10:00 h Mercat de la Boqueria

09:30 h El Liceu

Rosa Regàs

No sabria dir per on vaig accedir a les Rambles. De sobte em vaig trobar envoltada de flors de mil colors, en centres o rams, atapeïdes com una sola poncella en cubells d'estany a terra, totes arrecerades sota el sostre de les parades que se succeïen a banda i banda del passeig. El sol encara no els arribava, el matí era fresc i només de tant en tant un tímid raig reeixia a filtrar-se entre les fulles dels immensos plataners per deixar-se caure com una pluja de còdols lluminosos sobre el paviment. L'aire feia olor de perfum i el cant dels pardals omplia l'ambient. Empesa per una riuada de gent potser aliena a l'espectacle que jo veia, caminava sense cap direcció mirant les façanes dels edificis a través dels troncs, les parades, les fulles. La multitud avançava en tots dos sentits ordenadament i apressats, tant que, quan vaig voler aturar-me un instant, vaig provocar un petit desordre.
Em vaig apartar cap a una banda i de sobte «Julie! Julie!», una veu em xiuxiuejava a l'esquena. «Julie!» Vaig girar-me i només vaig veure una velleta que donava menjar a uns gats a l'escocell d'un plataner. Sorpresa per la mirada inquisitiva que jo li havia fet, la velleta va somriure sense deixar d'ocupar-se'n. «Són els meus gats», va dir, «No viuen amb mi perquè no tinc lloc per a ells al pis, però cada dia ens trobem aquí. Li agraden els gats?» Parlava amb veu tènue, gairebé un xiuxiueig, i se'm feia difícil entendre-la bé. «Sí», vaig respondre, «m'agraden els gats». Ella, contenta de poder parlar dels seus, me'n va assenyalar un de molt petit, de pell daurada i ulls de color mel que jugava amb els altres, molt més corpulents. «És la Julie», va dir. «De fet es diu Júlia o Julita, un nom que li va posar la meva veïna quan anava a estendre la roba i se la va trobar, acabada de néixer, al terrat. Però jo li dic Julie, perquè Julie em sembla un nom més bonic, més de pel·lícula, no li sembla?»
No sé per què em va emocionar que aquella minúscula gateta es digués com jo. O jo com ella, no ho sé. Vaig tenir la sensació que hi havia alguna cosa familiar en aquesta ciutat i, per estrany que sembli, vaig sentir que hi havia un lloc per a mi. Un pensament ingenu i inútil però que deixava en el meu ànim una confortabilitat que s'acostava a la de la llar. Contenta, em vaig entretenir una estona més amb l'anciana i els seus gats, fins que les campanades d'alguna església pròxima van tocar les deu.

«Són les deu», vaig dir com si tingués una cita ineludible. «He de marxar.»
«És clar, és clar», va respondre ella. «Sempre és tard per a segons qui», amb un to barreja de comprensió i ironia.
Vaig creuar el carrer i em vaig ficar al mercat de la Boqueria, la immensa porta del qual s'obria davant meu. A l'interior del mercat ressonaven les veus de les venedores que convidaven a comprar els peixos més frescos, les verdures més tendres, les carns més delicades, les fruites més recents. Els focus potents sobre els productes els convertien en llums compactes de colors poderosos i contundents, vermells, verds, platejats o grocs.
Em vaig apropar a una parada de peix i em vaig quedar mirant uns seitons rutilants de lluentor i humitat i gairebé no vaig tenir temps de dir-li a la venedora, de cos ample i davantal blanc impol·lut, que no volia comprar. Ella ja havia omplert una bossa de paper fosc i repetia «Més? En vol més? Fa goig de veure'ls de tan frescos. Això es menja sol, hi posa una mica de tomàquet i oli i... menjar de déus.»
«Prou», vaig dir per aturar-la. Vaig pagar i vaig continuar caminant. Empesa per la primera compra, ja no sabia parar. Vaig triar pomes i nous, tomàquets, pebrots de tres colors, més enllà unes gambes i fins i tot una rodanxa de lluç, sucumbint a una temptació mancada de sentit. «Què faré amb tot això?» Vaig sortir de la Boqueria cansada i feliç però sense saber què fer amb tantes bosses i tant de pes. La velleta veia passar el matí amb els seus gats.
«Ah, tanta pressa per comprar?», va dir somrient així que em va veure. «Jo creia que vostè era estrangera.»
Vaig respondre vaguetats que no li van importar perquè continuava entretinguda amb els seus gats. I en un moment que es va ajupir per jugar amb la gateta, vaig deixar les bosses a terra i vaig sortir corrents Rambles avall. Feliç, sense embalums, amb la compra feta i les mans lliures vaig caminar sota els plataners airosos com un ciutadà més.

No sabría decir por dónde accedí a las Ramblas. De pronto me encontré rodeada de flores de mil colores, en centros o en ramos, apretujadas como un solo capullo en cubos de estaño en el suelo, guarecidas bajo el techo de los puestos que se

sucedían a ambos lados del paseo. No les alcanzaba el sol aún, la mañana era fresca y sólo de vez en cuando un tímido rayo lograba filtrarse entre las hojas de los inmensos plátanos para dejarse caer como una lluvia de guijarros luminosos sobre el pavimento. El aire olía a perfume y el canto de los gorriones llenaba el ambiente. Empujada por una riada de gente tal vez ajena al espectáculo que yo veía, caminaba sin dirección mirando las fachadas de los edificios a través de los troncos, los puestos, las hojas. La multitud avanzaba en ambos sentidos ordenada y presurosa, tanto que cuando quise detenerme un instante provoqué un pequeño desorden.
Me aparté hacia un lado y de pronto:
—¡Julie! ¡Julie! —una voz susurraba a mi espalda—. ¡Julie!
Me di la vuelta y no vi más que a una viejecita echando comida a unos gatos en el alcorque de un plátano. Sorprendida por la mirada inquisitiva que yo le había echado, la viejecita sonrió sin dejar de atenderlos.
—Son mis gatos —dijo—, no viven conmigo porque no tengo sitio para ellos en el piso, pero cada día nos encontramos aquí. ¿Le gustan los gatos?
Hablaba con voz tenue, casi un susurro, y se me hacía difícil comprenderla bien.
—Sí —respondí—, me gustan los gatos.
Ella, contenta de poder hablar de los suyos, señaló a uno muy pequeño de piel dorada y ojos color de miel que jugaba con los demás, mucho más corpulentos.
—Es Julie —dijo—. De hecho se llama Julia o Julita, un nombre que le puso mi vecina cuando fue a tender la ropa y se la encontró recién nacida en la azotea. Pero yo la llamo Julie, porque me parece un nombre más bonito, más de película, ¿no cree?
No sé por qué me emocionó que esa minúscula gatita se llamara como yo. O yo como ella, no sé. Me dio la sensación de que algo familiar había en esta ciudad y por extraño que parezca sentí que había en ella un lugar para mí. Un pensamiento ingenuo e inútil pero que dejaba en mi ánimo una confortabilidad cercana al hogar. Contenta, me entretuve un rato más con la anciana y sus gatos, hasta que las campanadas de alguna iglesia cercana tocaron las diez.
—Son las diez —dije, como si tuviera una cita ineludible—. Tengo que irme.
—Claro, claro —respondió ella—. Siempre es tarde para según quien —sentenció con un tono mezcla de comprensión e ironía.
Atravesé la calzada y me metí en el mercado de la Boqueria, cuya puerta inmensa se abría ante mí. En el interior del mercado resonaban las voces de las vendedoras invitando a comprar los pescados más frescos, las verduras más tiernas, las carnes más delicadas, las frutas más recientes. Focos potentes sobre los productos los convertían en luces compactas de colores poderosos y contundentes, rojos, verdes, plateados o amarillos.
Me acerqué a un puesto de pescado y me quedé mirando unos boquerones rutilantes de brillo y humedad y apenas tuve tiempo de decirle a la vendedora, de cuerpo amplio e impoluto delantal blanco, que no quería comprar. Ella ya había llenado una bolsa de papel oscuro y repetía:

—¿Más? ¿Quiere más? Frescos están que da gloria verlos. Esto se come solo, le pone un poco de tomate y aceite y... manjar de dioses.
—Basta —dije para detenerla.
Pagué y seguí caminando. Empujada por la primera compra ya no sabía parar. Elegí manzanas y nueces, tomates, pimientos de tres colores, más allá unas gambas e incluso una rodaja de merluza, sucumbiendo a una tentación que carecía de sentido. «¿Qué haré con todo esto?»
Salí de la Boqueria cansada y feliz pero sin saber qué hacer con tantas bolsas y tanto peso. La viejecita dejaba correr la mañana con sus gatos.
—Ah, ¿tanta prisa para hacer la compra? —dijo sonriendo en cuanto me vio—. Yo creía que era usted extranjera.
Respondí vaguedades que no le importaron porque seguía entretenida con sus gatos. Y, en un momento que se agachó para jugar con la gatita, dejé las bolsas en el suelo y salí corriendo Ramblas abajo. Feliz, sin bultos, con la compra hecha y las manos libres, caminé bajo los plátanos airosos como un ciudadano más.

I couldn't say how I got on to the Ramblas. I suddenly found myself surrounded by flowers in a thousand colours, in centrepieces or bouquets, in buds squashed into tin boxes on the floor, all of them sheltered under the roofs of the stalls that follow one another down each side of the avenue. The sun hadn't yet reached them, the morning was fresh, and only once in a while did a timid ray manage to filter through the leaves of the immense sycamores to fall like a rain of brilliant pebbles on to the pavement. There was a smell of perfume, and the air was filled with the chirping of sparrows. Pushed by a flood of people, all perhaps indifferent to the show I saw, I walked aimlessly, looking at the façades of the buildings through the tree trunks, the stalls, the leaves. The crowd advanced in both directions, tidy and hurried, so much so that when I wanted to stop for an instant I caused a small disturbance.
I backed off to one side and suddenly heard a voice whispering "Julie! Julie!" behind me.
"Julie!"
I turned around and could see nothing except a little old woman throwing food to some cats in the planter of a sycamore. Surprised by the questioning look I had given her, the little old woman smiled without turning away from them. "They're my cats," she said. "They don't live with me because I don't have room for them in my flat, but we meet here every day. Do you like cats?"
She spoke in a faint voice, almost a whisper, and it was difficult for me to understand her. "Yes," I said, "I like cats."
Happy to talk about her own, she pointed out a very small one, with a golden coat and eyes the colour of honey, which was playing with the other, stouter cats. "That's Julie," she said. "Actually her name is Julia or Julita, a name my neighbour gave her when she went to hang out the washing and found her just born on the roof. But I call her Julie, because Julie seems like a prettier name, more like a movie, don't you think?"
I don't know why I was touched that the tiny little cat should

have my name. Or that I should have hers, I don't know. It gave me the feeling that there was something familiar in this city, and strange as it may seem, I felt as if there was a place in it for me. An ingenuous and useless thought, but it left me with a comfort in my soul that was like home. I spent a while more with the old woman and her cats, contented, until the bells in some nearby church chimed ten o'clock.
"It's ten o'clock," I said, as if I had an appointment I couldn't miss. "I've got to go."
"Of course, of course," she answered. "It's always late for someone," in a tone that mixed of understanding and irony.
I crossed the road and went into the Boqueria market, whose immense entrance opened before me. The voices of the sellers resounded inside the market, inviting the purchase of the freshest fish, the tenderest vegetables, the most delicate meats, the newest fruit. Powerful spotlights on the products made them into blunt and powerful compact coloured lights: red, green, silver and gold. I went up to a fish stall and stood looking at some white anchovies that sparkled with sheen and moisture, barely having time to tell the fishmonger, with her ample body and pure white apron, that I wasn't buying. She had already filled a dark paper bag and was repeating, "What else? Anything else you would like? A sight for sore eyes, they're so fresh. Eat these by themselves – put a little bit of tomato and olive oil and.. food fit for the gods!"
"That's fine," I said to stop her. I paid and continued walking. With the push of that first purchase I couldn't stop. I picked out apples and walnuts, tomatoes, peppers in three colours, and then some shrimps and even a slice of hake, succumbing to a temptation that made no sense. What was I going to do with all of this?
I left the Boqueria tired and happy, but not knowing what to do with so many heavy bags. The little old woman was watching the morning go by with her cats.
"Ah, in such a hurry to go shopping?" she said, smiling, when she saw me. "I thought you were a foreigner."
I gave her a vague response that she ignored because she remained absorbed with her cats. And the moment she bent down to play with the kitten, I left the bags on the ground and ran down the Ramblas. Happy, with no bundles, with my shopping done and my hands free, I walked under the graceful trees like just another local.

El Liceu i Les Rambles des del Cafè de l'Òpera

09:35 h

Thomas Vilhelm Jørgensen

09:36 h

Cafè de l'Òpera

09:39 h

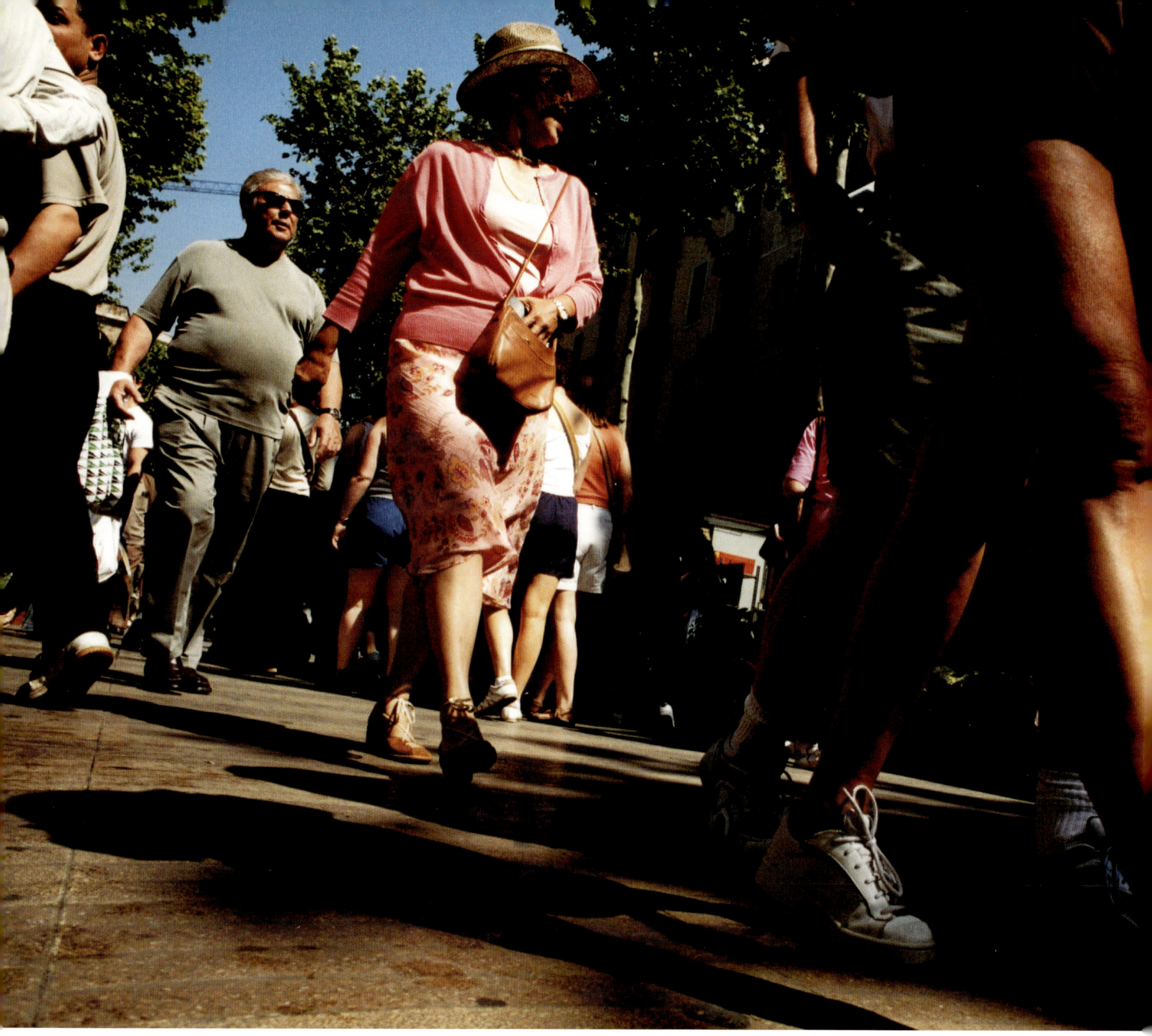

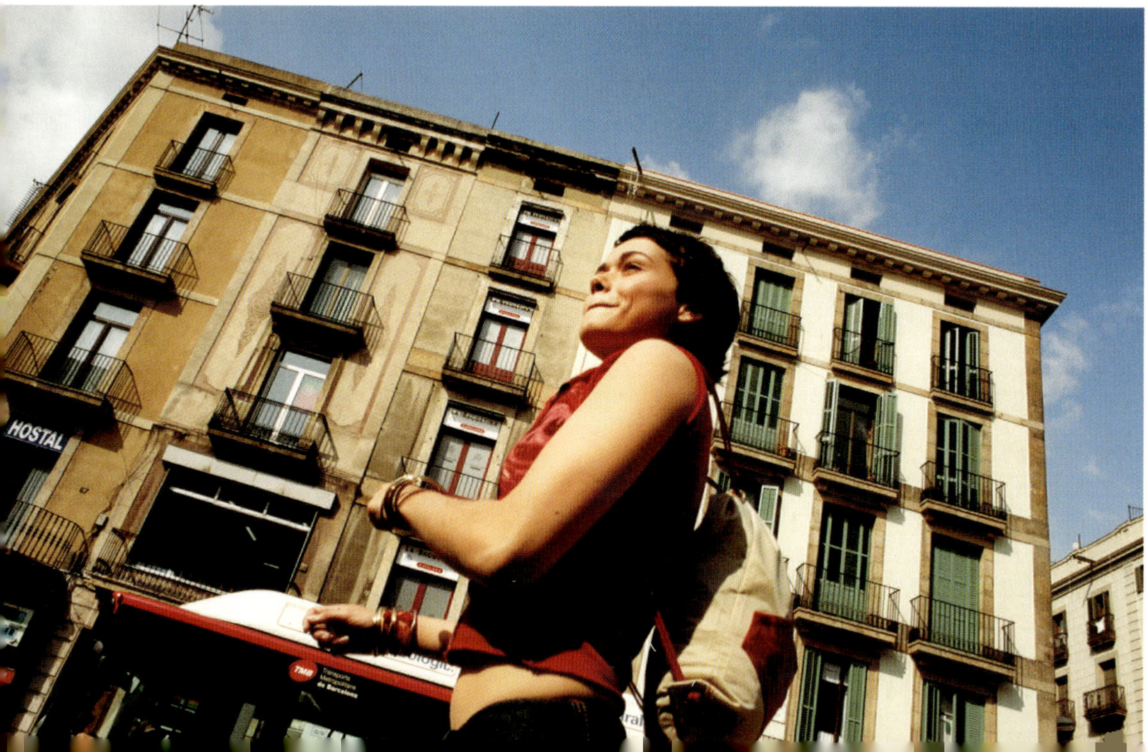
HOSTAL

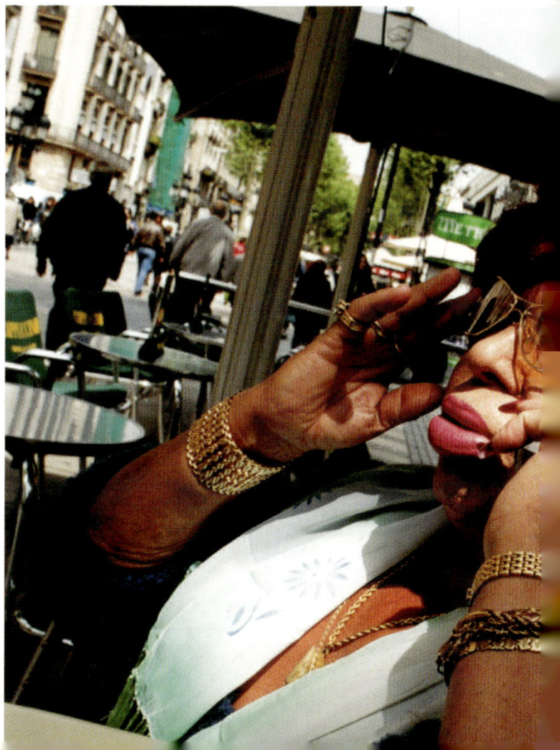

09:43 h

Les Rambles

09:44 h

09:45 h

09:48 h

Xocolateria del carrer de Petritxol

09:51 h

Pastisseria Escribà, a Les Rambles

09:53 h

09:54 h

Mercat de la Boqueria

09:55 h

09:56 h

HORTALISSE

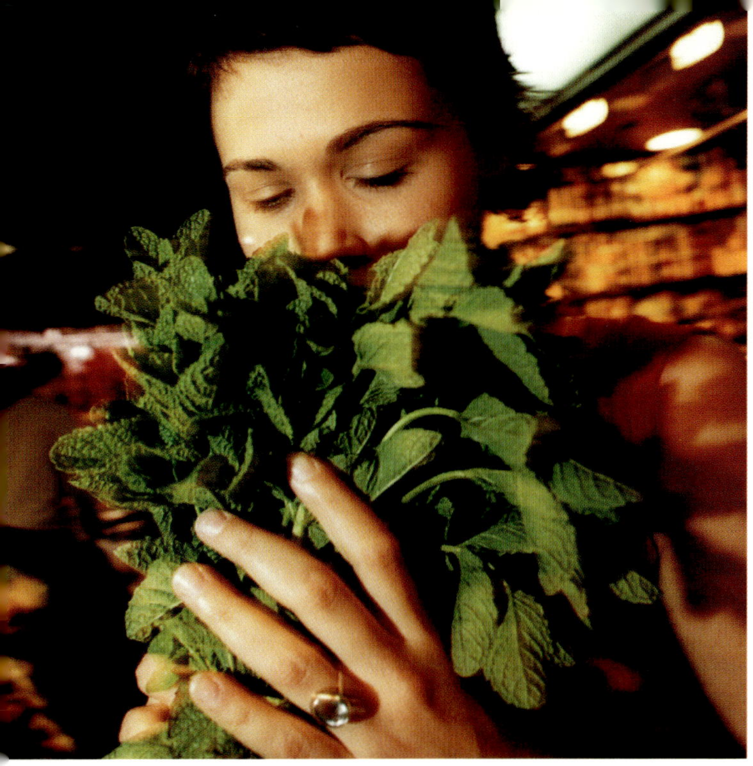

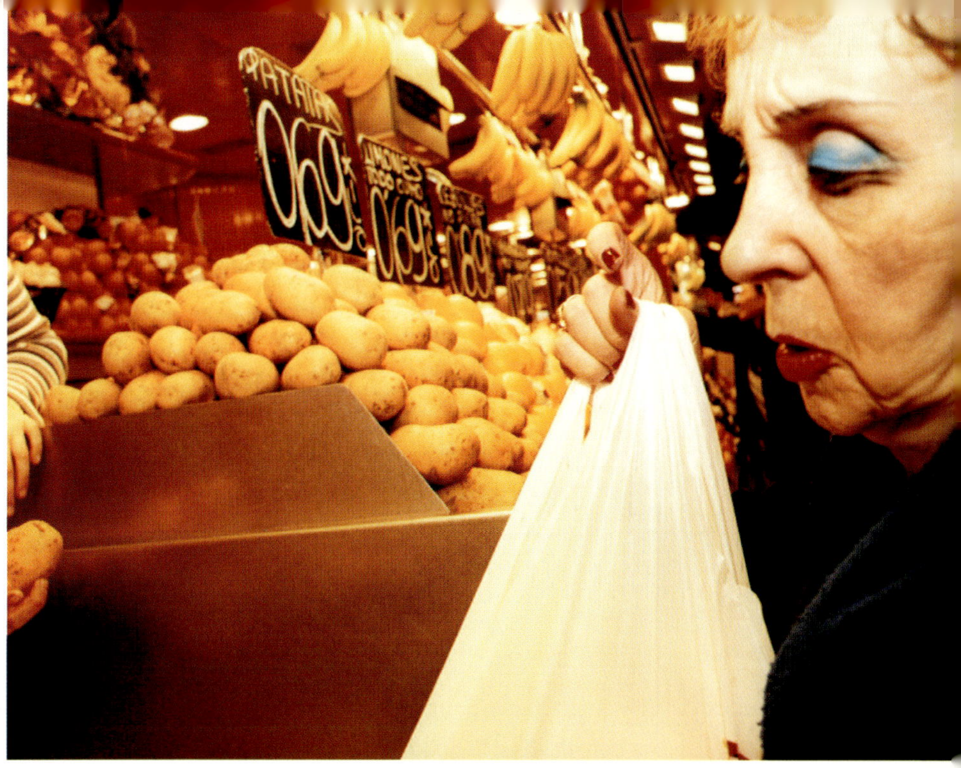

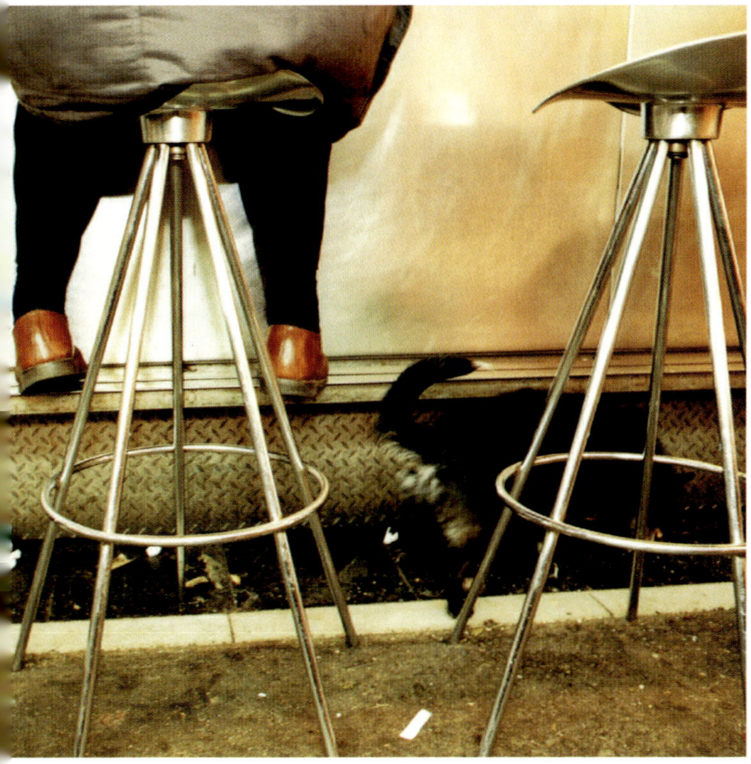

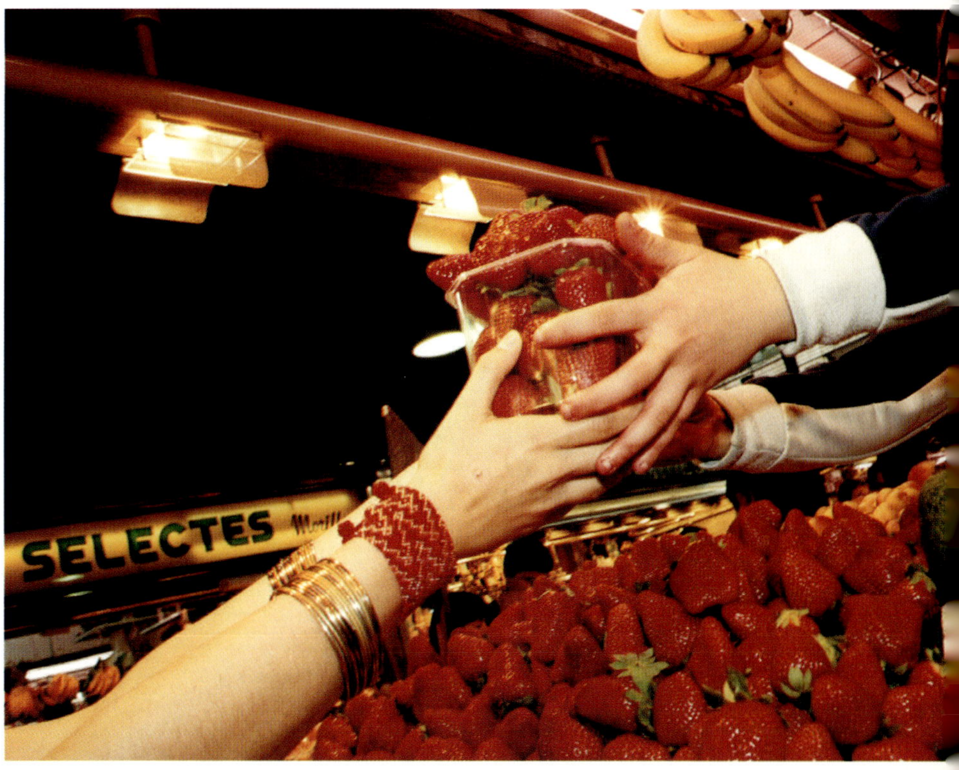
SELECTES

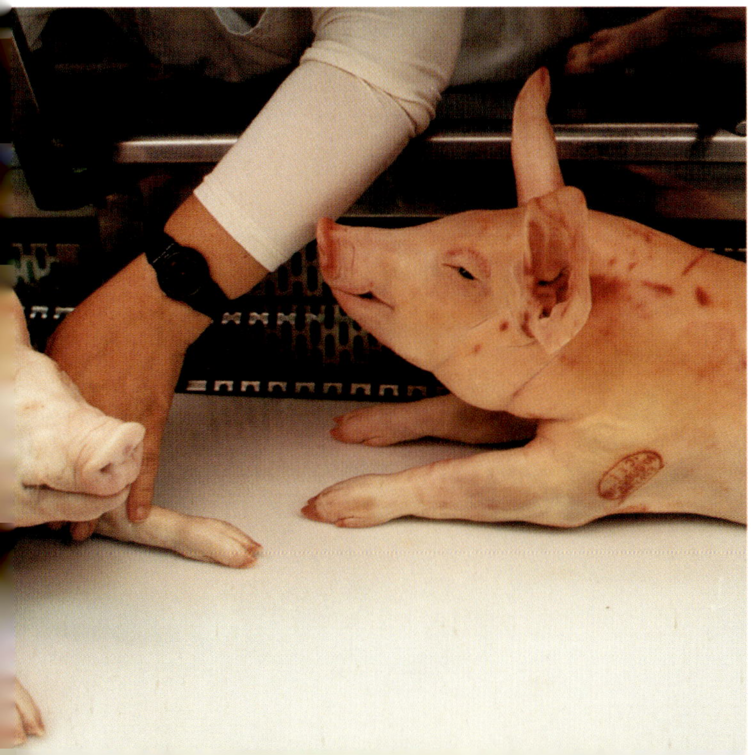

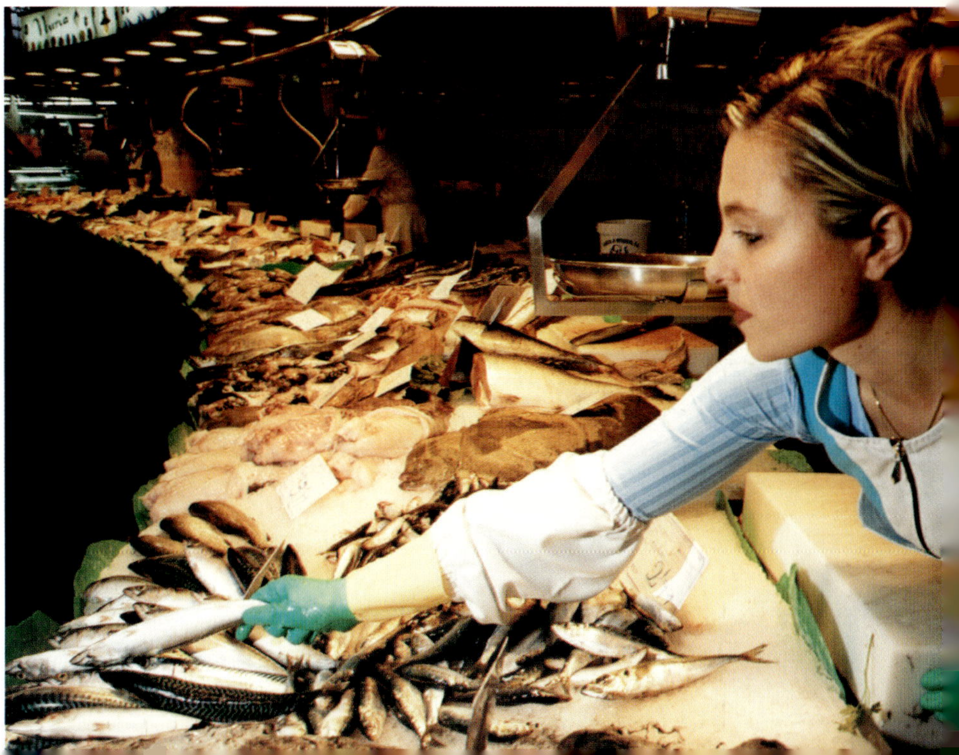

10:00 h

11:00 h Carrer Notariat
10:00 h Mercat de la Boqueria

Pau Vidal

No s'arriscarà a quedar com una *guiri* inexperta preguntant per què li diuen Barri Xino: a l'hemeroteca, abans de venir, va llegir uns quants reportatges de diari on s'explicava que el sobrenom de l'antic Districte V és degut a l'afinitat amb altres barris portuaris d'Europa, com ara el de Marsella. D'altra banda, a qui li podria preguntar?: per la Rambla del Raval hi volta força gent, però alguna cosa li diu que no sabrien contestar-li. La majoria de les mirades duen massa estupor per haver crescut enmig de fàbriques velles i magatzems pudents, i la pell no és prou clara per ser filla d'uns carrerons tan estrets que no deixen que el sol eixugui el pixum.
Obre el llibre. Li va recomanar el bibliotecari, també: «El Barri Xino? Putes, traficants i gitanos. Tingui, Juli Vallmitjana. Ningú ha descrit aquest lloc infecte millor que ell. Per cert, de cabarets no cal que en busqui, que no en queda cap». Al ferri ha fullejat, doncs, *La xava*, escrit el 1910, però no l'ha pogut acabar. Massa sòrdid: tot era garrafa, renecs i pispes de navalla i rossinyol. I marrecs plens de polls. Quan ha demanat a uns companys de travessia d'on venia això de xava, no l'han entès. «Raval, Rambla del Raval», ha aclarit. Ah, sí, i tant, sabien de què els parlava: «Molts locals, i restaurants, marxa». I han engegat una tirallonga de noms estranys; no en recorda cap, però en aquell moment li ha semblat que tenien gust de mestissatge: nom italià, cuina paquistanesa, preus americans. O nom filipí, cuina macarrònica i preus anglesos. «I La Paloma, *really nice*», han afegit. «Disco in a ancient dancing, very cool». Buscant La Paloma *vericul* mira de lligar caps. Ella sap que el xava és una manera estripada de parlar el català de Barcelona, però la xava d'en Vallmitjana és una meuca. Això vol dir que a Barcelona les meuques parlen xava? Seguint les indicacions de l'escriptor ha anat a buscar el carrer de la Mina, el més atrotinat. A l'època daurada de transvestits i cabareteres, abans de la guerra, molts clients s'hi quedaven a dormir. Els més afortunats, als anomenats llits calents: un matalàs on cada dia hi jeien tres persones, en torns de vuit hores; els més desgraciats, torrats al fons de les tavernes.
Però re: ni Mina, ni carrer. A Sant Ramon, a la cantonada amb el carrer de la Unió, n'ha trobades unes quantes, però totes parlaven castellà. Estripat sí, molt, però castellà. Vaja, i algunes àrab. Més a prop de la Rambla (la de debò, la que antigament hi passava la riera; la del Raval és una rambla de mentida, és una esbandida de tres illes de cases) n'hi havia de negres, molt jovenetes, i cridaven en alguna llengua africana. «Vacci a capì», que diu en Beppe Lanzetta, el seu escriptor napolità preferit. Qualsevol ho entén, això de les putes, té raó.
Qualsevol ho entén, això del Xino. Ha pujat per Robadors i ha trencat per Sant Rafel, on una placa a la paret recordava el Noi del Sucre, un anarquista assassinat als anys vint. Mentre rumiava que en aquesta ciutat abans mataven a les portes dels sindicats obrers i ara a les portes de les discoteques, s'ha trobat al carrer de l'Hospital, frontera entre el sud i el nord del barri, entremig de dues mesquites. Deuen fer el sermó en xava? Com que és massa d'hora per la missa, entrarà en alguna botiga on despatxi una senyora gran i li darà conversa, així potser en traurà l'aigua clara. Però no és tan fàcil com sembla. Els rètols enganyen: a la polleria de la senyora Remei hi ha un matrimoni indi, a la fruiteria de Joaquim Costa dues noies que semblen filipines, a la merceria... Però quina merceria? Ni merceria, ni *colmado*, ni *bodega*: totes les botigues que troba són aquesta mena de minisupermercats idèntics, que semblen fotocopiats, tots amb un *paqui* avorrit a la caixa enregistradora. Per fi, al forn del carrer del Carme tocant a la plaça del Padró (per cert que aquell reportatge deia, ara se'n recorda, que aquesta esglesiola tan petita era la capella de l'Hospital dels Infecciosos, quan tot això era raval de debò, és a dir, fora ciutat, fora muralla) hi veu dues dones. Hi entra. La clienta, que és una gitana del carrer de la Cera, parla en un català que a ella no li sembla gens estripat. Quan li toca el torn, indica un llonguet i deixa anar la pregunta: «Algú per aquí que parli xava?». Repeteix la dependenta: «Això és cosa de polítics, dona», i totes dues, fornera i clienta, esclaten a riure.

No se arriesgará a quedar como una guiri inexperta preguntando por qué lo llaman Barrio Chino: en la hemeroteca, antes de ir al barrio, leyó unos cuantos reportajes de periódico donde se explicaba que el mote del antiguo Distrito 5.º se debe a la afinidad con otros barrios portuarios de Europa, como Marsella.

Por otra parte, ¿a quién podría preguntarle?: por la Rambla del Raval hay bastante gente, pero algo le dice que no sabrían contestarle. La mayoría de las miradas desprenden demasiado estupor, consecuencia de haber crecido en medio de fábricas viejas y almacenes hediondos, y su piel no es lo bastante clara para ser hija de unos callejones tan estrechos que no dejan que el sol seque las meadas.
Abre el libro. Se lo recomendó el bibliotecario: «¿El Barrio Chino? Putas, traficantes y gitanos. Tenga, Juli Vallmitjana, nadie ha descrito ese lugar infecto mejor que él. Por cierto, no busque los cabarets: no queda ninguno». En el ferry fue hojeando, pues, *La chava*, escrito en 1910, pero no lo terminó. Demasiado sórdido: todo era garrafa, imprecaciones, chorizos de navaja y ganzúa, y los chavales llenos de piojos. Cuando preguntó a unos compañeros de travesía de dónde venía eso de *chava*, no la entendieron.
—Raval, Rambla del Raval —aclaró.
Ah, sí, claro que sabían de qué les hablaba:
—Muchos locales, y restaurantes, marcha —respondieron. Entonces enumeraron una retahíla de nombres extraños; no recuerda ninguno, pero en aquel momento le pareció que sabían a mestizaje: nombre italiano, cocina paquistaní, precios americanos. O nombre filipino, cocina macarrónica y precios ingleses—. Y La Paloma, *really nice* —añadieron—. *Disco in a ancient dancing, very cool*.
Buscando La Paloma "vericul" intenta atar cabos. Ella sabe que el *chava* define la manera forzada de hablar catalán en Barcelona, pero la *chava* de Vallmitjana es una prostituta. ¿Quiere eso decir que en Barcelona las prostitutas hablan *chava*? Siguiendo las indicaciones del escritor va a buscar la calle de la Mina, la más cutre. En la época dorada de travestis y cabareteras, antes de la guerra, muchos clientes se quedaban allí a dormir. Los más afortunados, en las denominadas camas calientes: un colchón donde cada día yacían tres personas, en turnos de ocho horas; los más desgraciados, trompas al fondo de las tabernas. Pero nada: ni Mina, ni calle. En Sant Ramon, en la esquina con la calle de la Unió, ha encontrado unas cuantas prostitutas, pero todas hablaban castellano. Forzado sí, y mucho, pero castellano. Vaya, y algunas árabe. Más cerca de la Rambla (la de verdad, por la que antiguamente pasaba la riera; pues la del Raval es una rambla de mentira; sólo una extensión de tres manzanas de casas) había chicas negras, muy jovencitas, y gritaban en alguna lengua africana. «*Vacci a capì*», que dice Beppe Lanzetta, su escritor napolitano preferido. Cualquiera entiende el mundo de las putas, tiene razón. Cualquiera entiende el mundo del Chino. Sube por Robadors y corta por Sant Rafel, donde una placa en la pared recordaba al Noi del Sucre, un anarquista asesinado en los años veinte. Mientras va pensando en la ironía de que en esta ciudad antes mataran en las puertas de los sindicatos obreros y ahora en las puertas de las discotecas, se encuentra en la calle del Hospital, frontera entre el sur y el norte del barrio, en medio de dos mezquitas. ¿Harán el sermón en *chava*? Como todavía es temprano para la misa, decide entrar en algún comercio donde atienda una señora mayor y darle conversación, tal vez así saque algo en claro. Pero no es tan fácil como parece. Los letreros engañan: en la pollería de la señora Remei hay un matrimonio indio, en la frutería de Joaquim Costa, dos chicas que parecen filipinas, en la mercería... Pero ¿qué mercería? Ni mercería, ni colmado, ni bodega: todas las tiendas que encuentra son una especie de minisupermercados idénticos, que parecen fotocopiados, todos con un paqui aburrido en la caja registradora. Por fin, en la panadería de la calle del Carme junto a la plaza del Padró (por cierto, que aquel reportaje decía, ahora se acuerda, que esa iglesita tan pequeña era la capilla del Hospital dels Infecciosos, cuando todo aquello era un arrabal de verdad, es decir, fuera de la ciudad, fuera de la muralla) ve a dos mujeres. Entra. La clienta, que es una gitana de la calle de la Cera, está hablando en un catalán que a ella no le parece nada forzado. Cuando le toca el turno, señala un panecillo y suelta la pregunta.
—¿Que si hay alguien por aquí que hable *chava*? —repite la dependienta—. Eso es cosa de políticos, mujer. —Y las dos, panadera y clienta, rompen a reír.
She won't risk looking like some inexpert tourist by asking why they call it the Barri Xino: in the archives, before she left,

she read quite a few newspaper articles explaining that the nickname for the old Fifth District came from its similarity to other European ports, like Marseilles today. And who could she ask, anyway? There are many people walking on the Rambla del Raval, but something tells her that they would not know what to answer her. Most of their glances carry too much of the stupor of growing up amid old factories and stinking warehouses, and their skin is not light enough to have been born in alleys like these, so narrow that they keep the sun from drying the piss. She opens the book. The librarian had recommended it, too: "The Barri Xino? Whores, smugglers and gypsies. Here, Juli Vallmitjana, no one's described that foul place better than he has. By the way, don't bother looking for cabarets; there aren't any left." So, on the ferry, she was paging through *La xava*, written in 1910, but she could not finish it. Too sordid: everything was demijohns, swearwords and knife-wielding thieves and burglars. And dust-covered kids. When she asked some fellow travellers where this *xava* stuff came from, they did not understand her. "Raval, Rambla de Raval", she clarified. Oh yes, of course, they knew what she was talking about: "Lots of venues and restaurants, nightlife". And they threw out a string of strange names; she remembers none of them, but at that moment it had seemed as though they had a taste for miscegenation: Italian name, Pakistani food, American prices. Or a Filipino name, macaronic food and English prices. "And La Paloma, really nice," he added, in English, "Disco in a ancient dancing, very cool".

Looking for the "very cool" La Paloma, she tries to put things together. She knows that *xava* is a splintered way to speak Catalan in Barcelona, but Vallmitjana's *xava* is a whore. Does that mean that in Barcelona the whores speak *xava*? Following the writer's directions, she had gone to look for Mina Street, the most decrepit one. In the golden age of trannies and cabaret acts, before the war, many patrons would stay there to sleep. The luckiest ones were in the so-called "hot beds", a mattress where three people would sleep in eight-hour shifts; the worst off, plastered on the tavern floors. Nothing: not a Mina, not a street. She found quite a few on Sant Ramon, at the corner of Unió Street, but they all spoke Spanish. Splintered, yes, very, but Spanish. And some of them Arabic. Wow! Closer to the Rambla (the real one, the one the torrent ran down; the rambla in the Raval is a fake one, rinsed out of three blocks of houses), there were some black girls, very young, and shouting in some African language. "Vacci a capì'" said Beppe Lanzette, her favourite Neapolitan writer. Anyone would understand it, this stuff of whores; he was right.

Anyone would understand it, this Xino stuff. She had gone up Robadors and turned on to Sant Rafel, where a plaque on the wall remembered the Noi del Sucre, an anarchist assassinated in the twenties. As she was thinking about the fact that in this city they used to kill people at the doors of the labour unions, and now they killed them at the doors of the discotheques, she found herself on Hospital Street, the border between the south and north of the neighbourhood, between two mosques. Would the sermon be in *xava*? Since it was too early for mass, she would go into some old lady's shop and talk to her; perhaps this will clear things up. But it isn't as easy as it looked. The signs lied: at Mrs. Remei's chicken shop there was an Indian couple, at the fruit shop on Joaquim Costa there were two girls who looked like Filipinas, at the haberdashery... but what haberdashery? No haberdashery, no grocer's shop, no bodega: every shop she finds is the same kind of identical supermarket looking like a photocopy, each one with a bored Pakistani at the till. Finally, at the bakery on Carme Street in Padró Square (and now she remembers, the article said this tiny church was the chapel of the Infectious Diseases Hospital, that all of this really was a *raval*, a slum outside the city, outside the walls) she sees two women.

She goes in. The customer, a gypsy from Cera Street, is speaking in a Catalan that doesn't sound at all splintered to her. When it's her turn, she points to a bread roll and lets the question fly. "Anyone here who speaks *xava*?" the shop assistant repeats. "That's a question of politics, lady," and both of them, baker and customer, burst into laughter.

Part posterior del mercat de la Boqueria

Enric Jardí

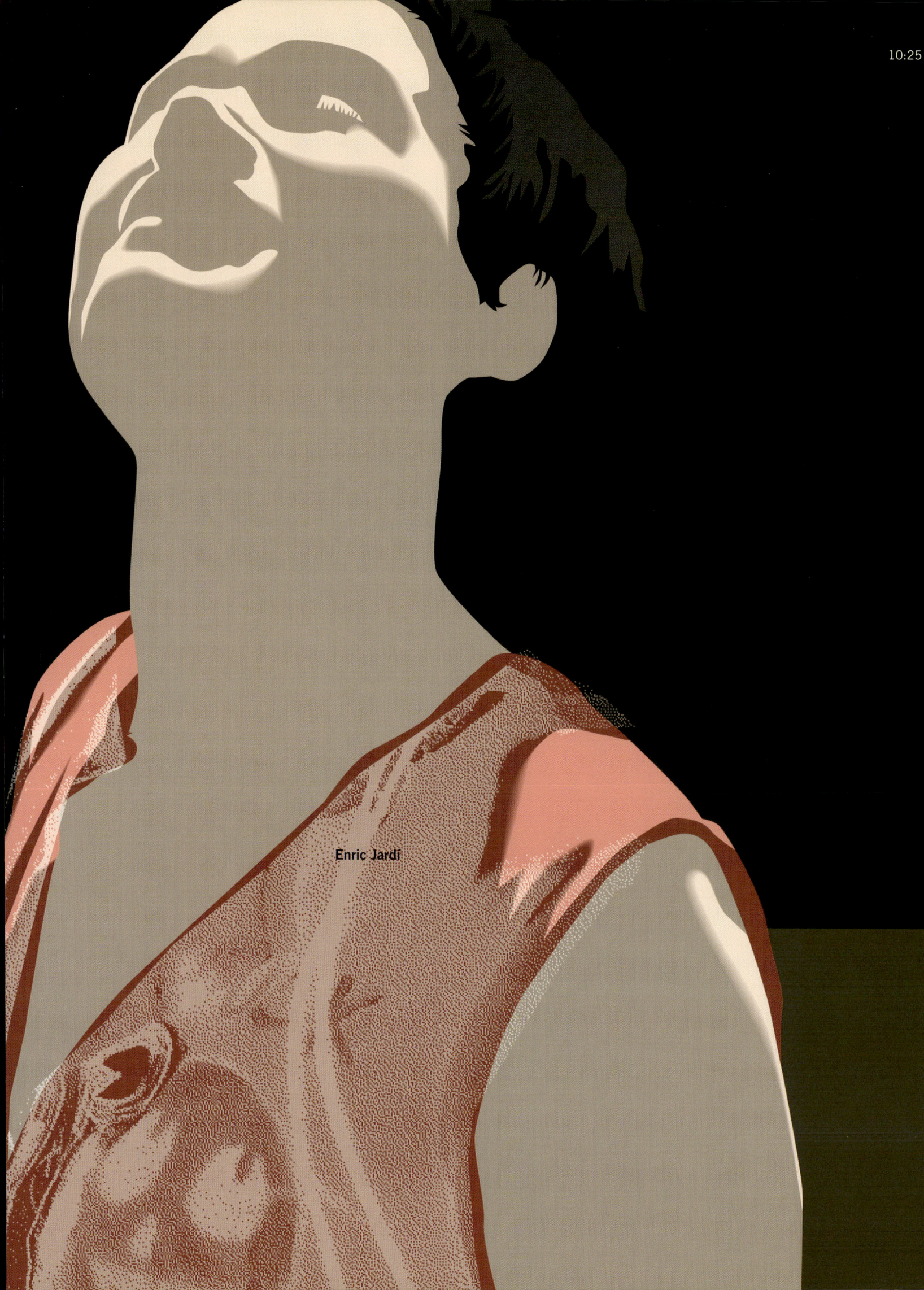

10:25

10:28 h

BAZAR MALIK
ARTICULOS DE REGALO

TODO A 100 Y MAS

Carrer de l'Hospital

AL AWAN
BROTHERS
c/ CARME 71

10:36 h

Rambla del Raval

10:46 h

10:49 h

Carrer de Joaquim Costa cantonada amb carrer de Ferlandina

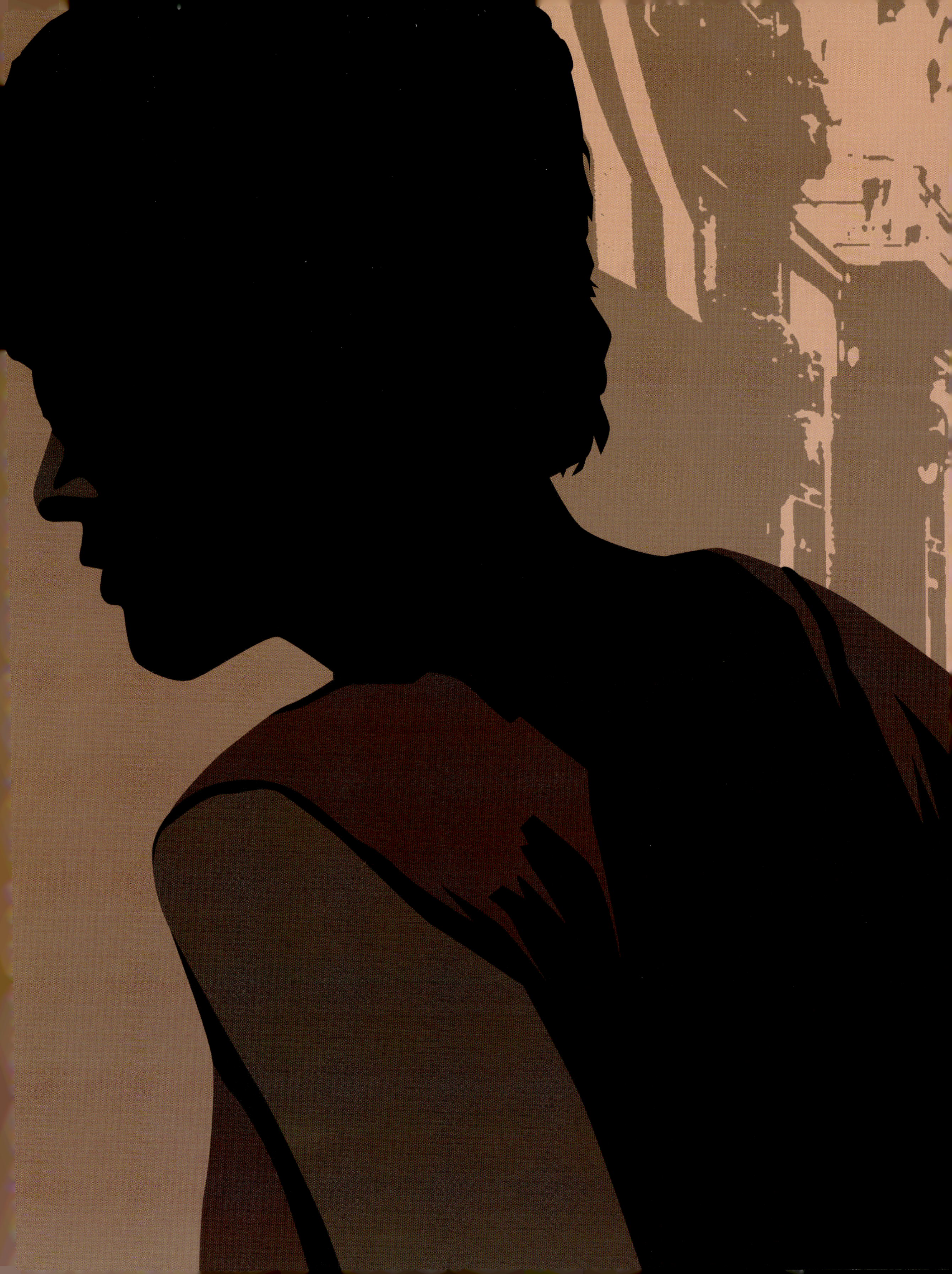

10:57 h

CALLE DEL
NOTARIADO

OMAR
RENK

Lluís Anton Baulenas

Li sembla cosa de màgia. Quan ha entrat al MACBA ja li ha passat. Segons on posa el peu, sona la melodia. El treu i la melodia cessa a l'instant. Tampoc no acaba d'encertar quina mena de melodia és. Només són les onze del matí, Déu n'hi do el que ha voltat, i fins ara, el que l'ha sobtada més és la fusió entre el vell i el nou, entre les olors agres de mil anys i l'acció perfumada del segle XXI. La llibreria del Raval, un laberint amb mil i una nits d'història. Mil per a les pedres, una per als llibres. Passeja per la plaça dels Àngels i la troba massa blanca, massa recta: Hi ha els mateixos grafits i els mateixos nens amb els seus monopatins que a tot arreu. I intueix que aquesta plaça és maca quan sembla una altra plaça. I això només passa de nit, quan la claror dels fanals de disseny, encesos les vint-i-quatre hores del dia, conviden a fer-hi de tot, a fer-hi l'amor o a jugar al joc del mocador.
Ara són les onze del matí d'un dissabte i no hi ha ningú, tret dels nens matiners que vénen amb els monopatins. Aviat faran vacances i s'hi estaran tot el dia, cada dia. I tot i amb això li arriba la melodia màgica. Per un instant li sembla reconèixer-hi veus infantils. Però no, és impossible, el monopatí fa soroll, no pas melodies. I a la plaça no hi ha ningú més. Finalment descobreix el mecanisme: Quan trepitja el carrer de Montalegre, la melodia sona, quan trepitja la plaça dels Àngels, calla. Amb curiositat va resseguint la façana d'aquest edifici ple de finestres amb reixes. Que potser era una presó? És el Centre de Cultura Contemporània, però fins i tot ella sap que aquest present és un trosset diminut de la història de l'edifici. Totes les guies, i la seva també, expliquen que això, durant molts anys, més de cent, va ser la Casa de Caritat, la casa dels desheretats de la terra, dels ratolins més porucs de la ciutat.
La melodia cada cop se sent més fort. Ara ja hi reconeix clarament veus infantils que la criden des de l'entrada del CCCB. No és que la noia s'espanti, és ben valenta, però no acaba d'entendre què és el que està passant. No sap que en aquell precís instant està envoltada d'animetes sense sostre que la miren i la criden i l'atrauen cap al pati Manning, el pati enclaustrat del CCCB. Hi entra.
El bar nou i lluent, amb cadires d'alumini, és buit. I mut. I la noia llavors s'adona que les veus provenen d'aquell mateix pati i veu una font enmig que ja no hi és. I també hi veu uns arbres que ja no hi són.
I nens i monges amb grans capells blancs que sembla que hagin de posar-se a volar com un helicòpter. I sordmuts jugant a futbol contra cecs amb pilotes de drap. I esgarrats. I idiotes regalimant baves. I molta gana. I penellons a les mans i a les orelles. I vigilants inclements fent anar els hospicians per la fila a cops de vara. I nens i nenes perdent-se escales amunt perquè celebren el mes de Maria i cal resar el rosari de manera especial, fent processó, amb cor de veus i instruments de vent i de percussió. També hi veu nens morts, tísics. I nens premorts, que han de pedalar, a l'església, per fer funcionar la manxa que permetrà de treure els sons més harmoniosos a l'orgue.
La noia està sola i alhora se sent envoltada. Aquell pati és ple, de veus i de senyals, com ara aquest signe raspat a la paret, vés a saber quants anys fa. Ha sobreviscut a la restauració i reconversió de l'edifici. Què deu significar? Segurament res. Potser no és més que la resta del camí deixat per un hospicià, quan rascava el pinyol d'un albercoc a la paret fins a desgastar-lo prou per buidar-lo i fer-ne un xiulet.
La noia s'esgarrifa. On s'ha ficat? És un miratge fruit de la concentració de tantes animetes que s'han quedat atrapades en aquest pati. I que quan intenten escapar es troben amb la blancor refulgent de la plaça dels Àngels, i s'hi arriben pensant-se que és el Cel i es troben que només és una plaça esquerdada. La noia, sense por, passeja pel pati Manning, pel porxo, toca les rajoles de la paret i es concentra perquè les veus són melodioses, i li estan explicant alguna cosa que no acaba d'entendre. I té por d'anar-se'n d'aquest racó i no arribar a entendre-la. És la mateixa veu de la Rambla del Raval, la rambla dels pobres, feta sobre l'aire guanyat a tantes pedres velles i tantes animetes, com aquí. I de sobte entén la història que li volen explicar els ratolinets transparents, gelatinosos, exhospicians, atrapats en la capsa nova i lluent de la modernor del CCCB sense que ningú no els hagi demanat l'opinió: Barcelona és una cursa contínua de construcció i enderroc, de vida i de mort, des de fa més de dos mil anys. De vegades, el tall es fa net. D'altres, no: Talles, cuses i et deixes dins del cos operat uns quants centenars d'animetes... La noia, tot d'una, se n'atipa. «Que complicada que és, aquesta ciutat... Adéu, Andreu, aquí us quedeu, fantasmes, i val més que us hi poseu bé... Me'n vaig, que encara em queda molta ciutat per córrer.» I fa mitja volta i surt.
I quan traspassa el portal del pati Manning per tornar al carrer Montalegre sent algú que tus, que s'escura la gargamella, darrere seu. Es gira i no hi ha ningú...

Le parece cosa de magia. Al entrar en el MACBA le pasó lo mismo. Según dónde pone el pie, suena la melodía. Lo saca y la melodía cesa al instante. Tampoco acaba de adivinar qué clase de melodía es. Sólo son las once de la mañana, Dios mío, las vueltas que ha dado y, hasta ahora, lo que más le ha sorprendido es la fusión entre lo viejo y lo nuevo, entre los olores agrios de hace mil años y la acción perfumada del siglo XXI.

11:09 h

12:00 h CCCB

11:00 h Rambla del Raval

11:10 h

La librería del Raval, un laberinto con mil y una noches de historia. Mil para las piedras, una para los libros. Pasea por la plaza dels Àngels y la encuentra demasiado blanca, demasiado recta: están los mismos grafitis y los mismos chavales con sus *skateboards* que en todas partes. E intuye que esta plaza cuando es bella es cuando parece otra plaza. Y eso sólo pasa de noche, cuando la claridad de las farolas de diseño, encendidas las veinticuatro horas del día, invita a hacer de todo, a hacer el amor o a jugar al juego del pañuelo.

Ahora son las once de la mañana de un sábado y no hay nadie, salvo los chavales madrugadores que juegan con los *skateboards*. Pronto tendrán vacaciones y se pasarán allí el día, todos los días. Y, a pesar de todo, le llega la melodía mágica. Durante un instante le parece reconocer voces infantiles. Pero no, es imposible, el *skateboard* hace ruido, no emite melodías. Y en la plaza no hay nadie más. Finalmente descubre el mecanismo: cuando pisa la calle de Montalegre, la melodía suena, cuando pisa la plaza dels Àngels, enmudece. Con curiosidad va siguiendo la fachada de ese edificio lleno de ventanas con rejas. ¿Acaso era una prisión? Es el Centre de Cultura Contemporània, pero hasta ella sabe que este presente es un trocito diminuto de la historia del edificio. Todas las guías, y también la suya, explican que esto, durante muchos años, más de cien, fue la Casa de Caridad, la casa de los desheredados de la tierra, de los ratoncitos más medrosos de la ciudad.

La melodía se oye cada vez más fuerte. Ahora ya reconoce con claridad las voces infantiles que la llaman desde la entrada del CCCB. No es que la chica se asuste, es muy valiente, pero no acaba de entender qué es lo que ocurre. No sabe que en aquel preciso instante está rodeada de almitas sin techo que la miran y la llaman y la atraen hacia el patio Manning, el patio enclaustrado del CCCB. Entra. El bar nuevo y reluciente, con sillas de aluminio, está vacío. Y mudo. Y la chica se da cuenta entonces de que las voces provienen de aquel mismo patio y ve una fuente en medio que ya no está. Y también ve unos árboles que ya no están. Y chavales y monjas de grandes tocados blancos que parece que fueran a ponerse a volar como un helicóptero. Y sordomudos jugando al fútbol contra ciegos con balones de trapo. Y tullidos. E idiotas babeando. Y mucha hambre. Y sabañones en las manos y en las orejas. Y vigilantes inclementes que hacen ir a los hospicianos en fila a golpes de vara. Y chicos y chicas que se pierden escaleras arriba porque celebran el mes de María y hay que rezar el rosario de manera especial, haciendo procesión, con coros de voces e instrumentos de viento y de percusión. También ve niños muertos, tísicos. Y niños premuertos, que deben pedalear, en la iglesia, para accionar el fuelle que permitirá sacar los sonidos más armoniosos del órgano.

La chica está sola y a la vez se siente rodeada. Aquel patio está lleno de voces y de señales, como ese signo rascado en la pared, vete a saber hace cuántos años. Ha sobrevivido a la restauración y reconversión del edificio. ¿Qué significará? Seguramente nada. Quizá no sea más que el resto del camino dejado por un hospiciano, cuando arrastraba el hueso de un albaricoque por la pared hasta desgastarlo lo bastante como para vaciarlo y hacer una canica.

La chica se estremece, ¿dónde se ha metido? Es un espejismo fruto de la concentración de tantas almitas, que se han quedado atrapadas en el patio, y que cuando intentan escapar se encuentran con la blancura refulgente de la plaza dels Àngels, y llegan a ella pensando que es el Cielo y se encuentran con que sólo es una plaza agrietada. La chica, sin miedo, pasea por el patio Manning, por su porche, toca los azulejos de la pared y se concentra porque las voces son melodiosas, y le cuentan algo que no acaba de entender. Y tiene miedo de marcharse de este rincón sin llegar a comprenderlo. Es la misma voz de la Rambla del Raval, la rambla de los pobres, hecha sobre el aire ganado a tantas piedras viejas y tantas almitas, como aquí. Y de pronto entiende la historia que le quieren contar los ratoncillos transparentes, gelatinosos, ex hospicianos, atrapados en la caja nueva y reluciente de la modernidad del CCCB sin que nadie les haya pedido opinión: Barcelona es una carrera continua de construcción y derribo, de vida y de muerte, desde hace más de dos mil años. A veces, el corte es nítido. Otras, no: cortas, coses y te dejas dentro del cuerpo operado unos cuantos centenares de almitas... La chica, de repente, se harta, qué complicada es esta ciudad... "Hasta luego, cocodrilo, aquí os quedáis, fantasmas, y más vale que os pongáis cómodos... Yo me voy, que aún me queda mucha ciudad por recorrer." Da media vuelta y sale.

Y cuando está traspasando el portal del patio Manning para regresar a la calle de Montalegre oye que alguien tose y se aclara la garganta tras ella. Se da la vuelta, pero no hay nadie...

It seems like magic. When she went into the MACBA, it had already happened. The melody plays depending on where she puts her foot. She removes it and the melody stops instantly. She cannot guess what kind of melody it is, either. It is only eleven o'clock, you wouldn't believe how much she has walked already, and what has surprised her the most so far is the fusion between the old and the new, between the sour odours of a thousand years and the perfumed action of the twenty-first century. The Raval bookstore, a labyrinth with a thousand and one nights of history. A thousand for the stones, one for the books. She passes through Àngels Square and finds it too white, too straight: here is the same graffiti and the same kids with their skateboards as everywhere else. And her intuition tells her that this square is nice at the times when it looks like a different one. And this only happens at night, when the brightness of the stylised streetlamps, turned on twenty-four hours a day, invites you to do anything; to make love or to play tag.

Now it is eleven o'clock on a Saturday morning and no one is around, except for the early-morning kids who come with their skateboards. Soon they will be on holiday, and they will be there all day, every day. And, even with all this, she picks up the magic melody. For an instant, she seems to recognise children's voices. But no, that's impossible; skateboards make noise, never melodies. And there is no one else in the square. Finally she discovers the mechanism: when she walks on to Montalegre Street, the melody plays; when she walks on to Àngels Square, it stops. Curious, she follows along the building's façade, full of barred windows. Was it perhaps a prison? It is the Contemporary Culture Centre —the CCCB— but even she knows that this present is a tiny piece of the building's history. All the guidebooks, and hers too, explain that for many years —more than a hundred— this building was the Charity House, the home of the earth's disinherited, the most timid mice in the city.

The melody gets stronger and stronger. Now she clearly recognises children's voices calling to her from the entrance to the CCCB. The girl is not frightened, she's very brave, but she cannot begin to understand what is happening. She does not know that at that precise instant she is surrounded by homeless souls who are watching her and calling to her and drawing her into the Manning Courtyard, the walled courtyard of the CCCB. She goes in. The new and shining bar, with aluminium chairs, is empty. And silent. And this is when the girl realises that the voices are coming from that courtyard, and she sees a fountain in the middle that is no longer there. And she sees some trees that are no longer there. And children, and nuns with large white coronets that look as though they may start flying like helicopters. And deaf-mutes playing football against the blind, with balls made of rags. And cripples. And drooling idiots. And a lot of hunger. And chilblains on hands and on feet. And harsh watchmen putting the orphans in line with blows from their sticks. And boys and girls disappearing up the stairs because they are celebrating the month of Mary and must pray the rosary in a special way, in procession, with a choir and woodwinds and percussion. She sees dead children there, too, consumptives. And pre-dead children who must pedal in the church, to make the bellows work to bring the most harmonious sounds out of the organ.

The girl is alone, and now she feels surrounded. That courtyard is full of voices and signs, like this one scratched into the wall, who knows how many years ago now. It has survived the building's restoration and conversion. What could it mean? Surely nothing. Perhaps it is nothing more than the remains of the path left by an orphan, someone scraping an apricot stone against the wall until it was worn down enough to be hollowed out and made into a whistle.

The girl is shivering — where has she ended up? It is a mirage from the concentration of so many little souls who have stayed trapped in this courtyard. And when they try to escape they find themselves in the brilliant whiteness of Àngels Square, and arrive there thinking this is Heaven and find it is only a cracked square. The girl passes through the Manning Courtyard without fear, through its archway. She touches the tiles on the wall and concentrates to see why the voices are so melodious, and they are telling her something she cannot begin to understand. And she is afraid of leaving this place without finding it out. It is the voice of the Rambla del Raval, the rambla of the poor, constructed over air acquired from so many old stones and so many little souls, as here. And suddenly she understands the story that the tiny transparent mice want to tell her, the gelatinous ex-orphans, trapped in the new and shining box of the CCCB without ever being asked for their opinion: Barcelona has been a continuous course of construction and demolition, of life and of death, for more than two thousand years. Sometimes, the cut is clean. Other times, it isn't: you cut, you sew and you leave several hundred little souls inside the operated body... Suddenly the girl has had enough — how complicated it is, this city. See you later, alligator, you ghosts are staying there and you might as well get used to it... I'm off, I've still got a lot of city to cover. And she turns around and leaves.

And, when she is passing through the entrance of the Manning Courtyard to return to Montalegre Street, she hears someone cough, someone clearing their throat behind her. She turns, and no one is there...

Jordi Oliver

11:21 h

Rambla del Raval

11:24 h

Carrer de l'Est

11:30 h

Carrer de Sant Pau

11:31 h

PELUQUERIA UNISEX

Carrer Malnom

11:34 h

Rambla del Raval

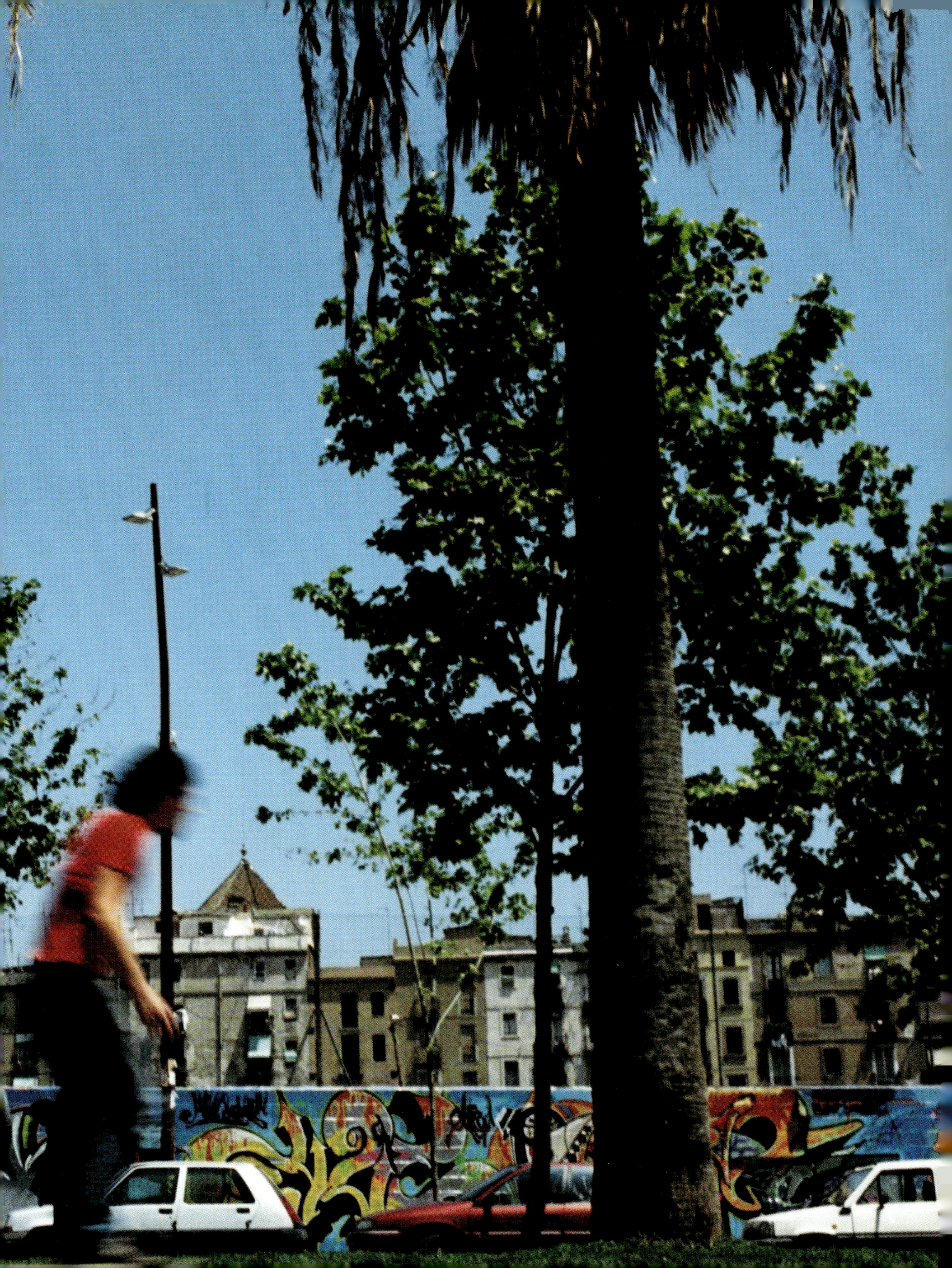

11:38 h

Carrer de l'Hospital

Carrer de Joaquim Costa

11:40 h

Interior MACBA

Exterior MACBA, plaça dels Àngels

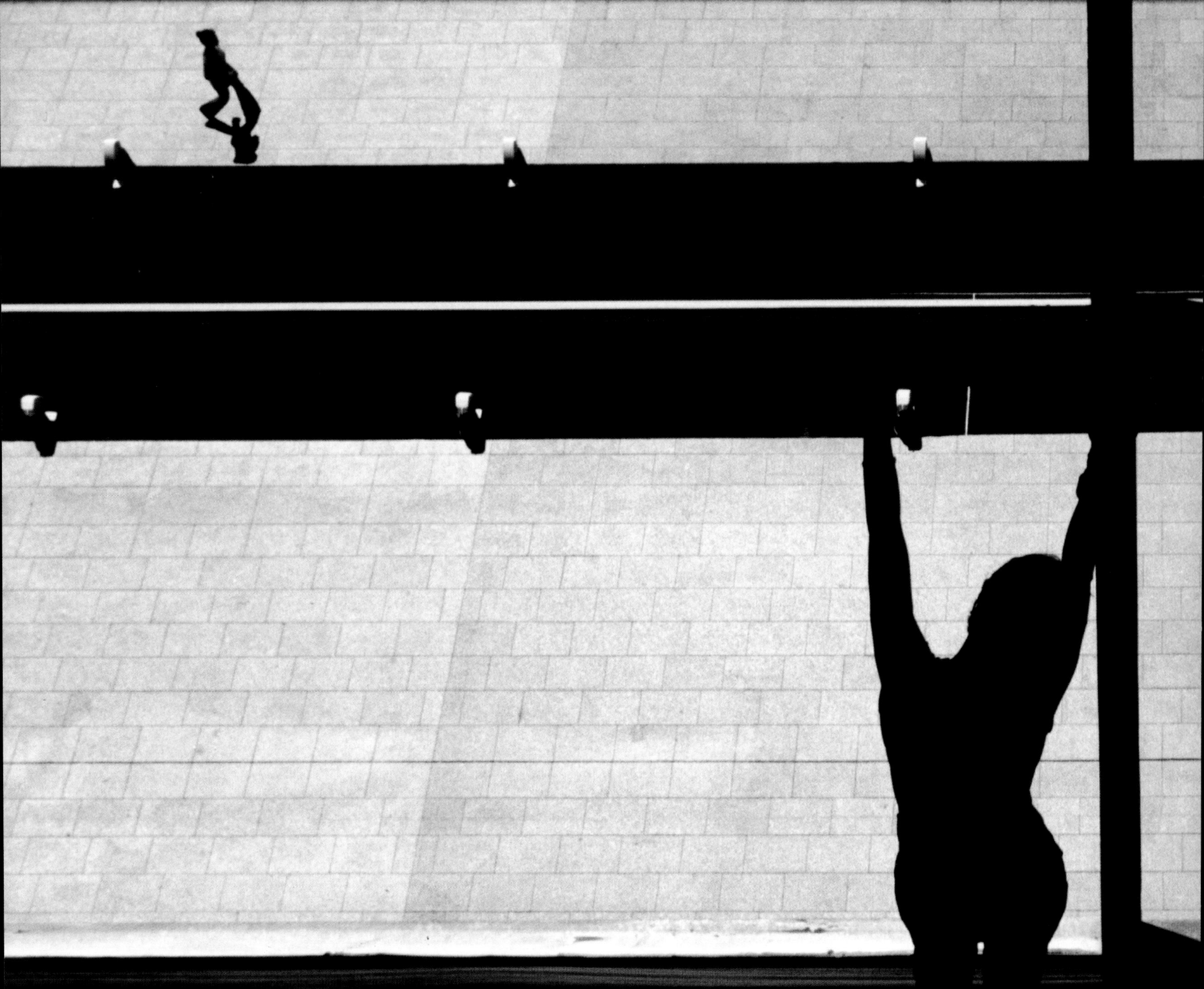

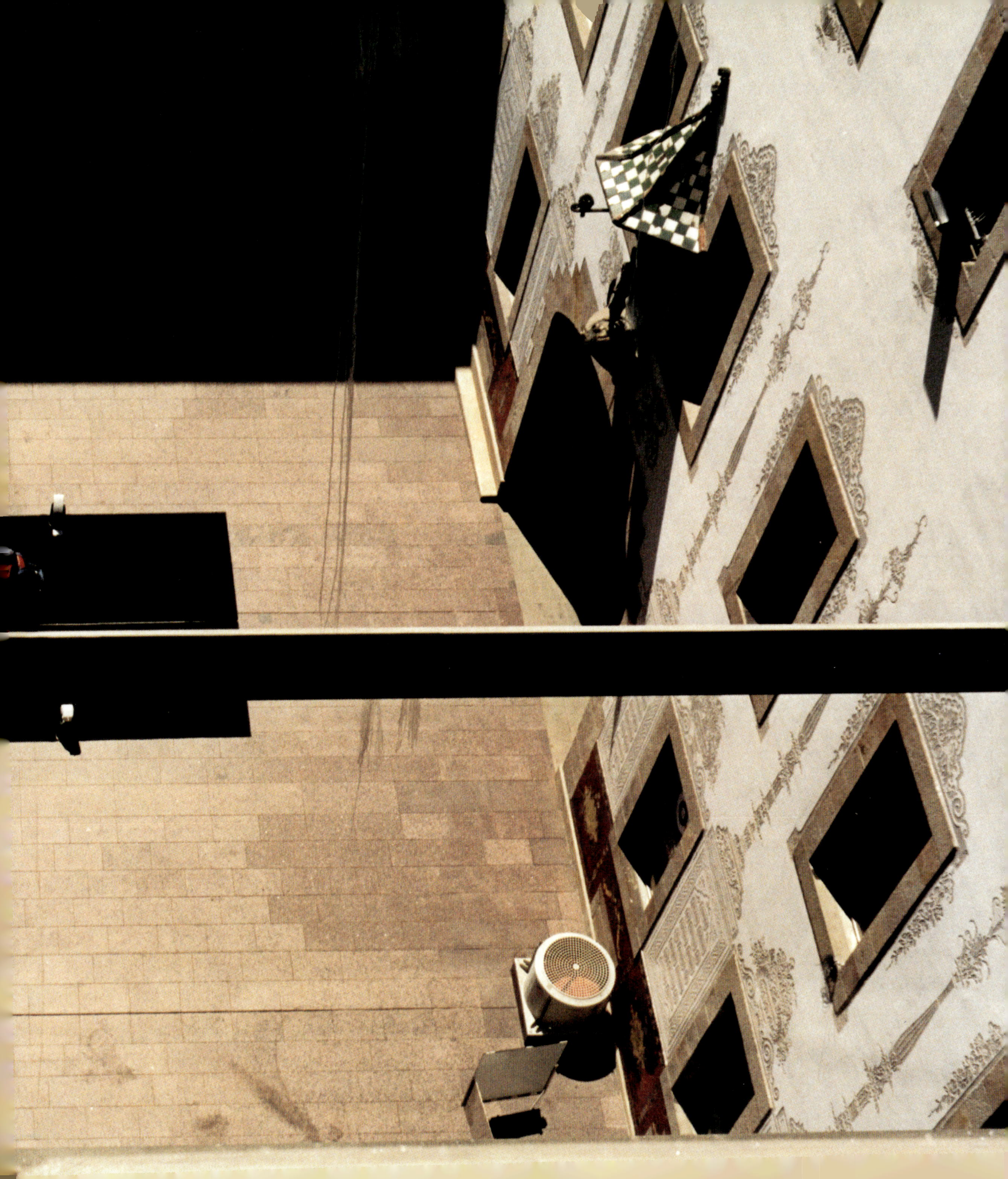

11:54 h

Interior CCCB

11:57

Llibreria La Central del Raval, carrer d'Elisabets

12:00 h

12:00 h Les Rambles

12:30 h Plaça de Sant Jaume

Carme Riera

«Per molt lluny que me n'hagi anat, a l'altra banda de món fins i tot, mai no he deixat de tenir la sensació que segueixo passejant per la Rambla de Barcelona, pel tros que des de la plaça de Catalunya va fins al carrer Fernando, que avui en diuen Ferran, però que a mi m'agrada anomenar Fernando, ja que fou en honor d'aquell rei infaust, Fernando VII que el batejaren... D'allà vaig fins a la plaça de Sant Jaume i després fins a la catedral i em perdo pels carrerons del barri gòtic... És el meu itinerari ciutadà, el que més m'agrada de tots, i mira que he viscut a Manhattan i al Trastevere de Roma, al Barri Llatí de París, a Istambul...»
Sentia encara la veu una mica apagada de la seva companya de cabina al vaixell que la dugué de Mallorca a Barcelona i que, en saber que era estrangera, volgué facilitar-li l'estada a la seva ciutat donant-li un seguit de consells que començaven amb la visita a les Rambles i el recorregut d'un itinerari que ella, obedient, va iniciar de bon dematí.
Va fer-ho amb curiositat de viatgera i no amb banauleria de turista, per tal de complir amb el primer precepte de la vella senyora, que li havia dit que no li agradaven els turistes, però sí els viatgers, perquè només aquests es nodrien de les experiències dels viatges.
Mirava arreu i, en efecte, notava que les Rambles no era un racó de món, sinó el món mateix. Es fixava en els rostres de la gent, tan diversa, multiracial, mestissa. «Cap paisatge no pot comparar-se amb el que ens ofereixen les cares de les persones —li havia dit ella, en acomiadar-se després de tocar port—, però, tot i això, mira també les pedres, les façanes, badoca davant les botigues, entra a les esglésies i olora les flors de les Rambles, un lloc on, a qualsevol hora del dia o de la nit, pots comprar diaris, perquè els quioscs mai no tanquen... Potser que prenguis xocolata desfeta al carrer de Petritxol, on hi ha una granja que es diu Dulcinea, que és el nom de l'estimada del Quixot, el protagonista de la novel·la de Cervantes, que durant uns dies fou veí de Barcelona i es passejà sovint per aquests barris... Vés a la Sala Parés si, com m'has dit, t'agrada la pintura. La Parés fou la primera sala d'exposicions de la ciutat...»
Li havia dit que li agradava la pintura però que es dedicava a la fotografia. Amb la seva càmera intentava retratar l'ànima de les persones, arribar a la pell del cor, i el mateix volia fer amb les ciutats que recorria amb la intenció de preparar una exposició, de retorn a casa, a Anglaterra, on havia nascut feia 23 anys.
«I també escrius —havia aventurat la vella amb un punt d'ironia—, perquè si no no parlaries de la pell del cor ni de l'ànima de la ciutat... L'ànima de Barcelona és diversa —afegí— i múltiple, sovint estratificada... El barri gòtic és a sobre el pujol del mont Tàber on els romans fundaren la primitiva Barcino, i sobre aquest, restes àrabs, jueves i cristianes. Els millors vestigis de l'època en què Catalunya formava part del Regne d'Aragó i encara no s'havia unit a Castella, els trobaràs al Tinell i al Saló de Cent, al pati dels tarongers, a la plaça de Sant Jaume, a la Catedral...»
En efecte, escrivia, però això ho sabia poca gent. Ho feia per ella, quan necessitava que la realitat li fos més entenedora o volia traduir amb paraules alguna emoció massa forta.
Havia recorregut els carrers que la seva companya de viatge li havia marcat en un mapa, fotografiant tot allò que li cridava l'atenció: des de les torres de la catedral fins a cada un dels racons de la plaça de Sant Jaume, des dels aparadors de botigues, antiquaris, llibreries de vell, cereries... fins al petit

cafè de *Caelum*, on havia menjat pets de monja per primera vegada a la seva vida.

Més tard s'havia assegut a les escales de la plaça del Rei per escoltar uns músics de carrer als quals també havia retratat... «T'agradarà Barcelona, n'estic segura», li havia dit ella. Sí, li agradava, sobretot l'aire mestís, mesclat, divers, que havia intentat copsar amb el seu objectiu, però més encara la gent. Havien estat amb ella amables i hospitalaris... «Cap paisatge supera els rostres de les persones.» La veu de la vella senyora li arribava altre cop de lluny. Però d'ella no en sabia res, ni tan sols el nom —potser es deia Àngela?, així li va semblar que la cridava un amic a l'estació marítima... «Cap paisatge supera el rostre de les persones», tornà a sentir a cau d'orella. «Estúpida de mi —pensà—, li hagués hagut de fer una fotografia... La primera, per obrir l'exposició: Àngela de Barcelona...»

«Por muy lejos que me haya ido, a las antípodas incluso, nunca he dejado de tener la sensación de que sigo paseándome por la Rambla, en especial por el tramo que, desde la plaza de Catalunya llega hasta la calle Fernando, que hoy en día llaman Ferran, pero que yo prefiero llamar Fernando, ya que fue bautizada en honor del infausto rey, Fernando VII. Desde allí voy hacia la plaza de Sant Jaume y después hasta la catedral, y me pierdo por los callejones del Barrio Gótico... Es mi itinerario ciudadano, el que más me gusta de todos y el que he vivido en Manhattan, en el Transtevere de Roma, en el Barrio Latino de París, en Estambul...»

Todavía oía la voz un poco apagada de su compañera de camarote en el barco que la había traído desde Mallorca a Barcelona y que, al saber que era extranjera, trató de facilitarle la estancia en su ciudad con algunas sugerencias, que empezaban con la visita a las Ramblas y un recorrido que ella, obediente, inició de buena mañana.

Trató de hacerlo con curiosidad de viajera y no con bobaliconería de turista, para cumplir así con el deseo de la vieja señora que le había asegurado que detestaba tanto a los turistas como le atraían los viajeros, porque sólo esos se nutrían de las experiencias de los viajes. Miraba el gentío que transitaba por las Ramblas, que no era un rincón del mundo sino el mismo mundo, ancho, cosmopolita, abigarrado, y se fijaba en las caras de las gentes, multirraciales, variopintas, estrafalarias. «Ningún paisaje es comparable al que nos ofrecen los rostros humanos, especialmente los de aquellos que parecen más marginales —le había dicho ella en perfecto inglés, como despedida, al llegar a puerto—, aunque debes mirar también las piedras, las fachadas, el interior de las iglesias, de las tiendas, y oler el perfume de las flores de las Ramblas, un lugar donde pueden comprarse periódicos a cualquier hora del día o de la noche, porque los quioscos no cierran jamás... Te aconsejo un buen chocolate en una de las granjas de la calle Petritxol, yo prefiero la que se llama Dulcinea, que es el nombre de la amada de don Quijote, el protagonista de la novela de Cervantes, que durante unos días fue vecino de Barcelona y se paseó por estos barrios. Entra en la Sala Parés si, como me has dicho, te gusta la pintura. La Parés fue la primera sala de exposiciones de la ciudad»...

Le había dicho que le gustaba la pintura pero que se dedicaba a la fotografía. Con su cámara intentaba retratar el alma de las personas, llegar a la piel del corazón, y lo mismo quería hacer con las ciudades que recorría con la intención de preparar una exposición cuando volviera a casa, a Inglaterra, donde había nacido hacía 23 años.

«También escribes —había aventurado la vieja con un punto de ironía—. De otro modo no hablarías de la piel del corazón, ni del alma de las ciudades. El alma de Barcelona es diversa —añadió— y múltiple, estratificada... El Barrio Gótico se levanta sobre el Monte Taber, donde los romanos fundaron la primitiva Barcino, y sobre éste hay restos árabes, judíos y cristianos. Allí, en el Gótico, encontrarás los vestigios más auténticos de la época en que Cataluña formaba parte del Reino de Aragón y aún no se había unido a Castilla, no dejes de visitar el Tinell, ni el Saló de Cent, ni el Patio de los Naranjos en el Palacio de la Generalitat de la plaza de Sant Jaume, ni la catedral, ni...»
En efecto, escribía, pero eso lo sabían muy pocos. Escribía cuando necesitaba entender qué le pasaba, para traducir sus emociones... Había recorrido las calles que su compañera de viaje le había marcado en un plano de la ciudad, fotografiando cuanto le llamaba la atención. Desde las torres de la catedral hasta cada uno de los rincones de la plaza de Sant Jaume, desde los escaparates de tiendas de telas, anticuarios, cererías y librerías de viejo al pequeño café de Caelum, donde había saboreado unos deliciosos pedos de monja... o así entendió que se llamaban...
Más tarde, se había sentado en las escaleras de la plaza del Rei para escuchar a un grupo de músicos callejeros a quienes había retratado minuciosamente... «Te gustará Barcelona», le había asegurado ella, con convencimiento. Y, en efecto, le gustaba quizá porque era una ciudad mestiza, abierta, que aún no había dejado de ser la que fue y eso es lo que había intentado captar con su objetivo. Pero aún le habían gustado más sus gentes amables, hospitalarias... «Ningún paisaje supera las caras de las personas.» Todavía percibía su voz ahora llegada desde muy lejos y, sin embargo, ni siquiera sabía su nombre (¿tal vez Ángela?, así le pareció oír que la llamaba el hombre que la esperaba en la estación marítima) ni se le había ocurrido hacerle una fotografía, cuyo pie, inútil, "Ángela de Barcelona", no dejaba de parecerle apropiado.

"As far as I've travelled, even on the other side of the world, I've always had the sensation that I'm still walking down the Barcelona Rambla, the stretch from Plaça Catalunya to Fernando Street, which they call Ferran now. I like to call it Fernando, though, since they named it in honour of that ill-fated king, Fernando VII... from there I go up to Plaça Sant Jaume and then to the cathedral, and I get lost in the narrow streets of the Gothic quarter... It's my city itinerary, the one I like best of all, and I've lived in Manhattan and in Trastevere in Rome, in the Latin Quarter in Paris, in Istanbul..."
She can still hear the slightly muffled voice of her cabin mate on the ship that took her from Majorca to Barcelona and who, on finding out that she was a foreigner, wanted to make her stay in the city easier, giving her a string of tips that began with the visit to the Rambles and the route of an itinerary which she began, obediently, very early in the morning.
She did it with the curiosity of a traveller and not the idiocy of a tourist, in order to comply with the old woman's first rule: she had said that she did not like tourists, but preferred travellers, because only travellers were nourished by the experiences of their journeys. She looked around and noticed that the Rambles was, in fact, not a corner of the world but the world itself. She concentrated on the faces of the people, so diverse and multiracial, such hybrids. "No landscape can compare with what people's faces offer," the woman had told her, while saying her goodbyes after they had reached port, "but even so, look at the stones, too, the façades, stand there gaping in front of the stores, go into the churches and smell the flowers on the Rambles, a place where you can buy newspapers any time of day or night because the newsagents never close... Maybe you'll have a hot chocolate on Petritxol Street, where there's a milk bar called Dulcinea, the name of Don Quixote's beloved. He's the main character in the novel by Cervantes, who lived in Barcelona for a time and often wandered through these neighbourhoods... Go to the Sala Parés if you like painting, as you told me you do. The Parés was the first exhibitions gallery in the city..."
She had told her that she liked painting but worked as a photographer. She tried to portray people's souls with her camera, to show the flesh of their hearts, and she wanted to do the same thing with the cities she was passing through, with the intention of preparing an exhibition once she returned home to England, where she had been born 23 years ago.
"And you write, too," the old woman had ventured, with a touch of irony. "Otherwise you wouldn't talk about the flesh of the heart or the city's soul. The soul of Barcelona is diverse," she added, "and varied, often stratified. The Gothic quarter is located on the hillock of Mount Taber, where the Romans founded the primitive Barcino, and above that there are Arab, Jewish and Christian remains. You'll find the best remains from the time when Catalonia formed part of the kingdom of Aragon, and had not yet united with Castile, at the Tinell and at the Saló de Cent on the Pati dels Tarongers, in Plaça Sant Jaume, at the Cathedral"...
She did in fact write, but few people knew this. She did it for herself, when she needed reality to be more comprehensible, or wanted to translate some emotion that was too strong into words. She had gone down the streets that her travelling companion had marked on a map, photographing everything that caught her attention: from the towers of the cathedral to each corner of Plaça Sant Jaume, the display windows of shops, antique shops, old bookshops, candle shops... to the little *Caelum* café, where she had eaten *pets de monja* —nun's farts— for the first time in her life.
Later she had sat on the steps of the Plaça del Rei to listen to some street musicians she had also photographed... "You'll like Barcelona, I'm sure," the woman had said. Yes, she liked it, most of all the hybrid, mixed feeling, the variety she had tried to capture, but even more than that, the people. They had been kind and hospitable to her... "No landscape is better than a person's face". The voice of the old woman came to her again from far away. But she knew nothing about her, not even her name – could it have been Àngela? It sounded as though that was what a friend had been calling to her at the port. "No landscape is better than a person's face," she heard again in her ear. How stupid of me, she thought, I ought to have taken her photograph... The first one, to open the exhibition: Barcelona Àngela...

WALKING DOWN las ra

Montse Bernal

12:12 h

BAR del PI

XOCOLATERIA
LA XICRA

PHILIPPVS

Plaça de Sant Josep Oriol

Plaça del Pi i carrer de Petritxol

CAELUM

Catedral de Barcelona i carrer de Santa Llúcia

CARRER
DE
SANTA LLÚCIA

NERI HOTEL

L'arca de l'àvia

Antiguitats tèxtils

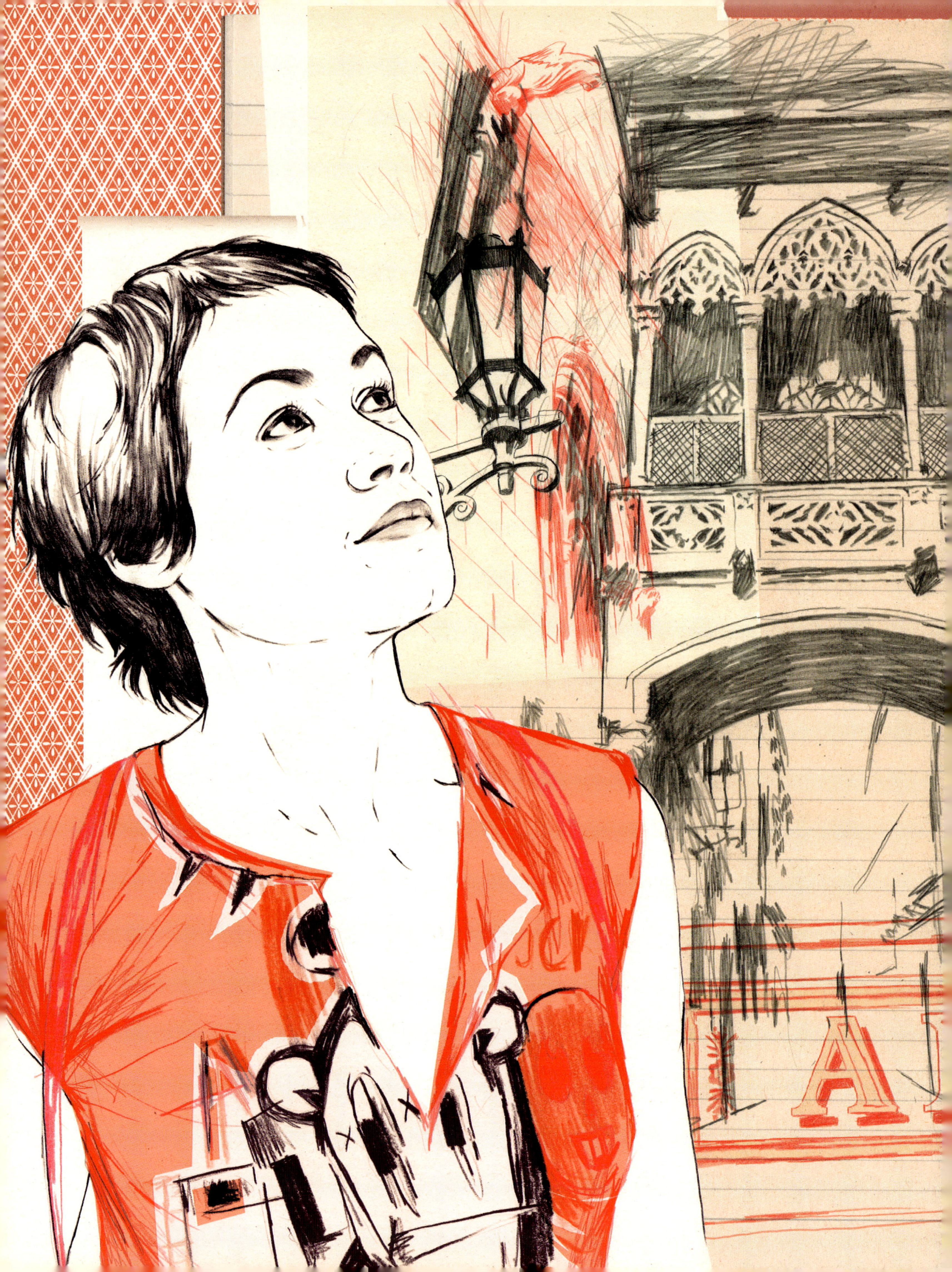

12:27 h

Carrer del Bisbe

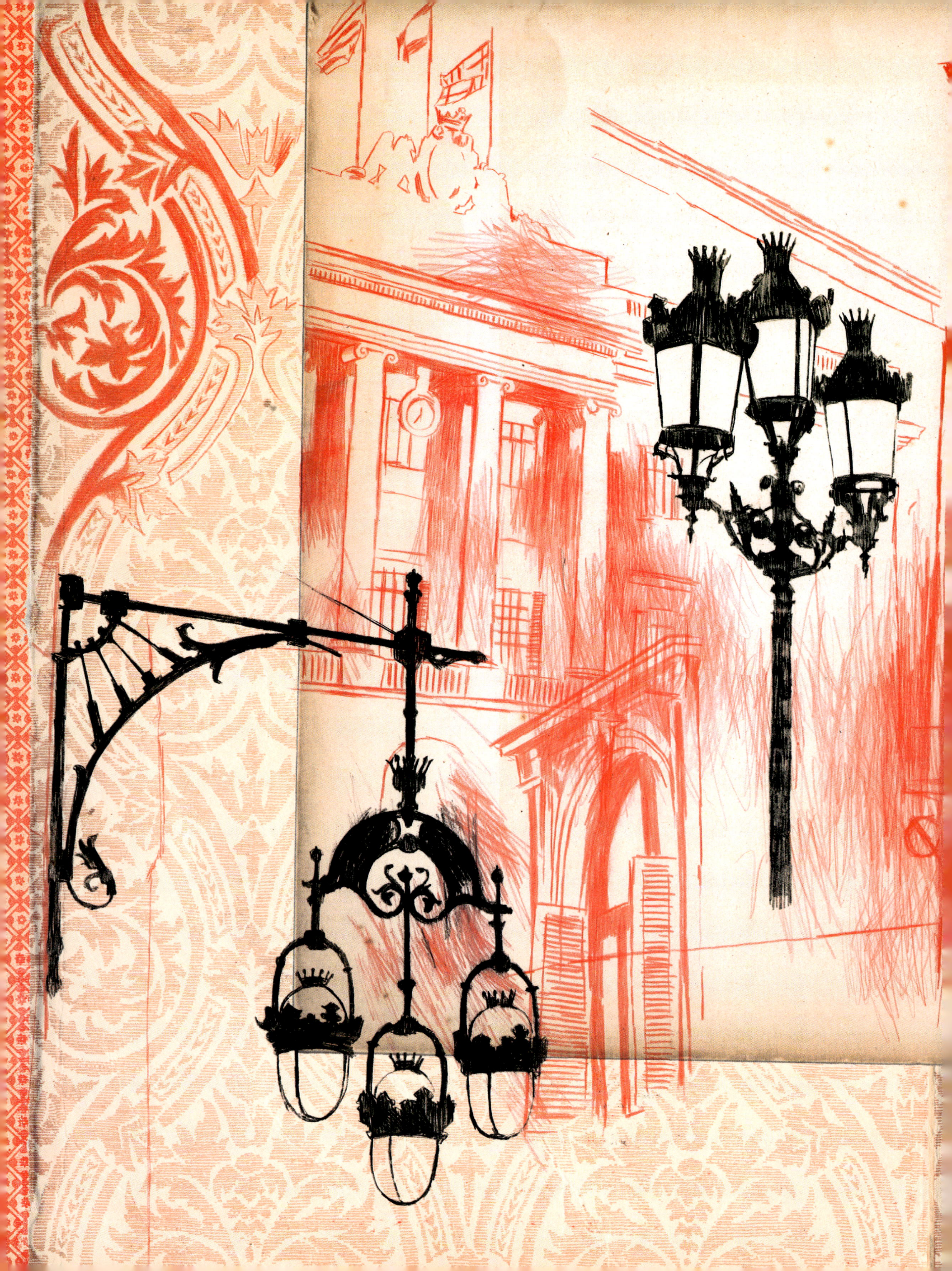

Plaça de Sant Jaume

12:30 h

12:30 h Palau de la Música
13:00 h Carrer dels Argenters

Enrique Vila-Matas

La Julie no té perquè saber-ho, però hi va haver un temps, allà pels anys cinquanta, en què Barcelona era pitjor que Luvina, aquell poble que surt en un conte de Juan Rulfo, i del qual l'escriptor ens diu que, se'l miri per on se'l miri, és un lloc molt trist. «Jo diria que és el lloc on nia la tristesa.» Bé, doncs jo crec que Barcelona, en aquells dies, encara era pitjor que Luvina. L'aire que bufava a la ciutat regirava la tristesa, però no se l'enduia mai. Era una mena de tristesa que semblava que sempre hagués estat allà. Recordo aquella Barcelona com una ciutat molt grisosa, amb poca gent pels carrers, tots caminant enmig d'un núvol de pols emboirada. Però això, per què ens hem d'enganyar, només és un record, segurament equivocat pel que fa a allò de la pols emboirada. I avui, a més, tant és si és un record inventat o de veritat. La nostra amiga Julie no té perquè sentir-nos. Ella s'ha plantat davant la façana del Palau de la Música Catalana i segurament està admirant la bellesa d'aquest indret. Sempre m'ha agradat que aquesta façana estigui en un lloc discret, gairebé amagat. De vegades hi he anat amb visitants de la ciutat i he buscat l'efecte sorpresa: l'aparició sobtada de la meravella arquitectònica. Però no és la façana el que m'ha dut tantes vegades fins en aquest racó de Barcelona tan agradable, sinó el record dels dies —un per any— en què, en companyia dels alumnes del col·legi dels Germans Maristes del passeig de Sant Joan, visitava el Palau.

Recordo aquells matins lluminosos en què jugàvem per les llotges. Oficialment, hi acudíem per assajar el lliurament de premis que se celebrava el desembre de cada any, però aquells matins eren llargs i, a banda de l'assaig general i de la nostra malaptesa per entonar l'himne col·legial, hi havia temps per a tot i ens perdíem pels racons més insòlits d'aquell interior modernista, que conec de memòria. Si hagués estat arquitecte, les meves creacions haurien estat relacionades inconscientment amb aquell interior una mica laberíntic. Perquè he somniat moltes vegades en aquell espai que conec de memòria. L'espai interior del Palau m'és molt familiar, tant com ho pugui ser la casa de la meva àvia al carrer d'Enric Granados, un altre espai que, com el Palau, és el suport visual en què transcorren, encara avui, molts dels meus somnis.

Era un privilegi jugar un matí a l'any en el palau modernista. S'agraeix que el Palau encara sigui allà. Han arrasat la meva memòria de la ciutat i, per tant, és una alegria que com a mínim hagi quedat dempeus alguna cosa d'aquella ciutat de la infància. De la Barcelona d'aquells anys m'impressiona pensar que gairebé no en queda res. La nostra amiga, que ara està aturada davant la façana del Palau, encara no ho sap; potser ho arribarà a saber quan, amb sorpresa, s'assabenti de la seva pròpia història reflectida en aquestes pàgines. Però el fet és que ja només em queden el Palau dels jocs matinals i quatre records més, i ja només és en la meva ànima on sobreviu la ciutat. *Más, cada vez más honda / conmigo vas, ciudad, / como un amor hundido, / irreparable* va escriure ben aviat Jaime Gil de Biedma d'aquella Barcelona que va ser la ciutat de la seva joventut i a la que, no gaires anys després, tenia l'estranya sensació —la mateixa que tinc jo ara— d'haver sobreviscut. De la meva Barcelona d'aquells dies en queda una intimitat arrasada, i és que amb prou feines en queda alguna cosa. Només sé que eren uns altres anys i eren els meus, no hi haurà anys més meus que aquells anys de jocs al Palau, cada desembre, mal cantant l'himne col·legial, profanant-lo, perquè estimàvem, per sobre de tot, el joc matinal a les llotges. On per a mi hi ha el record d'uns assajos generals i l'aprenentatge inútil del que és solemne, per a la nostra jove que acaba d'arribar a la ciutat hi ha un futur que haurà de seguir unes pautes semblants a les del meu amor enfonsat, tot i que ella encara no ho sap. Ha entrat al Palau i deixa que la seva admiració s'admiri pel que veu. No ho veu tot perquè no veu la fotografia del Palau que jo miro ara. Ella també, un dia, encara no ho sap, tindrà l'estranya sensació d'haver sobreviscut a aquesta ciutat, a aquest llibre de fotografies, però no al palau modernista. Esperem-ho.

Julie no tiene por qué saberlo, pero hubo un tiempo, allá por los años cincuenta, en que Barcelona era peor que Luvina, ese pueblo que aparece en un cuento de Juan Rulfo y del que el escritor nos dice que, se mire por donde se mire, es un lugar muy triste. «Yo diría que es el lugar donde anida la tristeza». Bueno, pues yo creo que Barcelona, en esos días, aún era peor que Luvina. El aire que en la ciudad soplaba revolvía la tristeza, pero no se la llevaba nunca. Era una clase de tristeza que parecía haber estado siempre allí. Recuerdo aquella Barcelona como una ciudad grisácea, con poca gente en las calles, caminando todos en medio de una nube de polvo nublado. Pero eso, para qué engañarnos, sólo es un recuerdo, seguramente equivocado en cuanto a lo del polvo nublado. Y hoy, además, ya da igual si es un recuerdo inventado o verdadero. Nuestra amiga Julie no tiene por qué oírnos. Ella se ha plantado frente a la fachada del Palau de la Música Catalana y seguramente está admirando la belleza del lugar. Siempre me ha gustado de esa fachada que esté en un lugar discreto, casi escondido. Ahí fui a veces con visitantes de la ciudad y busqué el efecto sorpresa: la aparición súbita de la maravilla arquitectónica. Pero no es la fachada la que me ha llevado tantas veces hasta ese agradable rincón de Barcelona, sino el recuerdo de los días —uno por año— en los que, en compañía de los alumnos del colegio de los

Hermanos Maristas del paseo de Sant Joan, visitaba el Palau. Recuerdo esas mañanas luminosas en las que jugábamos por los palcos. Oficialmente, acudíamos a ensayar la entrega de premios que tenía lugar cada año en diciembre, pero las mañanas aquellas eran largas y, aparte del ensayo general y de nuestra torpeza para entonar el himno colegial, había tiempo para todo y nos perdíamos por los más insólitos rincones de ese interior modernista, que me conozco de memoria. Si hubiera sido arquitecto, mis creaciones habrían estado relacionadas inconscientemente con ese interior algo laberíntico porque he soñado muchas veces con ese espacio que conozco de memoria. El espacio interior del Palau me es muy familiar, tanto como pueda serlo la casa de mi abuela en la calle Enric Granados, otro espacio que, como el Palau, es el soporte visual en el que transcurren todavía hoy muchos de mis sueños.
Era un privilegio jugar una mañana al año en el palacio modernista. Uno agradece que el palacio siga ahí. Han arrasado mi memoria de la ciudad, y, por tanto, uno se alegra de que haya quedado en pie al menos algo de aquella ciudad de la infancia. De la Barcelona de aquellos años me impresiona pensar que apenas queda nada. Nuestra amiga, que está parada ahora frente a la fachada del Palau, aún no lo sabe, tal vez llegue a saberlo cuando con asombro conozca su propia historia, reflejada en estas páginas. Pero el hecho es que ya sólo me quedan el Palau de los juegos matinales y cuatro recuerdos más, y ya es sólo en mi alma donde la ciudad sobrevive. «Más, cada vez más honda / conmigo vas, ciudad, / como un amor hundido, / irreparable», escribió muy tempranamente Jaime Gil de Biedma de esa Barcelona que fue la ciudad de su juventud y a la que, no muchos años después, tenía la extraña sensación —la misma que ahora tengo— de haber sobrevivido.
De mi Barcelona de aquellos días queda una intimidad arrasada, y es que apenas permanece algo de ella. Sólo sé que eran otros años y eran los míos, no habrá años más míos que aquellos años de juegos en el Palau, cada diciembre, mal cantando el himno colegial, profanándolo, porque amábamos, por encima de todo, el juego matinal en los palcos. Donde para mí está el recuerdo de unos ensayos generales y el aprendizaje inútil de lo solemne, para nuestra joven recién llegada a la ciudad hay un futuro que habrá de seguir pautas parecidas a las de mi amor hundido, aunque ella aún no lo sabe. Ha entrado en el Palau y deja que su admiración se admire ante lo que ve. No lo ve todo porque no ve la fotografía del Palau que yo miro ahora. También ella un día, aún no lo sabe, tendrá la extraña sensación de haber sobrevivido a esta ciudad, a este libro de fotografías, no así al palacio modernista. Esperemos.

There is no reason for Julie to know it, but there was a time, around the fifties, when Barcelona was worse off than Luvina, that village that appears in a story of Juan Rulfo's and which, the writer tells us, is a very sad place any way you look at it: "I would say it is the place where sadness makes its home". Well, I think that Barcelona in those days was even worse than Luvina. The air that blew in the city stirred up the sadness, but never took it away. It was a kind of sadness that seemed to have always been there. I remember Barcelona as a very grey city, with few people in the streets, everyone walking in the middle of a cloud of cloudy dust. But why fool ourselves: this is only a memory, surely mistaken about the cloudy dust. And what's more, today it does not matter whether it is a true memory or an invented one. There is no reason for our friend Julie to hear us. She is standing in front of the Palau de la Música Catalana and is surely admiring the beauty of the place. I've always liked it that the façade is in a discreet place, almost hidden. I went there sometimes with visitors to the city and looked for the surprise effect: the sudden apparition of the architectural marvel. It is not the façade, however, that has taken me so many times to that pleasant corner of Barcelona, but the memory of the days —one a year— that I visited the Palau in the company of the students from the Hermanos Maristas school on the Passeig de Sant Joan.
I remember those luminous mornings that we would play in the boxes. Officially, we went to rehearse the awards ceremony that took place every year in December, but those mornings were long, the general rehearsal and our dim-witted intoning of the school song aside, and there was time for everything, so we lost ourselves in the most unusual corners of the modernist interior that I know by heart. If I had been an architect, my creations would have been unconsciously related to that somewhat labyrinthine interior, because I have dreamed many times of that space, which I know by heart. The interior of the Palau is very familiar to me, so much so that it could be my grandmother's house on Enric Granados Street, another space which, like the Palau, is still the visual basis of many of my dreams today.
It was a privilege to play in the Modernist palace one morning a year. One is grateful that the Palau is still there. They have demolished my memory of the city, and for this reason one is happy that at least something from that childhood city is left standing. It impresses me to think that hardly anything is left of the Barcelona of those years. Our friend, who has now stopped in front of the façade of the Palau, still does not know; perhaps she will end up knowing it when, with astonishment, she meets her own story reflected on these pages. But the fact

is that I have only the Palau of those morning games and four other memories left, and now it is only in my soul where the city survives. "Deep, ever deeper / you come with me, city, / like a sunken love, / irreparable", Jaime Gil de Biedma wrote very early of that Barcelona that was the city of his youth and about which, not many years later, he had the strange sensation —the same as I have now— of having outlived her.

A demolished intimacy is left of my Barcelona of those days, and hardly anything is left of her. I only know that they were other years and they were mine: there will be no years more mine than those years of games in the Palau, each December, singing the school song badly, profaning it, because we loved the morning game in the boxes more than anything. Where for me there is the memory of some general rehearsals and the useless study of the solemn, for our new young arrival to the city there is a future that will have to follow a model similar to that of my sunken love, although she does not yet know it. She has gone to the Palau and she lets her amazement be amazed at what she sees. She does not see everything because she does not see the photograph of the Palau I am looking at now. Although she does not know it yet, one day she, too, will have the strange sensation of having outlived this city, this book of photographs, and not the Modernist palace. We hope.

12:38 h

Dani Riera

Palau de la Música, carrer de Sant Francesc de Paula

12:40 h

Palau de la Música

12:43 h

12:46 h

Palau de la Música

12:48 h

12:49 h

12:50 h

Mercat de Santa Caterina, plaça de Santa Caterina

12:51 h

Via Laietana

12:53 h

12:54 h

Carrer dels Argenters

12:55 h

12:58 h

12:59 h

13.00 h Carrer de Montcada

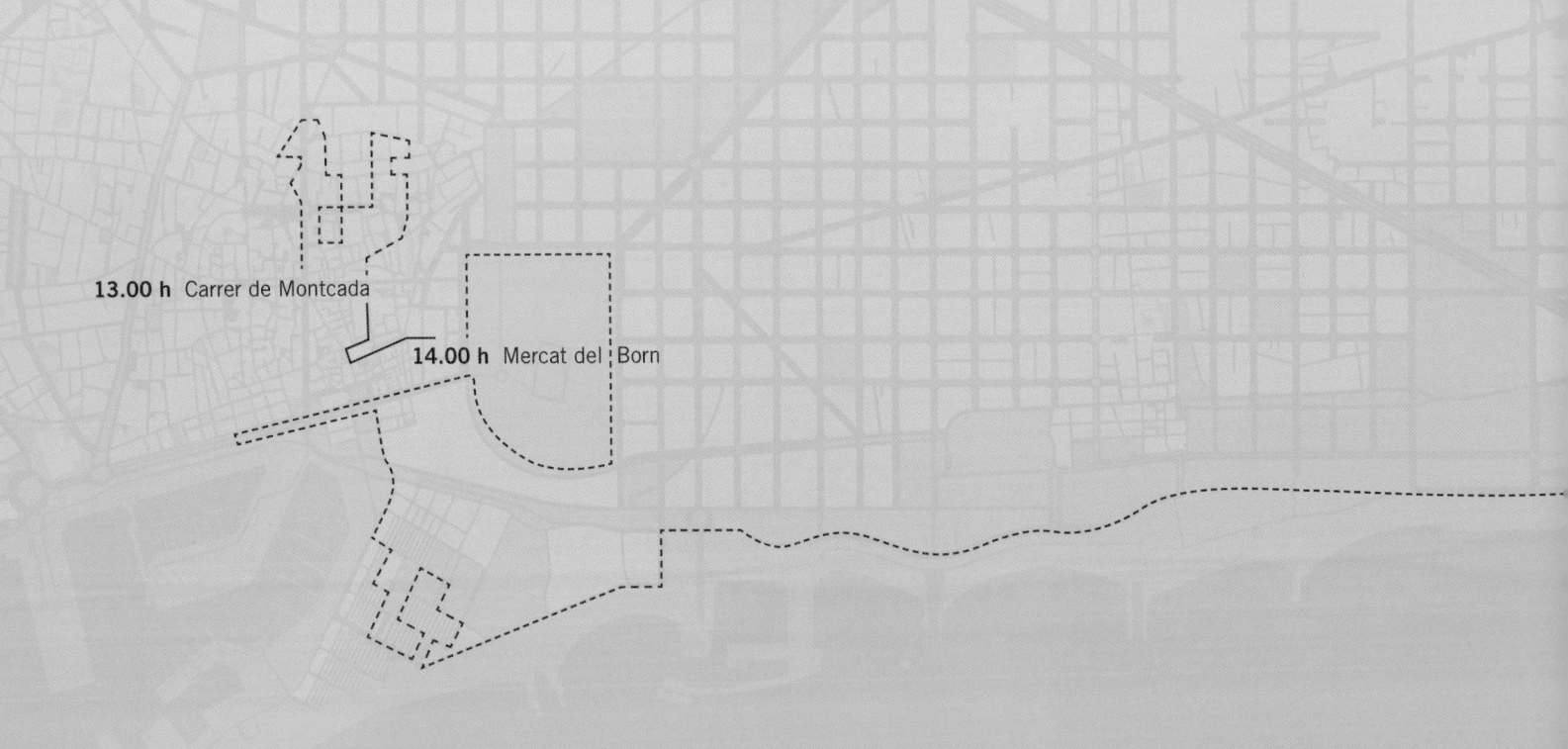

14.00 h Mercat del Born

Jordi Puntí

És inevitable: el turisme de ciutat et deixa sempre un regust agredolç. Et perds per carrers desconeguts, t'atures als racons més amagats, entres en botigues que semblen esperar-te..., i aquest deliri de descobrir un lloc fascinant —una escenografia que diries que està feta especialment per tu— ha de conviure sempre amb la sensació de fugacitat. «El que avui veus en directe demà serà una foto i prou», et dius. Voldries formar part de la ciutat sense renunciar a res i de cop t'adones que això és impossible: no tenim fotos de nosaltres a la nostra ciutat, quiets al davant dels monuments que veiem cada dia. Quan la Julie va posar els peus al passeig del Born, tot just se li despertava aquest debat interior. Ja feia unes quantes hores que voltava per Barcelona i l'enlluernament inicial s'havia anat matisant. Havia passejat per la postal de les Rambles, la Boqueria i la plaça Reial en un estat d'astorament constant, però de mica en mica, mentre desfeia els carrers del Raval, travessava la Via Laietana o s'endinsava en els viaranys estrets de la Ciutat Vella, la roba estesa com si fossin estendards medievals, la xerrameca que sortia dels balcons i les façanes escrostonades l'havien començat a convèncer. «Jo hi podria viure, en aquesta ciutat», s'imaginava. El passeig del Born, tan fàcil d'apamar i amb aquell aire de decorat de pel·lícula de François Truffaut, la feien pensar en un racó de Montmartre —per sort sense pintors de cavallet— o en una plaça senyorial italiana —per sort sense cotxes aparcats—, o fins i tot en una vella barriada d'Amsterdam —per sort sense músics ambulants. Va caminar per la plaça, contenta de trepitjar aquelles llambordes antigues. El carrer de Montcada, com un embut, la va xuclar. L'ombra protectora d'aquells edificis i de la paret de Santa Maria del Mar la van confortar. Un repartidor de butà cridava des del final del carrer i la seva veu ressonava com en la fondària d'un canó. La Julie ja es veia vivint en un d'aquells pisos, traient el cap pel balcó per veure qui cridava. Per fer més autèntica la sensació de pertinença a aquell lloc, es va ficar a l'entrada d'un d'aquells palaus com si fos a casa seva. No era el Museu Picasso, ni el Museu del Tèxtil, però l'arbre del pati i l'escala de pedra li van resultar acollidors.

Va sortir de nou al carrer de Montcada amb el capteniment d'una veïna de tota la vida i va saludar el primer vianant que va trobar. Uns metres més avall, per pura inèrcia, es va ficar al Xampanyet. Era l'hora de l'aperitiu i, com si fes mitja vida que conegués el bar, va demanar unes anxoves i una copa de vi blanc. Dreta a la barra, va mossegar una anxova extraordinària, carnosa i amarada d'oli, i va donar un cop d'ull al local. «Hi vindria cada dia», va pensar.

Després de l'aperitiu, va tornar al carrer i va buscar l'entrada de Santa Maria del Mar. El seu avi Laloux li havia recomanat que entrés per la porta principal, i no per la que hi ha al lateral, davant del Fossar, de manera que va donar la volta a l'església pel carrer dels Sombrerers i de l'Argenteria i va pujar el tram d'escales. Però aleshores, quan estava a punt d'entrar-hi, es va obrir la porta de cop i en va sortir tot de gent endiumenjada. Sense temps per reaccionar, li van posar un grapat d'arròs a la mà. No va passar ni un minut que van sortir els nuvis i els convidats i van començar a llançar-los l'arròs. De cop, la Julie es va veure envoltada de desconeguts que reien i cridaven i, per simpatia, també es va posar a cridar d'alegria. La broma va durar una bona estona i, poc després, quan els nuvis es feien les fotos a l'escalinata, va aprofitar un grup nombrós d'amics per afegir-s'hi, en un cantó, i sortir a la foto. «Quan mirin l'àlbum —es va dir— m'assenyalaran i preguntaran qui sóc. Amb això en tinc prou.»

Els convidats al casament es van dispersar i ella va seguir un dels grups. Els va anar al darrere fins a l'entrada del pàrquing del Born i després els va deixar marxar. L'edifici del mercat, una baluerna de metall i pedra, li va cridar l'atenció. La Julie s'hi va acostar pel carrer de la Fusina i aleshores va veure les ruïnes preservades dins el Born. Embadocada, va resseguir la figura difusa dels carrers, els fragments de cases conservats, la terra polsosa. Un gat, allà sota, miolava i perseguia un ratolí del segle XVIII.
Es inevitable: el turismo de ciudad te deja siempre un regusto agridulce. Te pierdes por calles desconocidas, te detienes en los rincones más ocultos, entras en tiendas que parecen esperarte..., y ese delirio de descubrir un lugar fascinante —una escenografía que dirías que está hecha especialmente para ti— debe convivir siempre con la sensación de fugacidad. Lo que hoy ves en directo mañana no será más que una foto, te dices. Quisieras formar parte de la ciudad sin renunciar a nada y de pronto te das cuenta de que eso es imposible: no tenemos fotos de nosotros en nuestra ciudad, plantados delante de los monumentos que vemos a diario. Cuando Julie puso los pies en el paseo del Born, apenas se le despertaba este debate interior. Ya hacía unas cuantas horas que vagaba por Barcelona y el deslumbramiento inicial se había ido matizando. Había paseado por la postal de las Ramblas, la Boqueria y la plaza Reial en un estado de asombro constante, pero poco a poco, mientras desandaba las calles del Raval, atravesaba la vía Laietana o se adentraba por los estrechos senderos del Casco Antiguo, la ropa tendida como si fueran estandartes medievales, la charla que salía de los balcones y las fachadas desconchadas había empezado a convencerla. «Yo podría vivir en esta ciudad», se imaginaba.

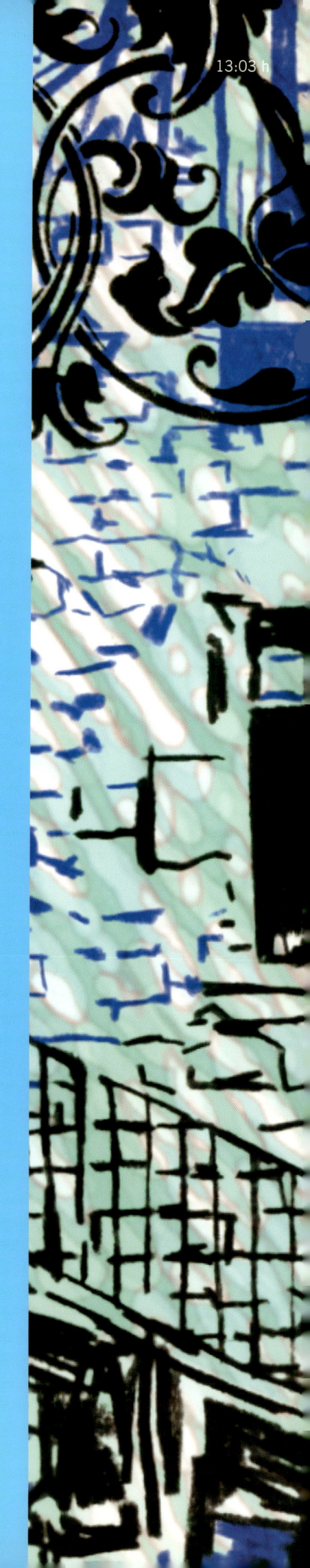

El paseo del Born, tan fácil de conocer al dedillo y con ese aire de decorado de película de François Truffaut, le hacía pensar en un rincón de Montmartre —por suerte sin pintores con caballete—, o en una plaza señorial italiana —por suerte sin coches aparcados—, o incluso en una vieja barriada de Ámsterdam —por suerte sin músicos ambulantes—. Caminó por la plaza, contenta de pisar aquellos adoquines antiguos. La calle Montcada, como un embudo, la succionó. La sombra protectora de aquellos edificios y de la pared de Santa María del Mar la reconfortaron. Un repartidor de butano gritaba desde el final de la calle y su voz resonaba como en el fondo de un cañón. Julie ya se veía viviendo en uno de aquellos pisos, sacando la cabeza por el balcón para ver quién gritaba. Para hacer más auténtica la sensación de pertenencia a aquel lugar, se metió por la entrada de uno de aquellos palacios como si fuera su casa. No era el Museu Picasso, ni el Museu del Tèxtil, pero el árbol del patio y la escalera de piedra le resultaron acogedores. Salió de nuevo a la calle Montcada con la actitud de las vecinas de toda la vida y saludó al primer transeúnte que encontró. Unos metros más arriba, por pura inercia, se metió en el Xampanyet. Era la hora del aperitivo y, como si hiciera media vida que conocía el bar, pidió unas anchoas y una copa de vino blanco. De pie en la barra, mordió una anchoa extraordinaria, carnosa y empapada en aceite, y echó un vistazo al local. «Vendría aquí todos los días», pensó.

Después del aperitivo, regresó a la calle y buscó la entrada de Santa Maria del Mar. Su abuelo Laloux le había recomendado que entrara por la puerta principal y no por la que hay en el lateral, delante del Fossar, de manera que dio la vuelta a la iglesia por la calle dels Sombrerers y de la Argenteria y subió el tramo de escaleras. Pero entonces, cuando estaba a punto de entrar, se abrió la puerta de golpe y salió un montón de gente de domingo. Sin tiempo para reaccionar, le pusieron un puñado de arroz en la mano. Los novios no tardaron ni un minuto en salir y los invitados comenzaron a tirarles arroz. De repente, Julie se vio rodeada de desconocidos que se reían y gritaban y, por simpatía, también se puso a gritar de alegría. La broma duró un buen rato y, poco después, cuando los novios se hacían fotos en la escalinata, aprovechó un grupo numeroso de amigos para unirse, en un rincón, y salir en la foto. «Cuando miren el álbum —se dijo—, me señalarán y se preguntarán quién soy. Con eso tengo bastante.»

Los invitados a la boda se dispersaron y ella siguió a uno de los grupos. Fue detrás de ellos hasta la entrada del parking del Born y después dejó que se marcharan. El edificio del mercado, un armatoste de metal y piedra, le llamó la atención. Julie se acercó por la calle de la Fusina y entonces vio las ruinas preservadas dentro del Born. Embobada, recorrió la figura difusa de las calles, los fragmentos de casas conservadas, la tierra polvorienta. Un gato, allá abajo, maullaba y perseguía un ratoncito del siglo XVIII.

It's inevitable: city tourism always leaves you with a sweet and sour aftertaste. You get lost in unknown streets, stop in the most hidden corners, go into shops that seem to be waiting for you... and this delirium of discovering a fascinating place — a setting you would say was made especially for you — always has to exist alongside the feeling that it is fleeting. What you see live today will be just a photograph tomorrow, you say to yourself. You would like to be a part of the city without renouncing anything and suddenly you realise that this is impossible: we don't have photographs of ourselves in our own cities, standing still in front of the monuments that we see every day. When Julie put her feet on to the Passeig del Born, this internal debate suddenly awoke in her. She had been going round Barcelona for several hours now and the initial dazzle was wearing off. She had walked through the postcard of the Rambles, the Boqueria and the Plaça Reial in a state of constant amazement, but, little by little, as she uncovered the streets of the Raval, crossed Via Laietana or plunged into the narrow lanes of the Old City, its clothing hanging out like medieval banners, the chatter coming from the balconies and the peeling façades had begun to convince her. "I could live here, in this city," she imagined.

The Passeig del Born, so easily measured in paces and with that feeling like a set from a François Truffaut movie, made her think of a corner of Montmartre — luckily without the painters at their easels — or a stately Italian square — luckily without the parked cars — or even an old quarter in Amsterdam — luckily without street musicians. She walked around the square, happy to step over those old cobblestones. Montcada Street sucked her in like a funnel. The protective shade of those buildings and the wall of Santa Maria del Mar comforted her. A butane seller shouted from the end of the street and his voice resonated as if from the depths of a well. Julie could already see herself living in one of those flats, sticking her head out on the balcony to see who was shouting. To give more authenticity to her sense of belonging in that place, she went into the entrance of one of those palaces as if she were right at home. It wasn't the Picasso Museum, or the Textile Museum, but the tree in the courtyard and the stone staircase turned out to feel welcoming.

She went out on to Montcada Street again with the bearing of someone who'd lived there all her life and waved at the first local she found. A few metres up, out of pure inertia, she went into El Xampanyet. It was time for drinks and, as if she had known the bar half her life, she asked for some anchovies and a glass of white wine. Standing at the bar, she ate an extraordinary anchovy, fat and soaked in oil, and took a look around the place. "I'd come here every day," she thought.

After her drink, she went back out to the street and looked for the entrance to Santa Maria del Mar. Her grandfather Laloux had recommended that she enter through the front door, and not the one on the side in front of Fossar, so she walked round the church through Sombrerers Street and Argenteria Street and went up the flight of steps. But then, when she was about to go in, the door suddenly opened and a crowd of people came out dressed up in their Sunday best. They put a handful of rice in her palm without giving her time to react. It wasn't a minute before the newlyweds emerged and the guests began to throw rice at them. Suddenly, Julie found she was surrounded by laughing, shouting strangers, and out of solidarity she, too, began shouting with happiness. The joke went on quite a while and not long afterwards, when the newlyweds were having pictures taken on the steps outside, she took advantage of the moment to join in, in a corner of a large group of friends, and get into the photo. "When they look at the album," she said to herself, "they'll point me out and ask who I am. That's enough for me."

The wedding guests dispersed and she followed one of the groups. She tailed them to the entrance of the Born car park, and then let them leave. The market building, a mass of metal and stone, caught her attention. Julie approached it by Fusina Street and then saw the ruins preserved inside the Born. Fascinated, she looked over the wide street plan, the rescued fragments of houses, the dusty earth. Down below, a cat miaowed and chased a mouse from the eighteenth century.

Rafa Castañer

Carrer de Montcada

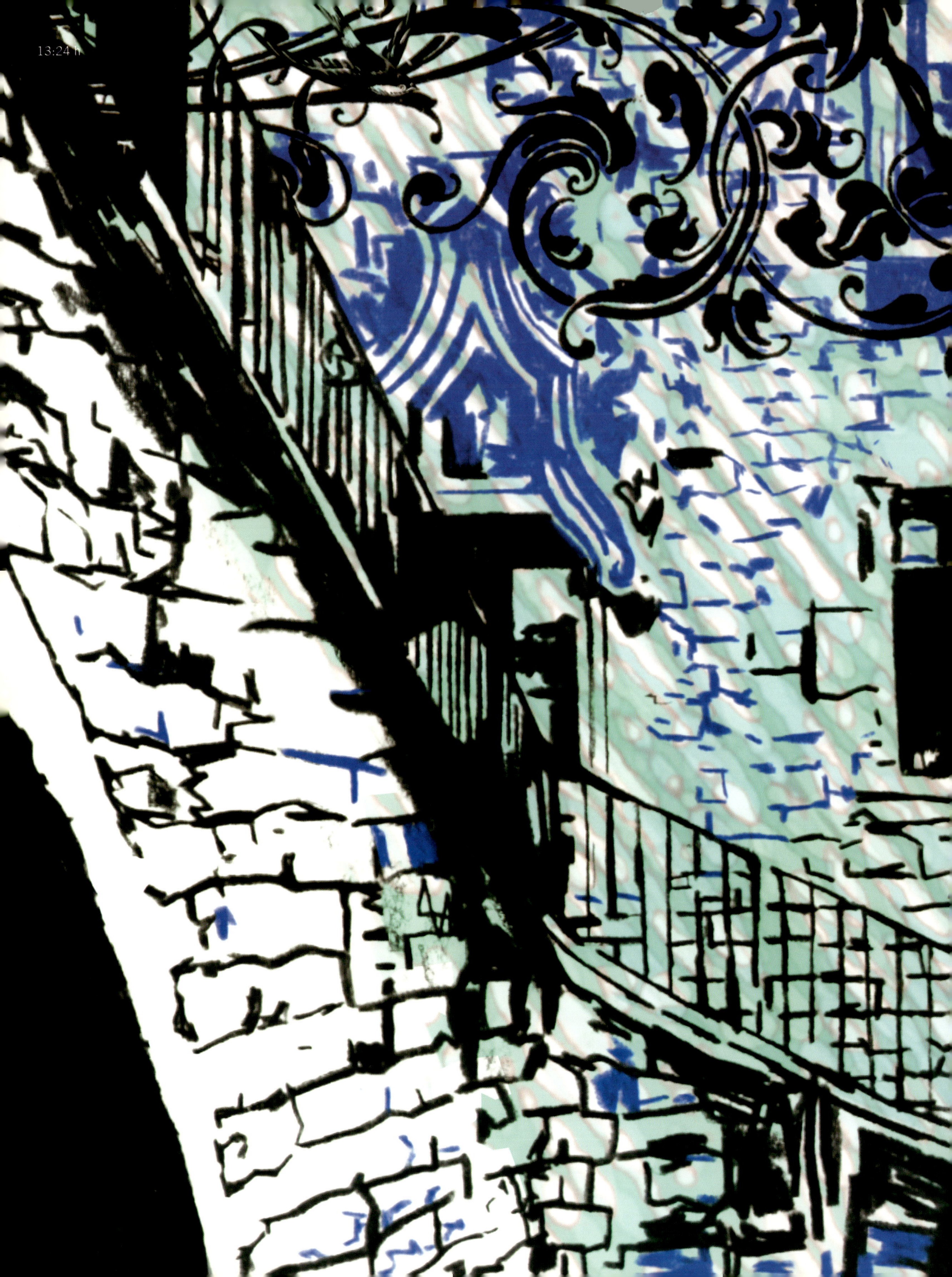
13:24 h

Palauet del carrer de Montcada

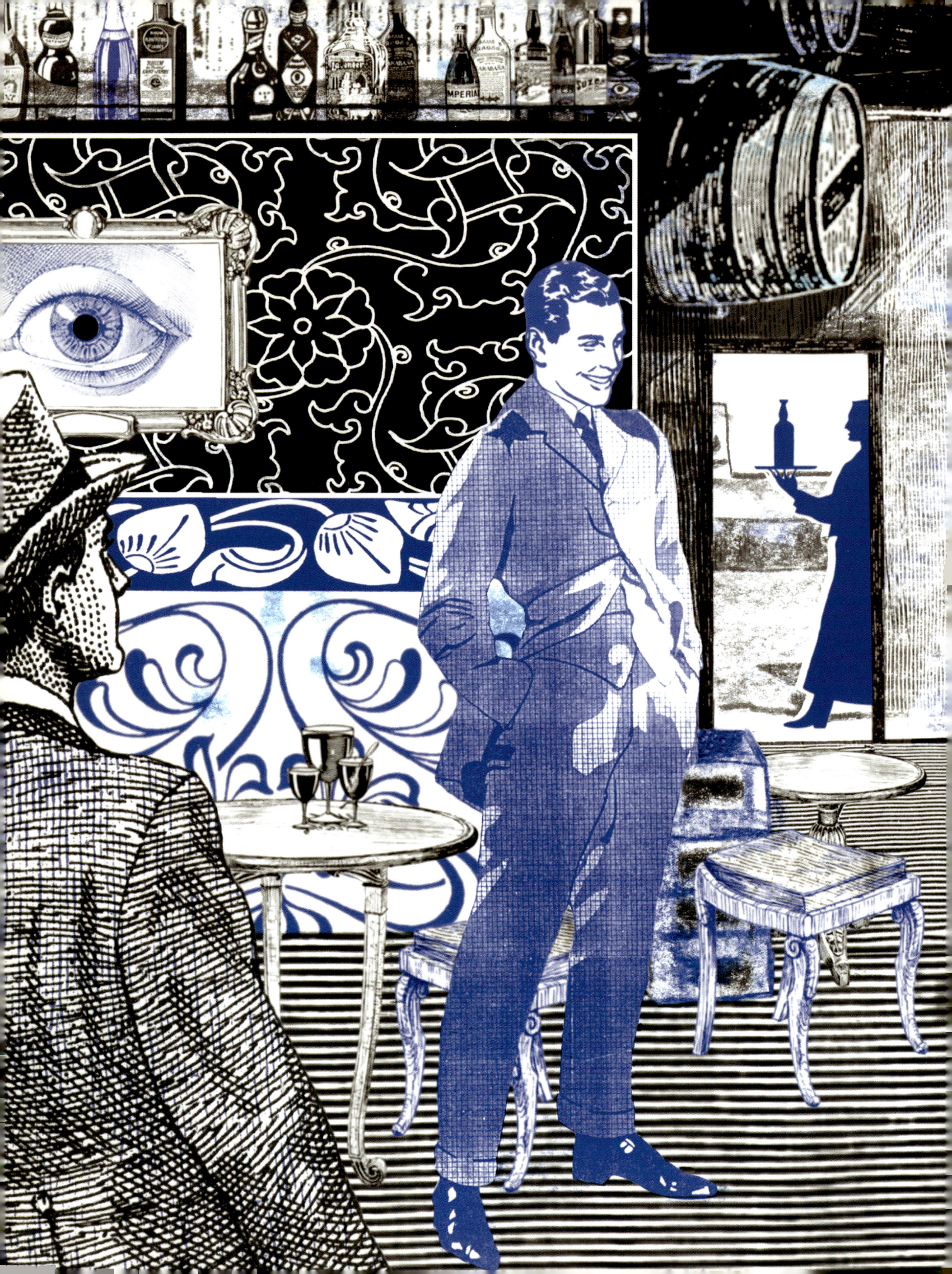

El Xampanyet, carrer de Montcada

13:48 h

Església de Santa Maria del Mar

13:51 h

Mercat del Born

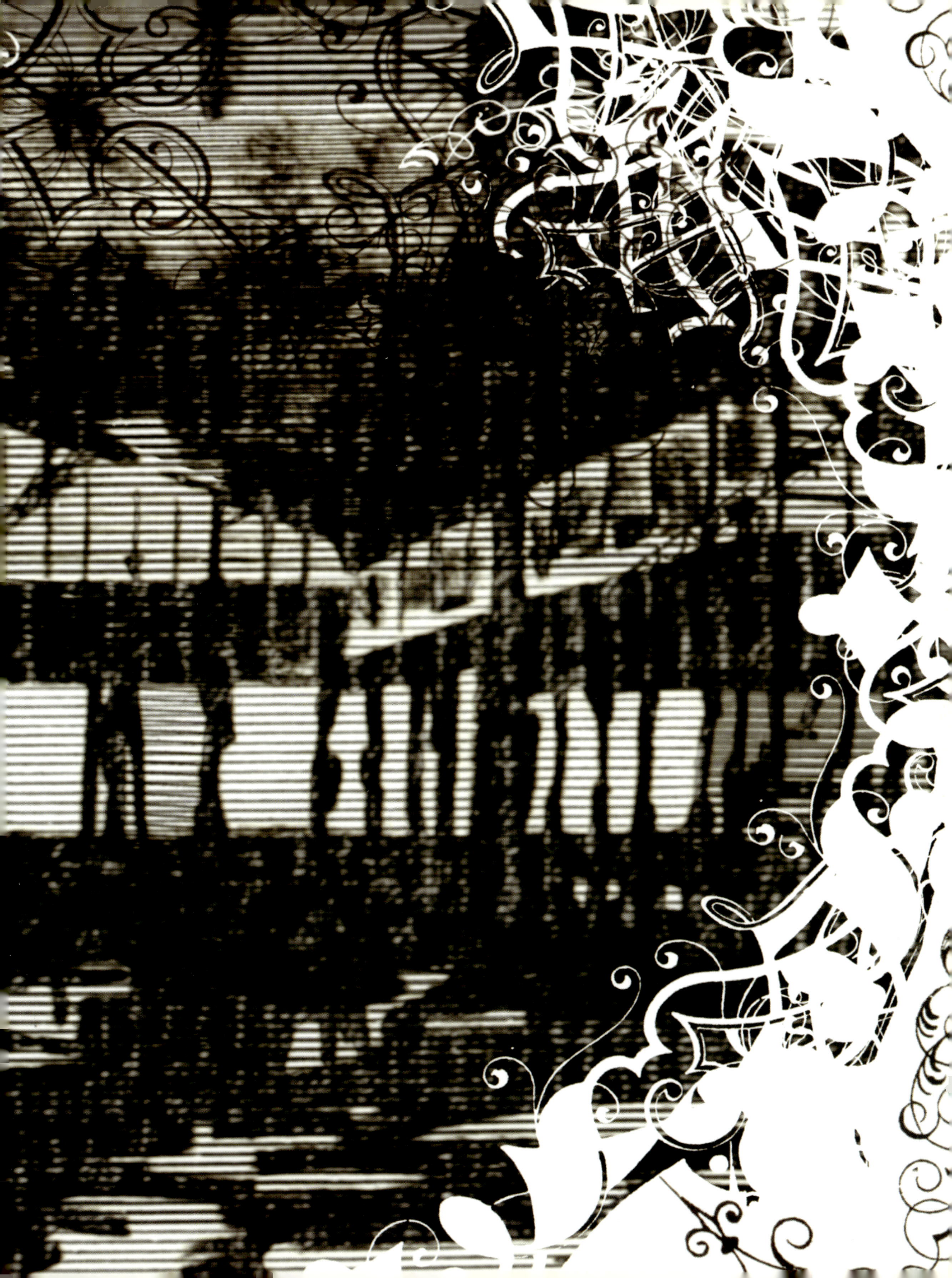

14:00 h

Olga Merino

Només els arbres coneixen el secret. La Julie, carn tan jove i tan anglosaxona, ignora que aquesta és una ciutat prenyada de contradiccions, capaç d'abraçar generosa fins i tot el que no comprèn. La nostra noia pàl·lida desconeix que la Ciutadella, primer parc públic de la Barcelona moderna, va erigir-se sobre el solar de l'antiga fortalesa militar que va fer construir el Borbó Felip V, el 1714. La vegetació endinsa les arrels en la cicatriu d'una derrota; Barcelona en sap d'aquestes paradoxes.
Tots els qui hem estat nens sobre les seves llambordes guardem a l'àlbum una fotografia al costat del mamut de pedra de la Ciutadella, ja sigui asseguts a la trompa o abraçats a una de les potes rotundes (una servidora, amb un vestidet de vellut negre i mitjons de perlé). Per als barcelonins, la Ciutadella és el «parc», a seques, perquè vam créixer acostumats a la mancança de zones verdes i a una estretor mediterrània de carrerons, balcons promiscus i olor de sofregit. Al llarg dels anys, el paisanatge ha anat canviant però l'essència roman immutable: la Ciutadella és el lloc d'esbarjo per a les classes populars (soldats de permís pentinats cap enrere, minyones a la recerca de promès, matrimonis que estrenaven el primer sis-cents o, ara, famílies immigrants amb berenars perfumats de coriandre).
La Julie s'ha assegut a l'ombra d'una xicranda —cadascuna de les fulles amaga una veritat— que li xiuxiueja paraules incomprensibles a l'orella. Es descalça. Es fa un massatge als turmells. Estira l'espinada com un gat; vint-i-quatre hores no donen l'abast per atrapar l'ànima de la ciutat. La noia tanca els ulls i escolta la refilada dels ocells; ara entén el que li havien aconsellat: la Ciutadella cal descobrir-la cap al tard, quan el sol declina i la vida respira llavors a ritme de quartet de corda. Si hagués arribat més tard al parc, la Julie potser hauria après una paraula en català, només una: capvespre, aquell instant fugaç en què la llum es torna metall.
L'aire arrossega un tuf de fems d'animal que ve del zoològic, on els hipopòtams badallen d'avorriment i els lleons es llepen la tristesa del pelatge arnat. La noia hauria preferit estalviar-se la visita; se sent bé sobre l'herba fresca observant la lentitud de les barques i la supèrbia dels cignes que neden a la llacuna artificial. De vegades Barcelona és tan absurda que fins i tot li neixen arbres a l'aigua: als que broten enmig de la superfície del llac se'ls coneix com a xiprers dels pantans. Al darrere de la jove s'alça el Castell dels Tres Dragons, obra de l'arquitecte modernista Lluís Domènech i Montaner, que va ser un restaurant durant l'Exposició Universal del 1888 i que ara acull el Museu de Zoologia. A la Julie li sembla un somieig infantil: només una ment contradictòria i posseïda pel dimoni de la rauxa podria haver convertit en edifici el que no és altra cosa que un deliri de crocant i torró robat del conte de Hansel i Gretel.
És al parc, entre roures i nogueres, on Barcelona, la gran encisera, aquesta *madamme* de bordell de luxe, es torna britànica. El temps s'atura i convida a la introspecció, a la lectura reflexiva, a assajar acords en una guitarra al costat de la cascada. Barcelona sap gaudir del seu *bosc*, tan irreal com ella mateixa: la Ciutadella és territori de carmanyoles i pícnic, besos adolescents sobre una manta, porros compartits, *jogging* urbà, timbals eixordadors, barreja mestissa, avis que juguen en solitud amb els seus canics, saltimbanquis que assagen cabrioles improbables. A la Julie li vindria de gust quedar-se ajaguda sobre la gespa, però l'esperen uns amics per dinar. La xicranda sàvia vol acomiadar-la amb un regal: sota el templet de la Ciutadella, uns músics interpreten per a ella un quartet de corda de Schönberg, que tant agradava d'escoltar a Julio Cortázar (ell creia en la continuïtat dels parcs, i si la Ciutadella tingués música, de ben segur que seria aquesta). La Julie creua el passeig Picasso per llogar una bicicleta, sense saber que aquí, a la ciutat dels impossibles, aquests enginys de dues rodes pensen. I de vegades somnien.

Sólo los árboles conocen el secreto. Julie, carne tan joven y tan anglosajona, ignora que ésta es una ciudad preñada de contradicciones, capaz de abrazar generosa incluso lo que no comprende. Nuestra pálida chica desconoce que la Ciutadella, primer parque público de la Barcelona moderna, se erigió sobre el solar de la antigua fortaleza militar que hizo construir el Borbón Felipe V en 1714. La vegetación hunde sus raíces en la cicatriz de una derrota; Barcelona sabe de esas paradojas.
Todos cuantos fuimos niños sobre sus adoquines guardamos en el álbum una fotografía junto al mamut de piedra de la

14:01 h

14:00 h Zoo

14.30 h Parc de la Ciutadella

Ciutadella, ya sea sentados en la trompa o abrazados a una de sus rotundas patas (una servidora, con un vestidito de terciopelo negro y calcetines de perlé). Para los barceloneses la Ciutadella es el "parque", a secas, porque crecimos acostumbrados a la falta de zonas verdes y a una estrechez mediterránea de callejeo, balcones promiscuos y olor a sofrito. A lo largo de los años, el paisaje ha ido cambiando pero su esencia permanece inmutable: la Ciutadella es lugar de esparcimiento para las clases populares (soldados de permiso peinados al agua, criadas en busca de novio, matrimonios que estrenaron el primer Seiscientos o, ahora, familias de inmigrantes con meriendas perfumadas de cilantro).
Julie se ha sentado a la sombra de un jacarandá —cada una de sus hojas esconde una verdad— que le susurra palabras incomprensibles a sus oídos. Se descalza. Se masajea los tobillos. Se estira el espinazo como un gato; veinticuatro horas no alcanzan para atrapar el alma de la ciudad. La muchacha cierra los ojos y escucha el gorjeo de los pájaros; ahora entiende lo que le habían aconsejado: la Ciutadella hay que descubrirla hacia el atardecer, cuando el sol declina y la vida respira entonces a ritmo de cuarteto de cuerda. De haber llegado más tarde al parque, Julie habría aprendido quizá una palabra en catalán, sólo una: *capvespre*, ese instante fugaz en que la luz se vuelve metal.
El aire arrastra un tufo de bostas de animal que procede del zoológico, donde los hipopótamos bostezan de aburrimiento y los leones se lamen la tristeza del pelaje apolillado. La muchacha hubiera preferido ahorrarse la visita; se siente bien sobre la hierba fresca observando la lentitud de las barcas y la soberbia de los cisnes que nadan en la laguna artificial. Barcelona es a veces tan absurda que hasta le nacen árboles en el agua: a esos que brotan en medio de la superficie del lago se les conoce como cipreses de los pantanos. A espaldas de la joven se yergue el Castell dels Tres Dragons, obra del arquitecto modernista Lluís Domènech i Montaner, que fue restaurante durante la Exposición Universal de 1888 y que ahora alberga el Museu de Zoologia. A Julie le parece un ensueño infantil: sólo una mente contradictoria y poseída por el demonio de la *rauxa* podía haber convertido en edificio lo que no es sino un delirio de guirlache y turrón robado del cuento de Hansel y Gretel. Es en el parque, entre robles y nogales, donde Barcelona, la *gran encisera*, esa madama de burdel de lujo, se vuelve británica. El tiempo se detiene e invita a la introspección, a la lectura reflexiva, a ensayar acordes en una guitarra junto a la cascada. Barcelona sabe disfrutar de su *bosque*, tan irreal como ella misma: la Ciutadella es territorio de fiambreras y picnic, de besos adolescentes sobre una manta, de canutos compartidos, de *jogging* urbano, de timbales atronadores, de revoltijo mestizo, de abuelos que juegan en soledad con sus caniches, de saltimbanquis que ensayan sus piruetas improbables.
A Julie le apetecería quedarse tumbada sobre la hierba, pero la aguardan unos amigos para el almuerzo. El jacarandá sabio quiere despedirla con un regalo: bajo el templete de la Ciutadella unos músicos interpretan para ella un cuarteto de cuerda de Schoenberg, que tanto gustaba de escuchar Julio Cortázar (él creía en la continuidad de los parques, y si la Ciutadella tuviera música, a buen seguro que sería ésa). Julie cruza el paseo Picasso para alquilar una bicicleta, sin saber que aquí, en la ciudad de los imposibles, esos ingenios de dos ruedas piensan. Y a veces sueñan.

Only the trees know the secret. Julie — such young, Anglo-Saxon flesh — has no idea that this is a city fraught with contradictions, capable of generously embracing even what it cannot comprehend. Our pale girl does not know that the Ciutadella, the first public park in modern Barcelona, was erected on the site of an old military stronghold that the Bourbon Philip V had constructed in 1714. The vegetation buries its roots in the scar of a defeat; Barcelona knows these paradoxes well.
All of us who spent our childhoods on its cobblestones keep a photograph in our albums of ourselves beside the Ciutadella's stone mammoth, whether seated on its trunk or embracing one of its round feet (a servant, with a little velvet dress and eyelet socks). For Barcelona residents it's just "the park", plain and simple, because we grew up used to the dearth of green spaces and a Mediterranean strait of streets, motley balconies and the smell of onions and peppers frying. The park's population has changed over the years, but its essence remains immutable: the Ciutadella is a place of amusement for the working class (soldiers on leave with their hair slicked back, maids on the make, married couples showing off their first tiny car; or, now, immigrant families, with snacks smelling of coriander).
Julie has sat down in the shade of a jacaranda — each one of its leaves hiding a truth — that whispers incomprehensible words in her ears. She takes off her shoes. She massages her ankles. She stretches her spine like a cat; twenty-four hours are not enough to capture the soul of a city. The girl closes her eyes and listens to the birds chirping; now she understands the advice they gave her: the Ciutadella must be discovered toward dusk, when the sun dips down and life breathes to the rhythm of a string quartet. Had she arrived at the park later Julie might have learned one word in Catalan, just one: *capvespre*, that fleeting instant when the light turns to metal.
The air brings with it a stink of animal droppings that comes from the zoo, where the hippopotami yawn with boredom and

the lions lament the sorrow of a moth-eaten coat. The girl would have prefered to spare herself a visit; she feels good on the cool grass observing the slowness of the boats and the haughtiness of the swans that swim in the artificial lagoon. Barcelona is sometimes so absurd as to have trees growing in its waters: these ones sprouting in the middle of the lake's surface are known as marsh cypresses. Behind the girl stands the Castell dels Tres Dragons, or Three Dragons' House, a work of the *modernista* architect Lluís Domènech i Montaner, which was a restaurant during the Universal Exposition in 1888 and now houses the Zoological Museum. It looks like a children's fantasy to Julie: only a contradictory mind, possessed by demonic *rauxa*, could have made a building out of what is nothing but a delirium of nougat and almond toffee stolen from Hansel and Gretel.

It is in the park, among oaks and walnut trees, where Barcelona, the *gran encisera*, that madam of a luxurious bordello, becomes British. Time stops and invites introspection, thoughtful reading, the rehearsing of chords on a guitar by the waterfall. Barcelona knows how to enjoy its *wood*, as unreal as the city itself: the Ciutadella is a land of lunchboxes and picnics, of adolescent kisses on a blanket, of shared joints, urban jogging, thundering timpani, hybrid confusion, of grandparents playing alone with their poodles, of street acrobats rehearsing their improbable pirouettes.

Julie would love to stay there, stretched out on the grass, but some friends are expecting her for lunch. The wise jacaranda wants to bid her farewell with a gift: some musicians on the Ciutadella bandstand play a string quartet for her by Schoenberg, who Julio Cortázar so liked to listen to (he believed in the continuity of parks, and if the Ciutadella had music, this would surely be it). Julie crosses the Passeig Picasso to hire a bicycle, not knowing that here, in the city of the impossible, these two-wheeled talents think. And sometimes dream.

14:05 h

14:06 h

Zoo de Barcelona

14:09 h

Regina Carnicer

14:10 h

14:11 h

Umbracle, Parc de la Ciutadella

14:15 h

14:16 h

Parc de la Ciutadella

14:17 h

14:18 h

14:21 h

14:22 h

14:23 h

14:26 h

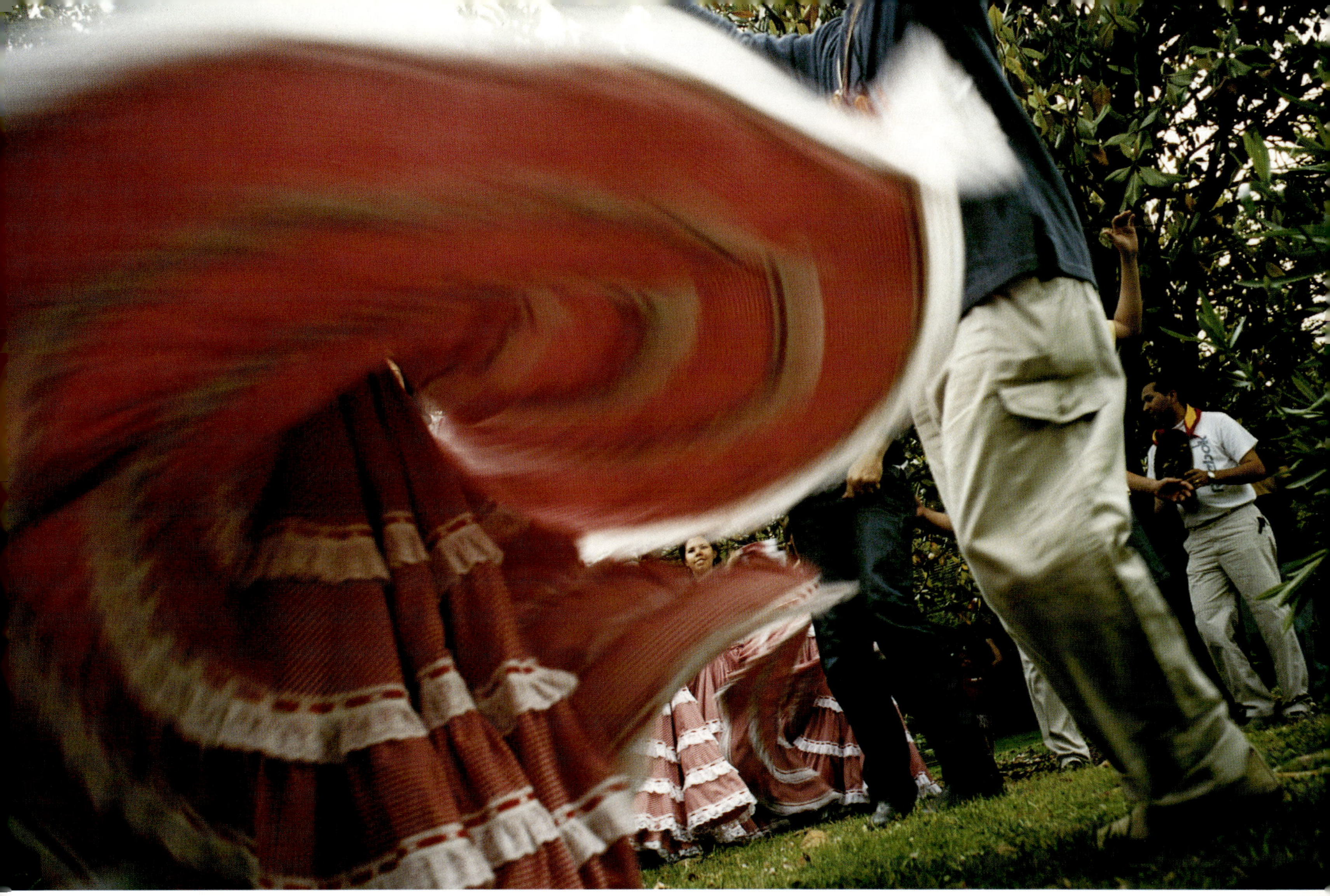

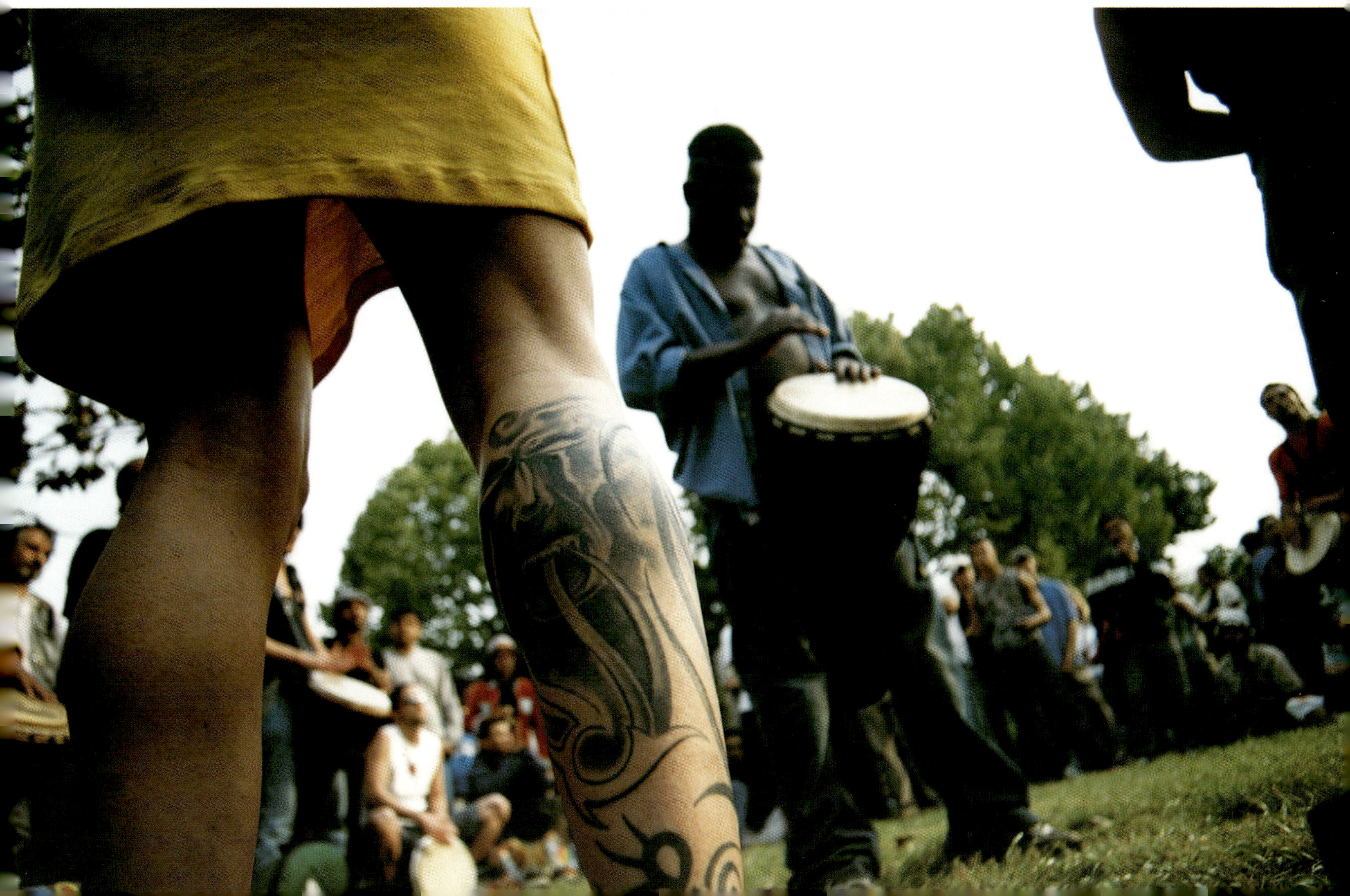

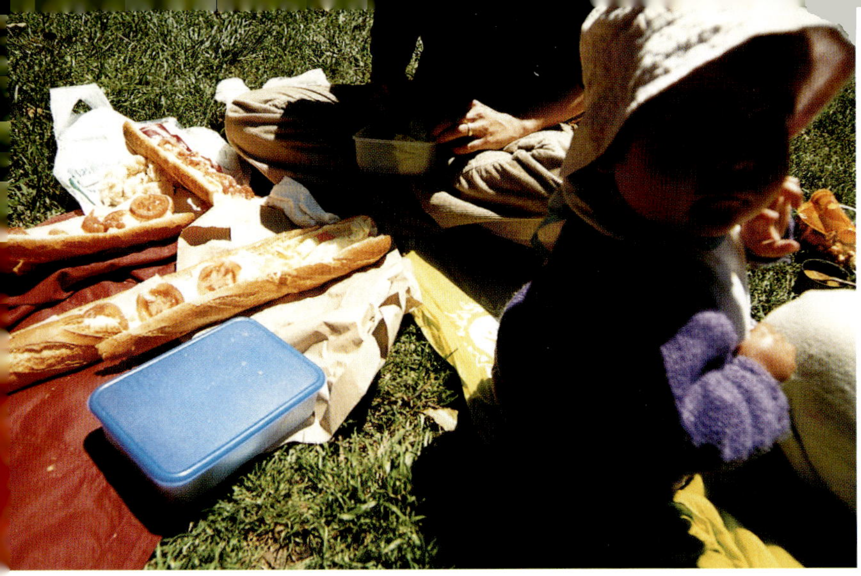

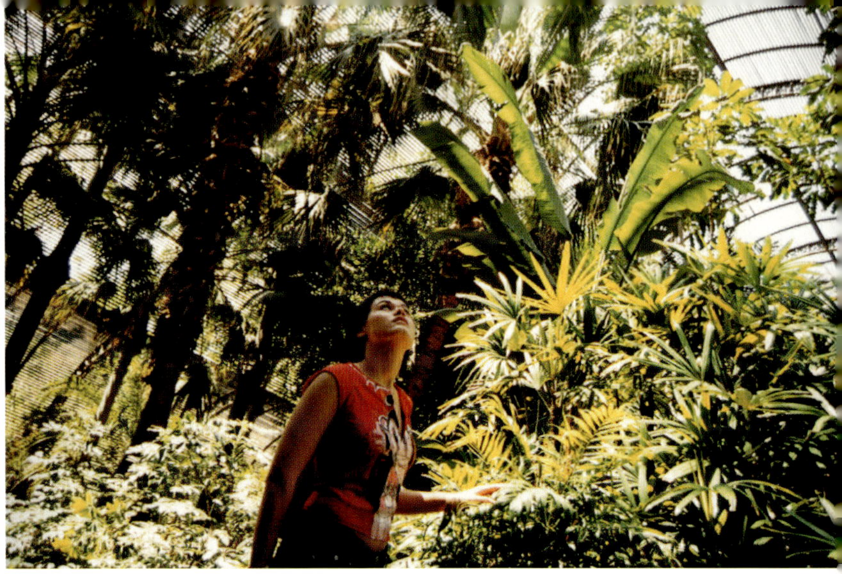

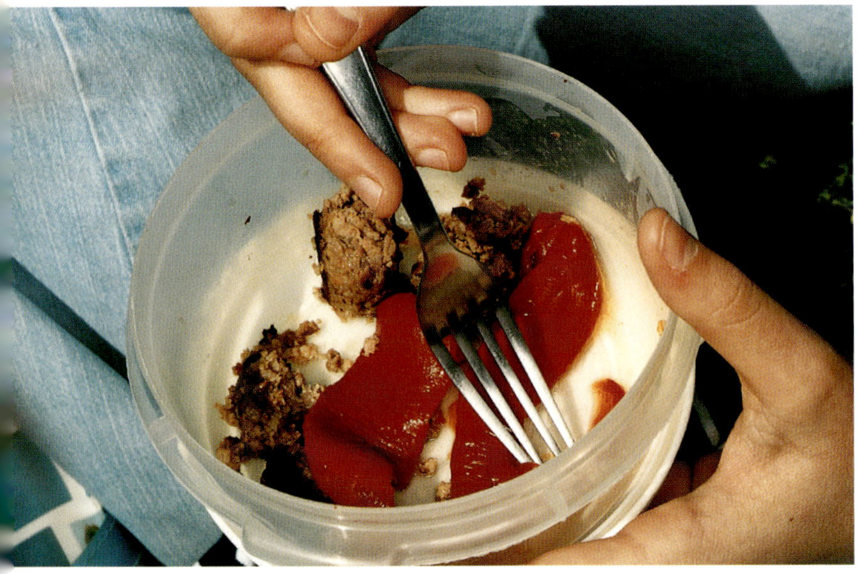

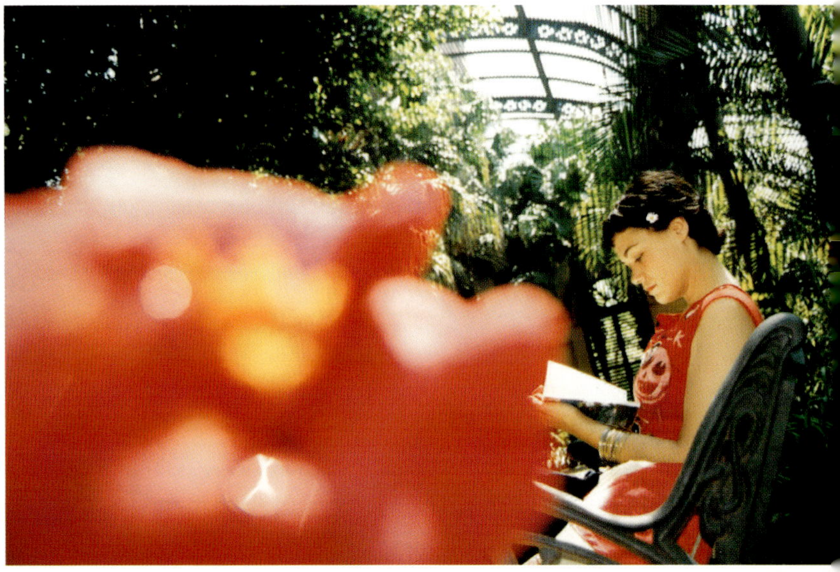

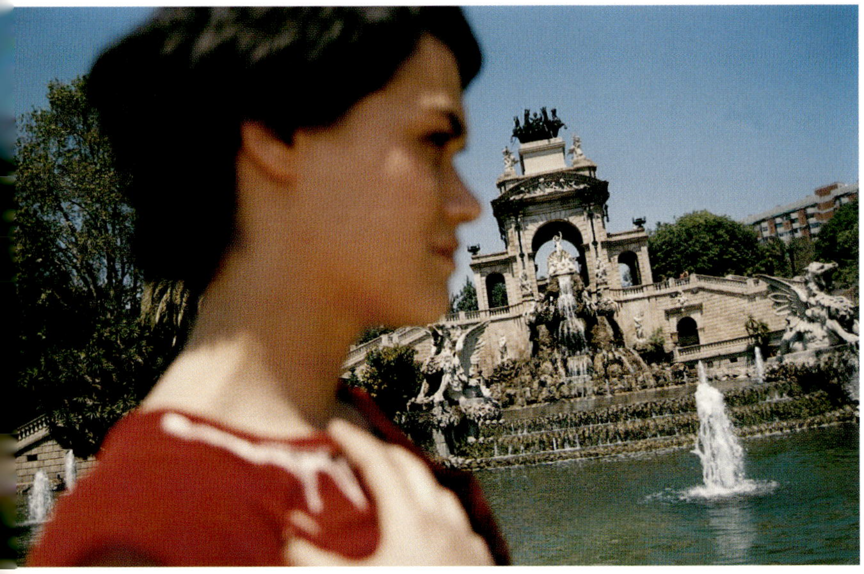

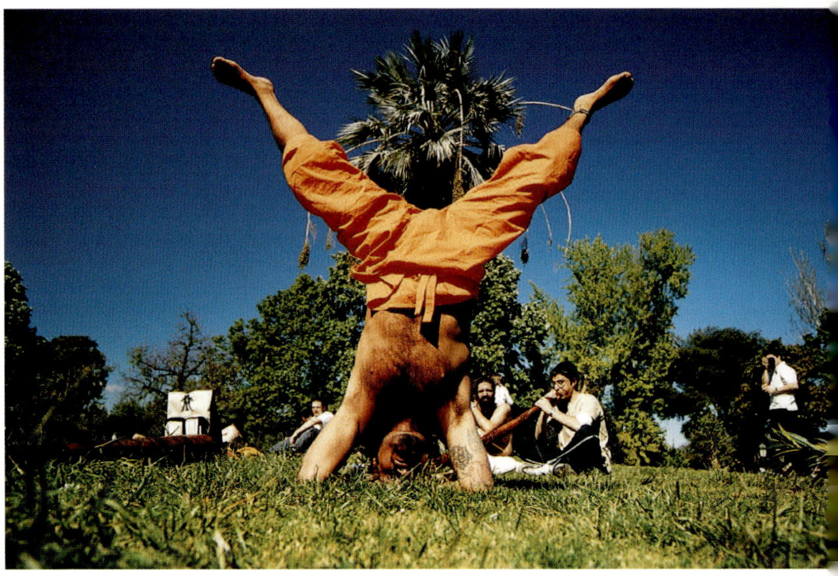

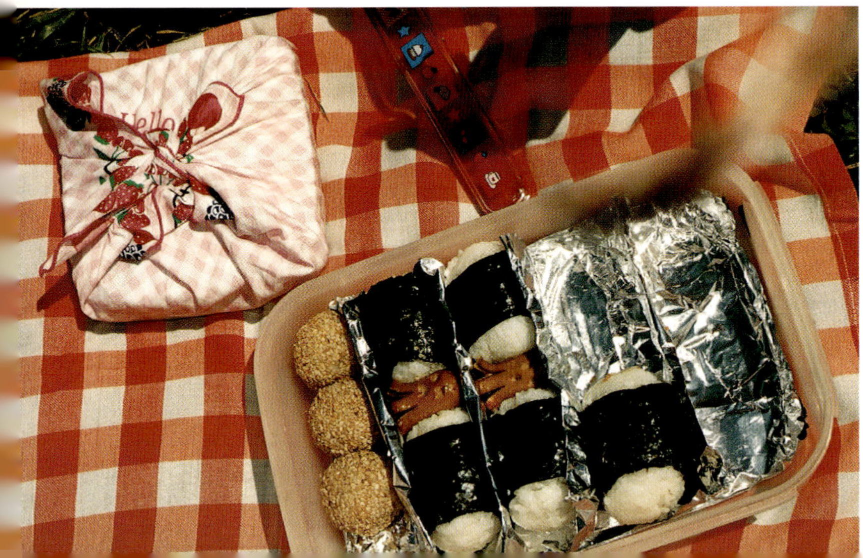

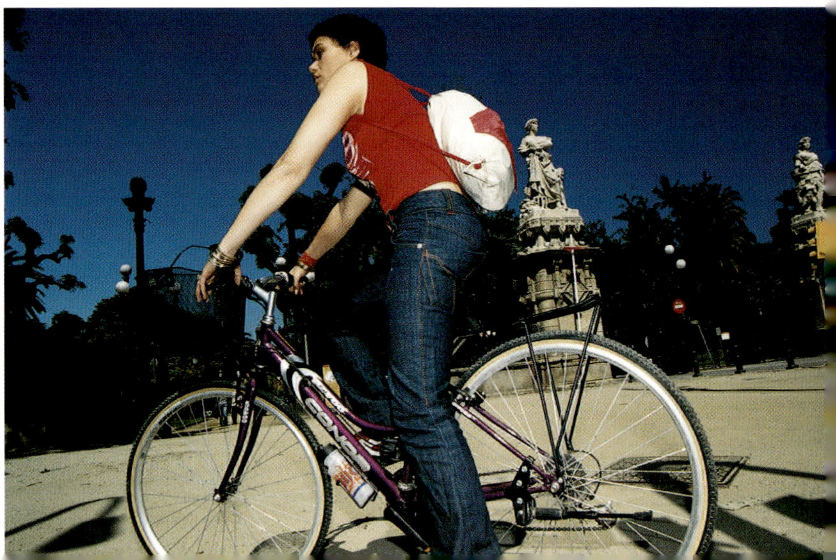

Coconut Chocolate 2.00€ Cake with Strawberry & Kiwi *Coco Chocolate tarta con fresa y kiwi*

14:30 h Parc de la Ciutadella

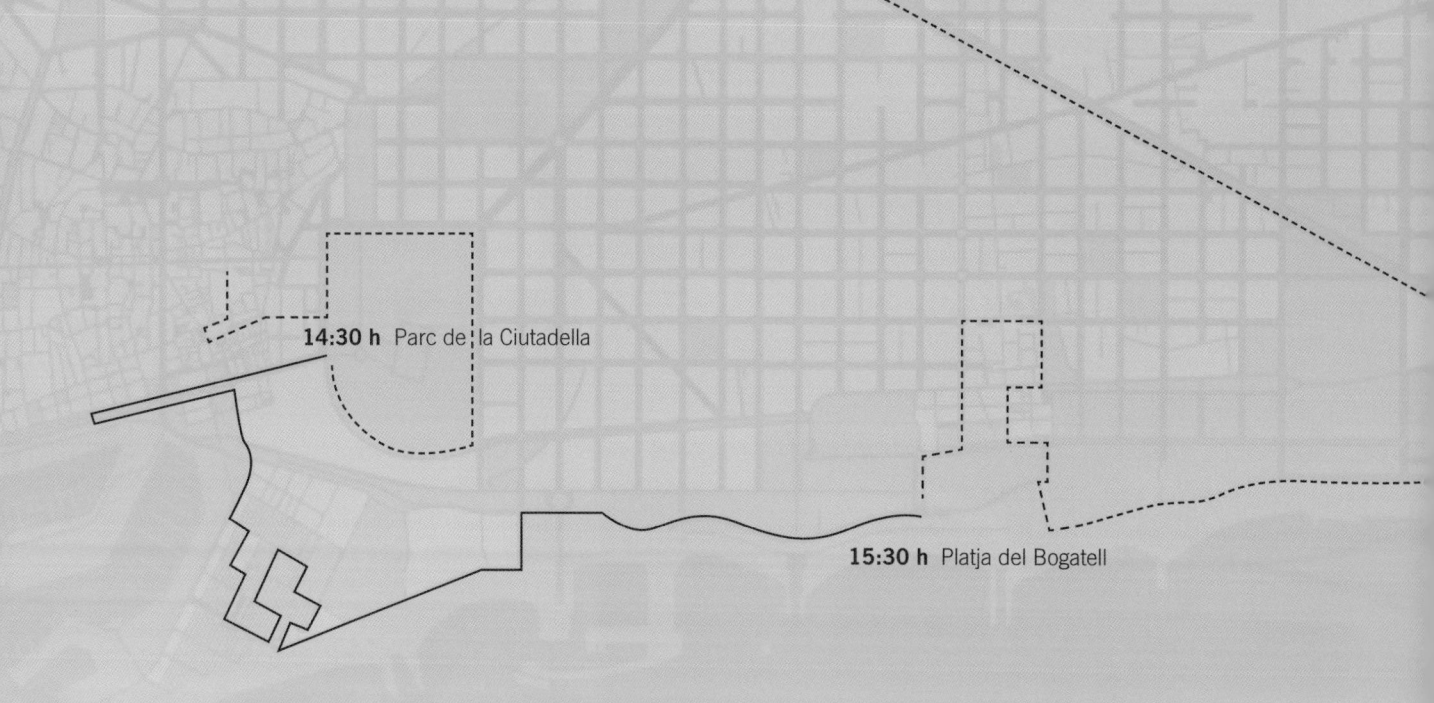

15:30 h Platja del Bogatell

Màrius Serra

Sóc una bicicleta veterana, jo, però em conserven prou bé. Ja fa anys que rodo per Barcelona, empesa per cames de tota mena, catalanes i forasteres. Les d'aquesta noia d'avui semblen fortes. Almenys jo les veig llargues i estilitzades. Unes cames boniques que em fan tenir l'esperança de voltar una mica. Perquè hi ha gent que em lloga aquí al passeig de Picasso, em fa entrar al Parc de la Ciutadella per la porta que tenim davant per davant de la botiga i ja no em treu d'allà en tot el dia, com si el mar els fes por. Aquesta noia no. Veig que tirem avall avall i li estic tan agraïda que gairebé la porto vora l'aigua sense que hagi de mirar cap mapa. Quan arribem a l'alçada del Palau de Mar la incito a acostar-se als vaixells que poblen el moll de la Barceloneta. Mentre els contempla jo em fixo en les altres bicis, patinets i patins en línia que anem trobant. Els uns circulen molt de pressa i juguen a esquivar la gent. Els altres, a pas de bou. De vegades m'oblido que porto algú al damunt i m'envaeix una insòlita sensació de llibertat. Fa un sol esplèndid, el pedaleig de la meva amazona és pausat i no noto ni una gota de suor al seient. Quan es cansa de badar davant dels iots ens endinsem a la vella Barceloneta. De primer pel carrer de l'Almirall Cervera, que encara és ample, però aviat pels carrerons molt més estrets que teixeixen la quadrícula del barri. A la Barceloneta tot és tan a prop que les illes de cases de seguida fan arxipèlags. M'encanta sentir la barreja de sons i olors que hi circulen, i no dec ser l'única perquè ara la meva conductora em tiba els frens, falca els peus a banda i banda de la cadena i la sento inspirar. A la salabror s'hi afegeix una vaporosa congregació de sofregits que emana tant de les cuines dels minúsculs pisos com de les dels espaiosos restaurants. Suposo que els humans deuen agafar gana només d'ensumar-ho i després la lectura de les pissarres amb els menús guixats els deu rematar. A mi ni m'afecta ni m'han fet entrar mai a cap fonda, però moltes vegades he acompanyat els àpats que els meus llogaters feien a les taules de fora del Rey de la Gamba o La Mar Salada. Ara el laberint de carrerons ens porta per diverses places interiors. Al final circumdem la del Mercat, reculem i enfilem pel carrer d'Andrea Dòria cap al passeig Marítim. Aquí també hi ha bars amb les finestres obertes on la gent fa l'aperitiu: peix fregit, gambes, calamars, navalles, braves i cervesa. Asseguts o a peu dret, però mai en silenci.

Just quan tornem a veure el mar, una vintena de nens en cadira de rodes pugen per la rampa que mena al Centre Cívic, empesos pels seus monitors. Han passat el matí al centre de talassoteràpia que hi ha al costat de l'Hospital del Mar i ara els donaran el dinar. La meva llogatera accelera el pedaleig, travessem el passeig a la brava i ens n'allunyem per la voravia de mar, tot resseguint la costa. Pel retrovisor veig com una ombra li enfosqueix el rostre. Té els llavis premuts i els seus ulls preciosos s'esforcen per mirar més enllà, a la recerca de la Barcelona que ha vingut a buscar per ser feliç. Ara les torres bessones de Marina sorgeixen, poderoses, al final del passeig. L'hotel Arts en primer pla, amb l'exoesquelet ben a la vista. La Torre Mapfre al darrere, més elusiva, i en l'entremig un peix amb lluentons bellugadissos, vestit de festa. Tot plegat, fa el seu efecte. L'ombra s'esvaeix. També el pedaleig s'asserena. Munions de banyistes dins i fora de la platja li recorden que ha quedat amb uns amics per fer un banyet i un mos. «Julie!», sento que crida una veu d'home, i tan aviat ella respon fent dringar el meu timbre sé que aquest és el seu nom. Julie. «Oh, oh, Julie», com en aquella vella cançó que de vegades

14:33 h

14:36 h

encara cantem a les nits a la botiga de Picasso, quan els amos ja ens hi han tancat i les bicicletes ens avorrim. Virem cap al lloc d'on ha sortit la veu i aviat conec els seus amics barcelonins, molt simpàtics ells, però sense bicicleta. O sigui que la meva Julie ha de buscar un lloc on lligar-me. Serà una estona llarga, perquè els sento dir que primer faran una remullada i després un mos, aquí mateix, a la platja de la Nova Icària. Com que no em fan ni cas, estic per tornar-m'hi. Conec un truc per obrir el cadenat i sé posar les rodes d'una manera que cap lladre de bicicletes no s'hi pot resistir.

Soy una bicicleta veterana, pero me conservan bastante bien. Ya hace años que ruedo por Barcelona, impulsada por toda clase de piernas, catalanas y forasteras. Las de la chica de hoy parecen fuertes. Al menos yo las veo largas y estilizadas; unas piernas bonitas que me hacen tener la esperanza de vagabundear un poco. Porque hay gente que me alquila aquí, en el paseo de Picasso, me hace entrar en el parque de la Ciutadella por la puerta que tenemos delante de la tienda y ya no me saca de allá en todo el día, como si el mar le diera miedo. Esta chica no. Veo que recorremos un buen trecho y le estoy tan agradecida que casi la llevo cerca del agua sin que tenga que mirar ningún mapa. Cuando llegamos a la altura del Palau de Mar la incito a acercarse a los barcos que pueblan el muelle de la Barceloneta. Mientras los contempla yo me fijo en las otras bicis, patinetes y patines en línea que vamos encontrando. Unos circulan muy deprisa y juegan a esquivar a la gente. Los otros, a paso de tortuga. A veces me olvido de que llevo a alguien encima y me invade una insólita sensación de libertad. Hace un sol espléndido, el pedaleo de mi amazona es pausado y no noto ni una gota de sudor en el asiento.

Cuando se cansa de curiosear delante de los yates, nos adentramos en la vieja Barceloneta. Primero recorremos la calle del Almirall Cervera, que aún es amplia, pero al poco nos perdemos por los callejones mucho más estrechos que tejen la cuadrícula del barrio. En la Barceloneta todo está tan cerca que las "islas" de casas no tardan en formar "archipiélagos". Me encanta oír la mezcla de sonidos y olores que circulan, y no debo de ser la única, porque ahora mi conductora aprieta los frenos, calza los pies a ambos lados de la cadena y la oigo inspirar. A la salobridad se añade una vaporosa congregación de sofritos que emana tanto de las cocinas de los minúsculos pisos como de los espaciosos restaurantes. Supongo que a los humanos debe de entrarles hambre sólo con olerlo y, después, la lectura de las pizarras con el menú escrito con tiza debe de rematar la faena. A mí no me afecta; tampoco me han hecho entrar nunca en una fonda, pero muchas veces he acompañado las comidas que mis inquilinos hacían en las mesas de la terraza de El Rey de la Gamba o La Mar Salada. Ahora el laberinto de callejones nos lleva por diversas plazas interiores. Al final circundamos la del Mercat, retrocedemos y enfilamos por la calle de Andrea Dòria hacia el paseo marítimo. Allí también hay bares con las ventanas abiertas donde la gente toma el aperitivo: pescado frito, gambas, calamares, navajas, bravas y cerveza. Sentados o de pie, pero nunca en silencio. Justo cuando volvemos a ver el mar una veintena de chavales en silla de ruedas suben por la rampa que conduce al centro cívico, empujados por sus monitores. Han pasado la mañana en los centros de talasoterapia que hay al lado del Hospital del Mar y ahora les darán el almuerzo. Mi inquilina acelera el pedaleo, atravesamos el paseo a la brava y nos alejamos por la

acera de mar, siguiendo la costa. Por el retrovisor veo cómo una sombra le oscurece el rostro. Tiene los labios apretados y sus ojos preciosos se esfuerzan por mirar más allá, en busca de la Barcelona que precisa para ser feliz. Ahora las torres gemelas de Marina surgen, poderosas, al final del paseo. El hotel Arts en primer plano, con el exoesqueleto bien a la vista. La Torre Mapfre detrás, más elusiva y, en medio, un pez con lentejuelas bulliciosas, vestido de fiesta. El conjunto surte efecto. La sombra se desvanece. También el pedaleo se serena. Multitudes de bañistas dentro y fuera de la playa le recuerdan que ha quedado con unos amigos para tomar un baño y picar algo.
—¡Julie! —oigo que grita una voz de hombre, y cuando ella responde haciendo resonar mi timbre sé que ése es su nombre. Julie. «Oh, oh, Julie», como en aquella vieja canción que a veces aún cantamos por las noches en la tienda de Picasso, cuando los dueños ya nos han encerrado y las bicicletas nos aburrimos. Giramos hacia el lugar de donde ha surgido la voz y pronto conozco a sus amigos barceloneses, muy simpáticos, pero sin bicicleta. O sea que mi Julie debe buscar un lugar donde atarme. Tardarán un rato en liberarme, porque los oigo decir que primero se darán un chapuzón y después tomarán algo, allí mismo, en la playa de Nova Icària. Como no me hacen ni caso, estoy a punto de marcharme. Conozco un truco para abrir el candado y sé poner las ruedas de tal forma que ningún ladrón de bicicletas pueda resistirse.

I'm an old bike, I am, but they keep me up well enough. I've been rolling around Barcelona for years, pushed by all kinds of legs, Catalan and foreign. The ones from today's girl feel strong. They look long and stylish to me, at least. Some pretty legs that make me hope to go round a bit. Why are there people who rent me here at the Passeig Picasso, make me go into the Ciutadella Park through the gate right in front of the store and don't take me out of there all day, as if they were afraid of the sea? Not this girl. I see that we're going up and up and I am so grateful that I almost take her to the water without having to look at any map. When we get level with the Palau de Mar, I get her to go up to the boats that people the Barceloneta wharf. While she contemplates them, I concentrate on the other bicycles, scooters and in-line skates we find. Some go round very fast and play at scaring people, others at a snail's pace. Sometimes I forget that I have someone in front and I am overcome by an unusual sense of freedom. There's a splendid sun out, my Amazon is pedalling slowly and I don't see a drop of sweat on the seat.
When she gets tired of gaping at the yachts we go deep into old Barceloneta. First up Almirall Cervera Street, which is still wide, but soon through much narrower alleys that weave the grid of the neighbourhood. Everything is so close together in Barceloneta that the blocks of houses soon make archipelagos. I love to take in the mixture of sounds and smells round here, and I'm not the only one because my rider puts on my brakes, wedges her feet either side of the chain and I hear her inhale. A vaporous congregation of fried foods adds to the saltiness, coming from the kitchens of the smallest flats and the largest restaurants alike. I suppose humans must get hungry just smelling it, and reading the blackboards with the set menus must finish them off. It doesn't affect me, nor have they ever brought me into a restaurant, but many times I have accompanied the meals that my riders ate at the tables outside El Rey de la Gamba or La Mar Salada. Now the labyrinth of alleys is taking us through different squares in the neighbourhood. At the end, we circle the one with the Market, double back and take Andrea Dòria Street toward the seafront promenade, the Passeig Marítim. Here, too, there are bars with open windows where people are having appetizers: fried fish, prawns, calamari, razor clams, chips and beer. Sitting down or standing up, but never quietly.
Right when we see the sea again, some twenty kids in wheelchairs come up the ramp leading to the Civic Centre, pushed by their carers. They have spent the morning at the thalassotherapy centre next to the Hospital del Mar and now they will be given lunch. My rider accelerates her pedalling, we race across the promenade and ride away along the sea, following the coastline. I see in the rearview mirror the way a shadow darkens her face. She has her lips pressed together and her pretty eyes are straining to look further, in search of the Barcelona that she came looking for to be happy. Now the Marina twin towers spring up, powerful at the end of the promenade: the Hotel Arts in close-up, with its exoskeleton clearly visible; the Mapfre tower toward the back, more elusive, and, in between, a fish with fluttering sequins, dressed up. In short, it has its effect. The shadow disappears. The pedalling settles down too. The throngs of swimmers on and off the beach remind my rider that she is meeting some friends to have a snack and a swim.
"Julie!" I hear a man's voice cry, and, as soon as she responds by ringing my bell, I know that this is her name. Julie. "Oh, oh, Julie", like that old song we sometimes still sing at night in the shop on Picasso, when the owners have locked us in and we bikes get bored. We change direction toward the voice and I soon meet her friends from Barcelona, all of them very nice, but none with a bicycle. So my Julie must look for someplace to chain me up. It will be a while, because I hear them say that they will first take a dip and then have a snack, right here on the Nova Icària beach. Since they won't pay any attention to me, I feel like going back. I know a trick to open the lock, and I can put my wheels into a position that no bicycle thief can resist.

14:48 h

Passeig de Colom i passeig marítim de la Barceloneta

14:57 h

Iñigo Jerez

15:00 h

Barceloneta

15:05 h

15:12 h

Passeig marítim de la Barceloneta

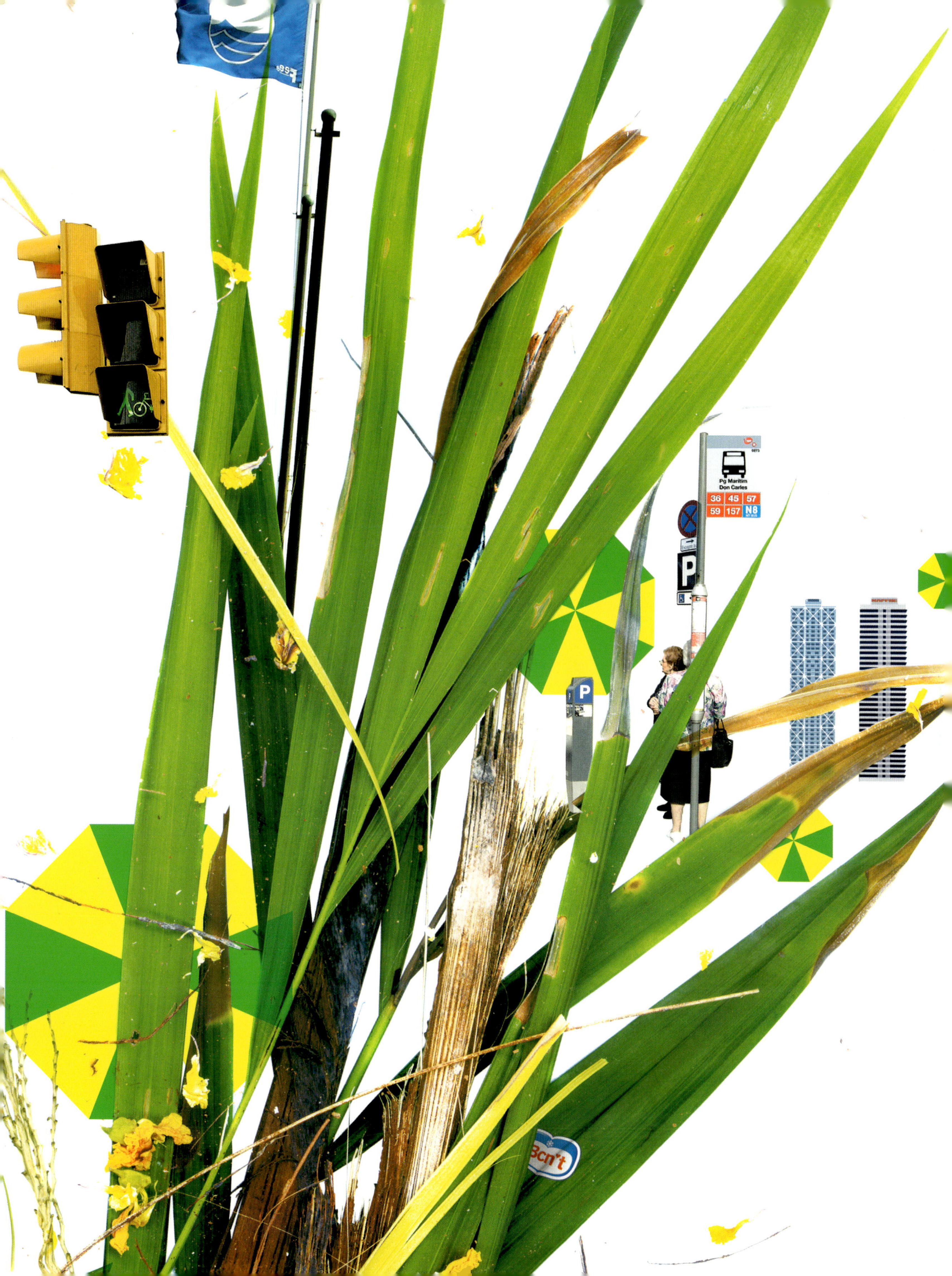
Pg Maritim
Don Carles
36 45 57
59 157 N8
P
Bcn't

15:22 h

Vila Olímpica

15:25 h

Bogatell
Paella
Ben
LAGER CITY
PREMIUM QUALITY
PAELLA LAGER
PAELLA LAGER

15:27 h

Platja del Bogatell

15:30 h Rambla del Poblenou

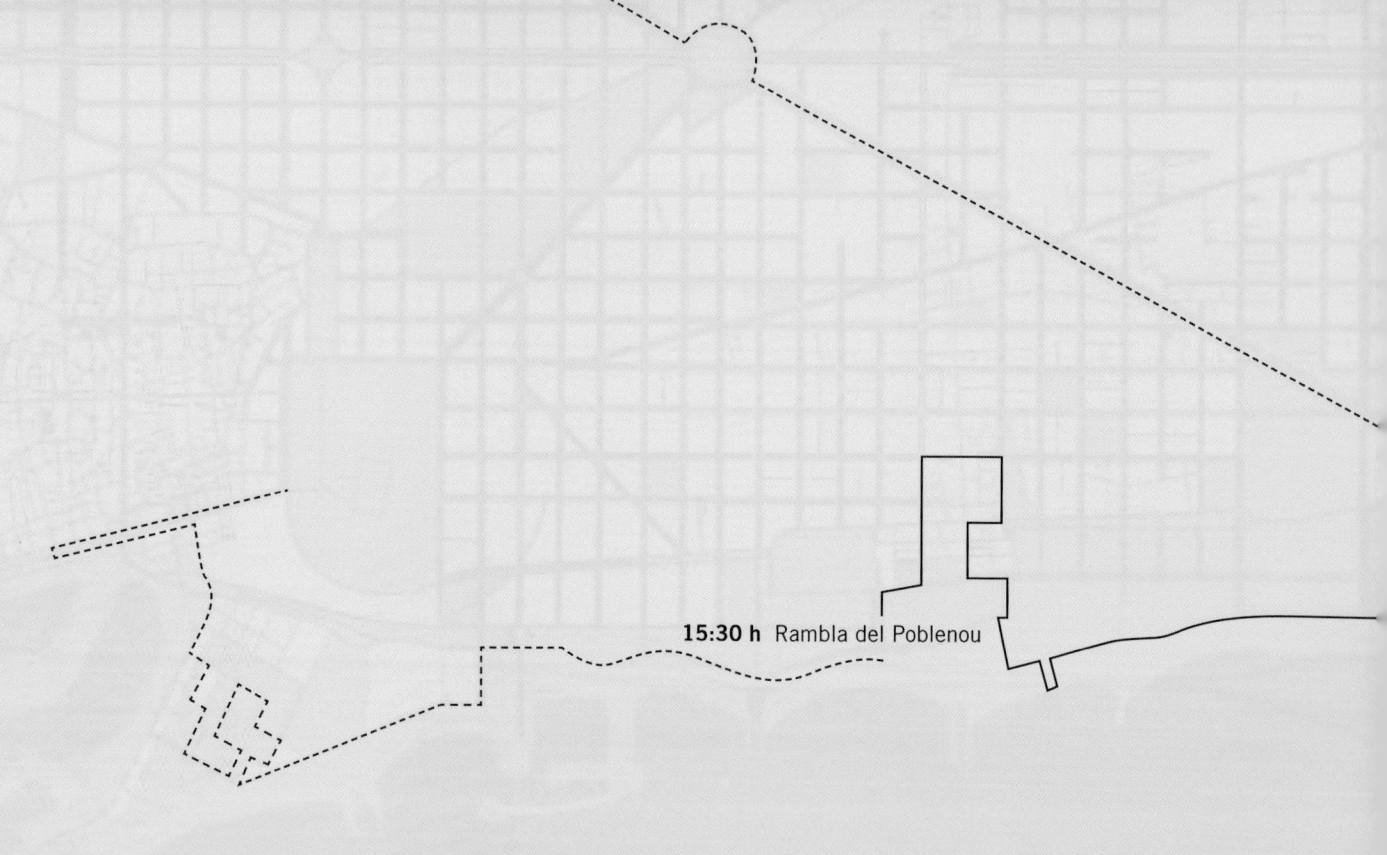

Andreu Martín

Sense saber com, la Julie ha arribat davant un mar gris, ominós i brau, i es troba envoltada d'un huracà humit i impregnat de salnitre que la despentina i l'agita i la sacseja amb un calfred desassossegador.
Una barca s'acosta a la platja on és. Una closca de nou a punt de naufragar, plena d'esglai, d'ulls desorbitats, de mans que s'allarguen cap a ella. Mans negres. Les mans de la gana.
Si es preguntés com ha arribat fins aquí, la Julie evocaria imatges terribles de Gegants dels Set Mars que s'encabriten quan veuen que l'home destrueix sistemàticament el medi ambient; i, entre boires i tenebres tempestuoses, ha vist com les injustícies mouen i commouen el món.
I, de sobte, ha pogut percebre l'harmoniosa veu humana. Moltes veus en moltes cantonades diferents de diferents ciutats del món, veus que aportaven assossec i tranquil·litat, que apaivagaven el Gegant dels Set Mars i que movien el món en la direcció correcta. Veus harmonioses no perquè cantaven sinó perquè dialogaven. Aquella era la solució a tots els problemes.
El diàleg, que s'ha endut els núvols, ha amansit les onades i ha permès que aquella barca, aquella pastera carregada de misèria, por, gana i esperances, s'apropi una mica més a aquest món que s'anomena primer, relegant tota la resta a la tercera categoria sense ni tan sols passar per la segona.
I, finalment, les mans de la gana i la desgràcia poden trobar-se amb les mans allargades que volen ajudar-les, i els pobles es donen la mà al ritme del diàleg, i aquest somni convuls sembla que pot arribar a tenir un final feliç.
I la Julie obre els ulls i es troba sota l'ombra d'un arbre, ajaguda sobre la gespa, a l'interior del recinte del Fòrum de les Cultures 2004.

Tot plegat ha estat conseqüència de la digestió del dinar, de la fatiga provocada pel sol i la bicicleta, i de les imatges amb què s'ha trobat passejant per aquest recinte immens de ciment i disseny coronat per una placa solar gegantina, com una pancarta que reclama a crits la sensatesa de les energies alternatives.
A la Julie li ha calgut relaxar-se del cansament i la migdiada inesperada per comprendre el significat del Fòrum, que fins ara no havia captat en tota la seva dimensió. Un projecte eminentment teòric i conceptual, a favor de valors com la pau, la solidaritat i l'entesa entre els pobles, tan anacrònica en aquest món pragmàtic, superficial, materialista i primari en què ens ha tocat viure. La Julie es pregunta si aquesta actitud utòpica, idealista i una mica ingènua pot ser la característica que millor defineix la ciutat que visita.
Ara, ajaguda encara de panxa enlaire, recorda el recorregut en bicicleta des de la Vila Olímpica fins aquí, des de les platges farcides de gent àvida de sol xipollejant a l'aigua fins en aquest poble nou i antic alhora, un Poblenou que va néixer al voltant de les fàbriques de l'anomenat Manchester Català, embrió de la prosperitat industrial de Catalunya i d'un moviment obrer que va donar lloc a nombrosos ateneus i centres socials de gran activitat en els anys vint i trenta.
Avui, aquest extrem desconegut de la ciutat té la calidesa dels racons secrets que s'han mantingut oblidats i, per tant, intactes al llarg dels anys. Sembla un poble, independent de la gran ciutat que no ha aconseguit engolir-lo, un poble que s'ha mantingut fora de perill, amagat rere magatzems i naus industrials que constituïen una barrera difícil de franquejar fins fa poc.
La Julie, en el seu recorregut, ha pogut respirar l'ambient familiar de pares joves que empenyen cotxets de bebè i que

15:31 h

16:00 h Fòrum de les Cultures

arrosseguen carretons d'anar a comprar, i de matrimonis de tota
la vida a l'ombra dels arbres del bulevard, i s'ha trobat amb
una Rambla que sembla imitació de l'altra Rambla, bulliciosa,
tumultuosa i cosmopolita, amb què s'ha topat a primera hora
del matí, quan acabava d'arribar a la ciutat. Aquesta Rambla del
Poblenou li ha fet pensar en el que aquella, tal vegada, un dia
fou i ja no podrà tornar a ser.
I la Julie decideix continuar el seu periple per Barcelona en
autobús, per descansar les cames tipes de pedalejar.
S'alça amb una agradable sensació dolça a la boca.
Un sabor com de petó.
Mira al seu voltant, somriu i es posa a caminar.

Sin saber cómo, Julie ha llegado ante un mar gris, ominoso
y bravo, y se encuentra envuelta en un huracán húmedo e
impregnado de salitre que la despeina y agita, y la sacude con un
escalofrío desasosegador.
Una barca se acerca a la playa donde ella está. Una cáscara de
nuez a punto de naufragar, llena de miedo, de ojos desorbitados,
de manos que se tienden hacia ella. Manos negras. Las manos
del hambre.
Si se preguntara cómo ha llegado hasta aquí, Julie
evocaría imágenes terribles de Gigantes de los Siete Mares
que se encabritan cuando ven que el hombre destruye
sistemáticamente su medio ambiente; y, entre nieblas y
tinieblas tempestuosas, ha visto cómo las injusticias movían
y conmovían al mundo.
Y, de pronto, ha podido percibir la armoniosa voz humana;
muchas voces en numerosas esquinas de diferentes ciudades
del mundo, voces que aportaban sosiego y tranquilidad, que
apaciguaban al Gigante de los Siete Mares y que movían el
mundo en la dirección correcta. Voces armoniosas no porque
cantaran sino porque dialogaban.
Ésa era la solución a todos los problemas.
El diálogo, que se ha llevado las nubes, ha amansado a las olas
y ha permitido que aquella barca, aquella patera cargada de
miseria, miedo, hambre y esperanzas se acercara un poco más a
este mundo que se llama primero relegando al resto a la tercera
categoría sin pasar siquiera por la segunda.
Y, al fin, las manos del hambre y la desgracia pueden
encontrarse con las manos tendidas que quieren ayudarlas,
y los pueblos se dan la mano al ritmo del diálogo, y parece
que este sueño convulso puede llegar a tener un final feliz.
Y Julie abre los ojos y se encuentra a la sombra de
un árbol, sobre el césped, dentro del recinto del Fórum de las
Culturas 2004.
Todo ha sido resultado de la digestión de la comida, de la fatiga
provocada por el sol y la bicicleta y por las imágenes que
ha encontrado paseando por este inmenso recinto de cemento
y diseño coronado por una placa solar gigantesca, como
una pancarta que reclamara a gritos la sensatez de las
energías alternativas.
Julie ha necesitado el relajamiento del cansancio y la siesta
inesperada para comprender el significado del Fórum, que hasta
el momento no había captado en toda su dimensión. Un proyecto
eminentemente teórico y conceptual, a favor de valores como la
paz, la solidaridad y el entendimiento entre los pueblos, tan
anacrónico en este mundo pragmático, superficial, materialista
y primario en que nos ha tocado vivir. Julie se pregunta si esta
actitud utópica, idealista y un tanto ingenua será la característica
que mejor defina la ciudad que está visitando.
Ahora, tumbada todavía boca arriba, recuerda el recorrido
en bicicleta desde la Vila Olímpica hasta aquí, desde las
playas repletas de gente ávida de sol chapoteando en el agua
hasta este pueblo nuevo y antiguo a la vez, Poblenou, que
nació antaño en torno a las fábricas del llamado "Manchester
catalán", embrión de la prosperidad industrial de Cataluña y
de un movimiento obrero que dio lugar a numerosos ateneos y
centros sociales de gran actividad en los años veinte y treinta.
Hoy, este desconocido extremo de la ciudad tiene la calidez
de los rincones secretos, que han permanecido olvidados y,
por tanto, intactos a lo largo de los años. Parece un pueblo,
independiente de la gran ciudad que no ha conseguido
fagocitarlo, un pueblo que ha permanecido a salvo, escondido
tras almacenes y naves industriales que constituían una barrera
difícil de franquear hasta hace poco.
Julie ha podido respirar, en su recorrido, el ambiente familiar de
padres jóvenes empujando carritos de bebés y arrastrando carros
de la compra, y de matrimonios de toda la vida a la sombra
de los árboles del bulevar, y se ha encontrado con una rambla
que parecía remedo de la otra Rambla, bulliciosa, tumultuosa

15:35 h

y cosmopolita que halló a primera hora de la mañana, cuando llegó a la ciudad. Esta Rambla del Poblenou le ha hecho pensar en lo que tal vez aquélla fue y ya no podrá volver a ser.
Y Julie decide continuar su periplo por Barcelona en autobús, para descansar sus piernas hartas de pedalear.
Se pone en pie con una agradable sensación dulce en la boca. Un sabor como de beso.
Mira a su alrededor, sonríe y echa a caminar.

Without knowing how, Julie has come to a grey sea, rough and ominous, and she finds herself surrounded by a wet and salty hurricane that messes up her hair and tosses her about and shakes her with a disturbing shiver.
A boat approaches the beach where she is; a nutshell about to sink, full of fear, with eyes popping out of their sockets, with hands that stretch towards her. Black hands. The hands of hunger.
If she asked herself how she got here, Julie would evoke terrible images of Giants of the Seven Seas, who lose their tempers when they see that man is systematically destroying his environment, and of how, amid stormy fogs and mists, she has seen how injustices stirred and shook the world.
And, suddenly, she can perceive the harmonious human voice. Many voices in many corners in different cities in the world, voices that brought calm and tranquillity, that pacified the Giant of the Seven Seas and stirred the world in the right direction. Harmonious voices, not because they sang but because they dialogued.
That was the solution to all of the problems.
Dialogue, which has lifted the clouds, tamed the waves and allowed that boat, that dinghy loaded down with poverty, fear, hunger and hope, to come a little closer to this world that calls itself first while relegating the rest into a third category without ever passing through the second.
And the hands of hunger and misfortune can finally find outstretched hands that want to help them, and the towns lend a hand to the rhythm of the dialogue, and this convulsive dream looks as though it can finish with a happy ending.
And Julie opens her eyes and finds herself in the shade of a tree, on the grass, inside the site of the 2004 Forum of Cultures.
It was all the result of digesting her food, the fatigue brought on by the sun and the bicycle, and the images she has found walking through this immense site of cement and design crowned by a gigantic solar panel, like a banner calling loudly for the good sense of alternative energy use.
Julie had needed the relaxation brought on by tiredness and the unexpected siesta to understand the meaning of the Forum, whose magnitude she had not grasped until this moment. A project eminently in favour, in theory and in concept, of values such as peace, solidarity and understanding among peoples, so anachronistic in this practical, superficial, materialist, first world in which we are to live. Julie wonders if this utopian, idealistic attitude, so ingenuous, will be the defining characteristic of the city she is visiting.
Now, still lying on her back, she remembers the trip here on her bike, from the beaches full of avid sun worshippers splashing in the water to this village of Poblenou, new and old at the same time. It came into being long ago, round the factories of the so-called Catalan Manchester, the seed of Catalunya's industrial prosperity and a workers' movement that gave rise to many cultural and social centres which saw great activity in the twenties and thirties.
Today, this unknown end of the city has the warmth of secret corners that have remained forgotten and therefore intact through the years. It seems like a village, independent of the great city that has not managed to gobble it up, a village that has stayed safe, hidden behind warehouses and factory premises forming a barricade that was difficult to cross until recently. During her time here, Julie has been able to breathe in the family air of young parents pushing babies' prams and pulling shopping trolleys and old married couples in the shade of the trees on the boulevard. She has found herself on a rambla that seemed an imitation of the other Rambla, that boisterous, tumultuous, cosmopolitan one that she found first thing in the morning, when she arrived in the city. This rambla in Poblenou has made her think that perhaps the other one has gone and will not come again.
And Julie decides to continue her journey by bus, to rest legs that are sick of pedalling.
She gets to her feet with a pleasantly sweet sensation in her mouth. A taste like a kiss.
She looks around, smiles, and starts walking.

15:36 h

Tanit Plana

Rambla del Poblenou

15:38 h

Carrer de Bilbao

15:39 h

15:40 h

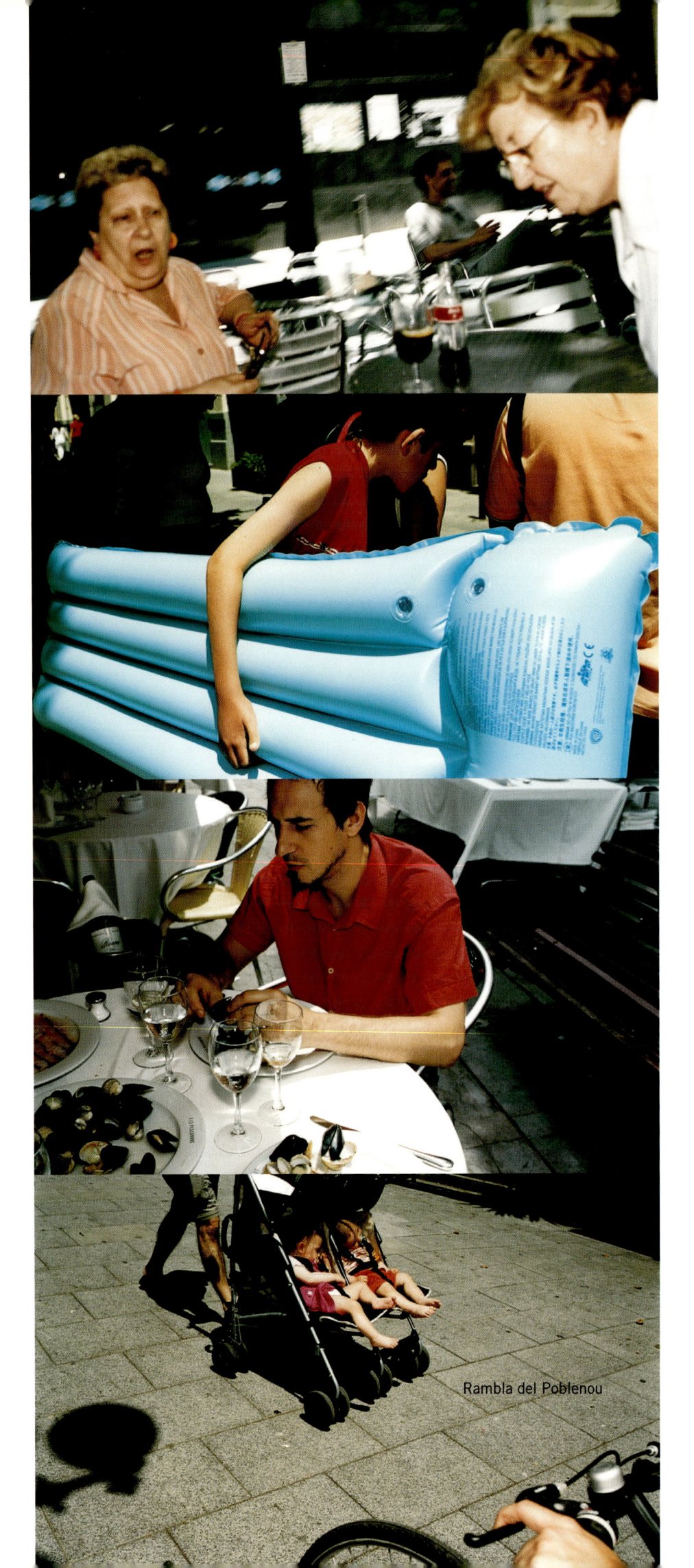

Rambla del Poblenou

15:43 h

Carrer de Bilbao

15:46 h

Rambla del Poblenou

15:47 h

15:48 h

15:49 h

Platja de la Mar Bella

Fòrum de les Cultures

15:53 h

15:54 h

15:55 h

15:58 h

15:59 h

16:00 h

17:00 h Hospital de Sant Pau

16:00 h Avinguda de la Diagonal

Josep M. Espinàs

M'han dit que la trobaria a la plaça de la Sagrada Famíllia. Es deia Julie. Veig la noia asseguda en un banc. M'hi acosto, ella somriu, potser li han dit que jo aniria amb una pipa a la boca. Comencem a caminar cap al temple, i quan hi som a prop em diu: «I això no ens caurà a sobre?». Mirem al capdamunt de les torres. Diu «extraordinari» i em tranquil·litzo, si la primera cosa que li he d'ensenyar no li agrada... Li explico l'origen del temple, com treballava Gaudí, i mentre anem pujant no diem res, jo perquè he de respirar a fons, ella perquè s'ho mira tot amb fixesa, amb desconcert. «Coneixes la catedral d'Estrasburg?», em pregunta quan som a dalt. «Sí, hi he pujat fins a dalt de tot, no sé quants graons». «Jo també, però allà sabia que allò era una església, i ara no sé on sóc». Em mira: «Estàs segur que això havia de ser una església? No em sembla una construcció cristiana». «Però t'agrada?» Ara em mira amb condescendència, em sembla: «I jo, t'agrado? Agradar no vol dir res, és molt poca cosa. I això no és poca cosa. És un misteri. Això és el que compta. Per exemple, no veig clar si aquesta església, si és que insisteixes que és una església, s'està fent o s'està desfent». No aconsegueixo dir res.
Quan hem baixat li he ensenyat les escultures. Ha trobat que no hi havien de ser. «Per què?» «Perquè hi sobren, perquè aquí...», i ara em sembla que els ulls de la Julie miren la pedra amb expectació, «aquí no hi ha d'haver cap indici de vida humana». No li fa res caminar. Vull que vegi l'hospital de Sant Pau, i sospito que em dirà: «Això és un hospital?». Però no, ha vist gent que hi circula amb bata blanca. La façana li ha fet emetre aquells grans adjectius que només es poden dir quan no han de fer vergonya. I quan entrem, i passegem pel jardí, m'adono que la Julie explota, «però això és el Temple de la Sensualitat» i anant d'un pavelló a l'altre m'ho va ensenyant tot, excitada: les teules arrodonides com petxines, les de dos colors, les columnes que semblen joncs, les xemeneies que semblen gàbies, tot està reinventat, «i els colors», diu, «els blaus verdosos tan frescos, els colors torrats tan càlids». Ho diu com si l'harmonia li produís una esgarrifança. I m'ho acaba dient, meravellada, incrèdula: «I això va ser pensat com a hospital?».
L'últim punt on hem d'arribar és el passeig de Gràcia. Anant-hi, li parlo de l'Eixample. Una ciutat d'arbres. La Barcelona que va saltar les muralles, va retrobar la llibertat i va convertir la llibertat en mètode. El pràctic invent dels xamfrans. Li confesso que a mi m'agrada l'Eixample més popular, la densa xarxa de cafès, els centenars de botigues petites, la barreja de gent. La Julie té un punt d'aristòcrata, o potser de persona que s'ha educat en el bon gust. Que és com vesteix. Com parla, sense estridències. Passem pel davant de les grans marques internacionals que s'han instal·lat al passeig de Gràcia. «Una avinguda ampla, europea, amb cases sòlides» diu. Però arribem a les cases de la mansana de la discòrdia. «Ni al passeig de Gràcia heu pogut ser racionals?», diu. Desconcertant Julie.
És hora de separar-nos. Li dic: «Gràcies, m'has ajudat a mirar, Julie», i em fa saber somrient: «No em dic Julie». Afegeix: «però m'ho he passat molt bé». «No et dius Julie?» Em veu confús. Abans d'allunyar-se em diu: «Res no és el que sembla, en aquesta ciutat».

Me dijeron que la encontraría en la plaza de la Sagrada Familia. Se llama Julie. Veo a una chica sentada en un banco. Me acerco a ella, sonríe, tal vez le dijeran que yo iría con una pipa en los labios. Nos dirigimos al templo y, cuando estamos cerca, dice:
—A ver si se nos cae encima...
Miramos hacia la cúspide de las torres. Exclama «¡Extraordinario!» y yo me tranquilizo; anda, que si lo primero que le enseño no le gusta... Le cuento el origen del templo, cómo trabajaba Gaudí, y mientras subimos la escalera no mediamos palabra; yo, porque me falta el resuello; ella, porque observa todo con atención, con desconcierto:
—¿Conoces la catedral de Estrasburgo? —pregunta una vez arriba.
—Sí, incluso he subido a lo más alto, no sé cuántos peldaños...
—Yo también, pero allí sabía que estaba en una iglesia. Ahora no sé dónde estoy. —Me mira—. ¿Estás seguro de que esto se diseñó para ser una iglesia? No parece una construcción cristiana.
—Pero ¿te gusta?
Ahora me mira con lo que tomo por condescendencia.
—Y yo, ¿dirías que yo te gusto? Gustar no significa nada, es una nimiedad. Y esto no es una nimiedad. Es un misterio. Eso es lo que cuenta. Por ejemplo, no acabo de entender si esta iglesia, ya que insistes en llamarla así, está en construcción o en destrucción.
Soy incapaz de contestar.
Al bajar le muestro las esculturas. En su opinión están de más.
—¿Por qué?
—Porque sobran, porque aquí —y ahora parece que los ojos de Julie escrutan la piedra con expectación—, aquí no debería haber indicio alguno de vida humana.
No le importa caminar. Quiero que vea el hospital de Sant Pau, aunque sospecho que me dirá: «Y ¿esto es un hospital?». Pero no lo hace, ha visto gente apresurada con bata blanca. La fachada le ha hecho emitir esos adjetivos que uno sólo puede exclamar cuando no teme el ridículo. Y, cuando entramos y

16:04 h

paseamos por el jardín, me percato de que Julie explota:
—¡Pero si esto es el Templo de la Sensualidad!
Y, mientras vamos de un pabellón a otro, me muestra todos los detalles, excitada: las tejas redondeadas como las conchas, las que tienen dos colores, las columnas que parecen juncos, las chimeneas que recuerdan jaulas, todo está reinventado:
—Y los colores —prosigue—, los azules verdosos tan frescos, los colores tostados tan cálidos.
Lo dice como si la armonía le produjese escalofríos. Y al final termina por preguntar maravillada, incrédula:
—Y ¿esto se ideó como hospital?
El último punto donde llegamos es el paseo de Gràcia. Mientras lo recorremos, le hablo del Eixample. Una ciudad de árboles. La Barcelona que saltó las murallas, reencontró la libertad y convirtió la libertad en método. El práctico invento de los chaflanes. Le confieso que me gusta el Eixample más popular, la densa red de cafeterías, los centenares de tiendecillas, la mezcla de gente. Julie tiene un punto de aristócrata, o quizá de persona que se ha educado en el buen gusto, que es como viste. Como habla, sin estridencias. Pasamos por delante de las grandes marcas internacionales que se han instalado en el paseo de Gràcia.
—Una avenida amplia, europea, con casas sólidas —dice.
Pero entonces llegamos a las casas de la manzana de la discordia.
—¿Ni en el paseo de Gràcia podíais ser racionales? —pregunta.
Desconcertante Julie.
Es hora de separarnos. Le digo:
—Gracias, me has ayudado a mirar, Julie.
Y ella me desvela sonriente:
—No me llamo Julie. —Y añade—: Pero me lo he pasado muy bien.
—¿Así que no te llamas Julie?
Observa mi confusión y antes de alejarse dice:
—En esta ciudad nada es lo que parece.

They told me I would find her in the Sagrada Familia square, sitting on a bench. Her name was Julie. I see the girl on a bench. I go up to her, she smiles; perhaps they told her I would have a pipe in my mouth. We start walking toward the church, and, when we're close, she says, "This isn't going to fall down on us, is it?"
We look at the top of the towers. She says, "Extraordinary," and I feel calmer – imagine if she hadn't liked the first thing I had to show her! I explain the origins of the church, the way Gaudí worked, and we don't say anything as we climb: I because I have to breathe deeply, and she because she looks at everything with concentration, with uncertainty. "Have you seen Strasbourg Cathedral?" she asks me when we get to the top.
"Yes, and I went up to the very top, I don't know how many stairs."
"I did too, but there I knew that it was a church, and now I don't know where I am." She looks at me: "Are you sure this was supposed to be a church? It doesn't look like a Christian building to me."
"Do you like it, though?"
Now she looks at me with what seems to be condescension.
"Do you like me? It doesn't mean much to like something; it's really nothing. And this isn't nothing. It's a mystery. That's what counts. For example, I can't tell if this is a church, and, if it is a church, as you insist, whether it is coming apart or coming together."
I can't manage to say anything.
After we come down, I show her the sculptures. She thinks that they don't belong there.
"Why not?"
"Because here they're too much, here," and now it seems that Julie's eyes are looking expectantly at the stone. "Here there shouldn't be any sign of human life."
She doesn't mind walking. I want her to see the Sant Pau Hospital, and I suspect that she'll say, "This is a hospital?" But she does not, because she has seen people walking around in white coats. The façade causes her to emit those grand adjectives that can only be said when one is not ashamed. And when we go in, and we wander through the garden, I notice that Julie explodes: "This is a Temple of Sensuality," and shows everything to me, going from one pavilion to another, excited. The roofs, rounded off like seashells, the two-coloured ones, the columns that look like reeds, the chimneys that look like cages. Everything is reinvented. "And the colours," she says, "such fresh greenish blues, such warm browns." She says it as if the harmony gives her a thrill. And she finishes, fascinated, by saying incredulously: "And this was meant to be a hospital?"
The last place we have to go to is Passeig de Gràcia. On the way there, I tell her about the Eixample. A city of trees. The Barcelona that jumped its walls, found its freedom again and made that freedom into method. The practical invention of the chamfered edge. I confess that I like the Eixample of the people, the dense network of cafés, the hundreds of little shops, the mix of people. Julie has a bit of the aristocrat in her, or perhaps is a person with refined taste. It's in the way she dresses, in the gentle way she speaks. We pass the big international brands that have settled into Passeig de Gràcia.
"A wide, European avenue, with solid houses," she says.
But we get to the Block of Discord further down. "They couldn't even be rational on the Passeig de Gràcia?" she says.
Disconcerting for Julie.
It's time to go our separate ways. I say, "Thanks, you helped me to look, Julie," and she says to me, smiling, "My name isn't Julie." She adds, "But I had a very good time."
"Your name isn't Julie?"
She looks at me, confused. "Nothing is what it seems, in this city," she says, before she walks away.

16:18 h

Avinguda de la Diagonal

16:21 h

José Luis Merino

16:24 h

16:35 h

16:38 h

16:45 h

16:50 h

Sagrada Família

16:51 h

16:52 h

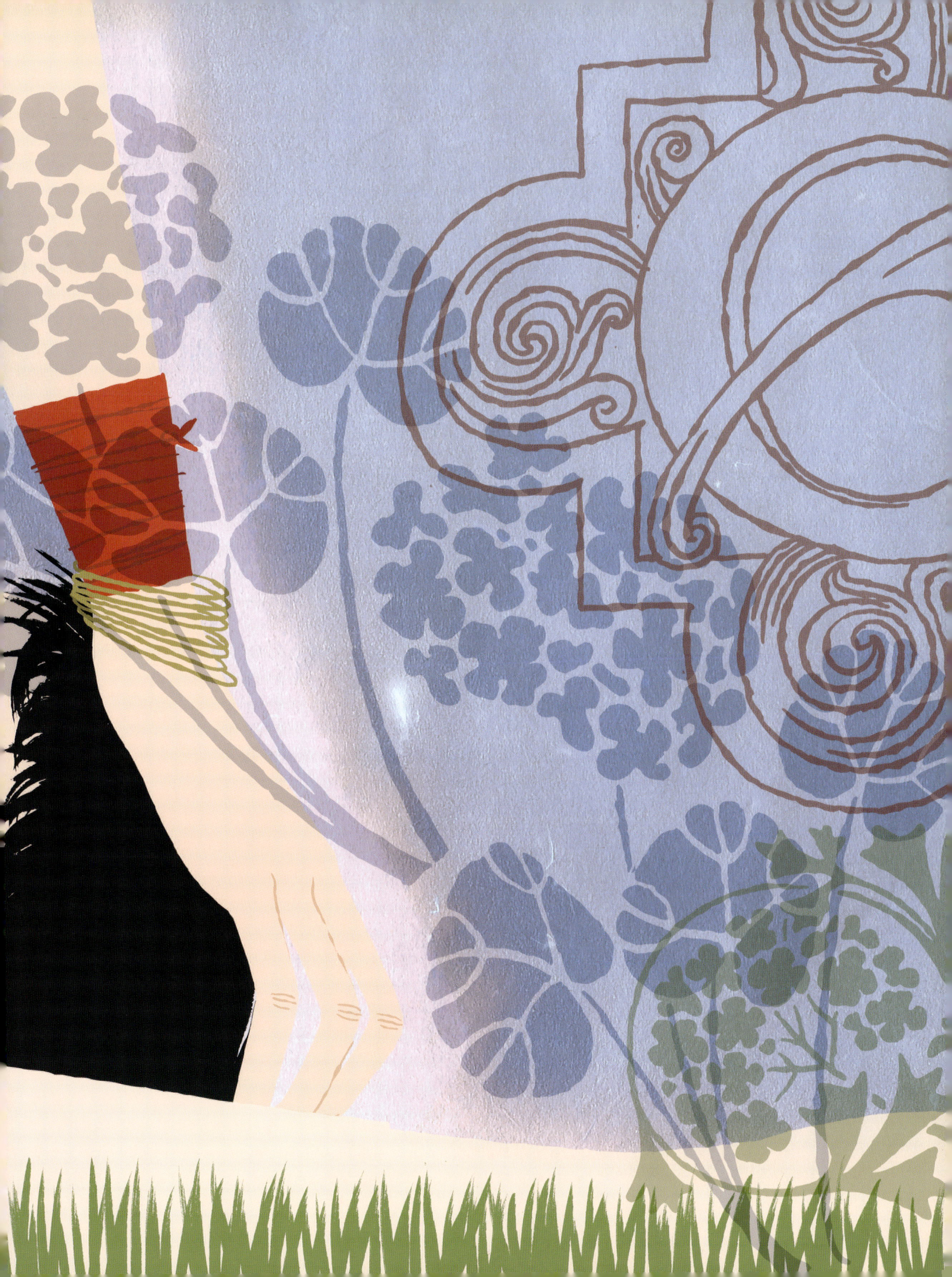

Hospital de Sant Pau

16:57 h

17:00 h

18:00 h Passeig de Gràcia

17:00 h Plaça de Catalunya

Jorge Bucay

Ja eren les cinc de la tarda. La gent circulava pel passeig de Gràcia, tant cap amunt com cap avall. Molts, plens de pressa, esbufegaven nerviosos quan un semàfor vermell els impedia continuar la seva cursa. D'altres (la minoria) semblaven fruir del privilegi d'una passejada serena o d'una conversa animada a les taules disperses al llarg de tota l'avinguda. Bars, restaurants i cafeteries es barrejaven misteriosament entre les botigues de roba, rellotges, llibres, mobles, regals.
La Julie veia els models de la nova temporada i les ofertes de l'anterior i sentia temptacions d'aturar-se a cada aparador, entrar a emprovar-se cada peça de roba, comprar-se'n la majoria. «Un carrer ple de color, va pensar, en moviment constant. Aquí es podria prendre el pols de tota la ciutat.»
Ella sempre havia cregut que quan un se'n va de viatge sempre espera trobar alguna cosa. En aquesta petita fugida que s'havia permès, la Julie buscava algunes respostes sobre la direcció que havia de prendre al cap de poc temps, quan tornés a casa. Mentre avançava en direcció a la Gran Via intentava no obsessionar-s'hi i gaudir del passeig observant-ho tot; tanmateix, de tant en tant no podia evitar quedar presa dels seus pensaments. Certament, el futur li feia una mica de por.
Així va ser com gairebé va ensopegar amb el jove que, assegut en un dels sensuals bancs de ceràmica que esquitxaven el carrer, es barallava amb un plànol de la ciutat. «Dificultats per ubicar-se...», va pensar; i va somriure en contemplar en silenci la seva frase: com jo. L'interior de la Julie sempre semblava reflectir-se en l'exterior, com si l'existència d'aquest només es justifiqués per fer-li l'ullet a les seves parts més amagades.
Quin deuria ser el reflex intern del sol calentet que li acariciava la pell com empenyent-la a continuar avançant? Per fi va aparèixer al seu davant l'obra mestra d'Antoni Gaudí: la Casa Milà, la Pedrera. Res del que es digués amb paraules podia arribar a descriure-la. Amb la façana plena de corbes sinuoses semblava més un organisme viu que un edifici de pedra. «Si un es concentra a observar les formes ondulants, pot percebre el moviment que produeix la seva respiració», va fantasiejar la Julie. Sense cap mena de dubte, la Pedrera era un dels edificis més impressionants que havia vist mai. L'enginy i la imaginació de Gaudí desafiaven les lleis de la gravetat i les de la lògica estètica de tot el que havia vist.

Mentre pujava a la terrassa es va assabentar que a l'interior de la Pedrera s'oferia als visitants una exposició de pintura. La Julie no se la va mirar; l'obra de Gaudí havia exclòs tots els altres objectes de la seva àrea d'interès. A la part alta l'esperaven, sense que ella ho hagués sospitat, un exèrcit de soldats i guaites de pedra que es fonien amb les xemeneies. I que l'estremien per la seva bellesa. «Aquest és l'exèrcit que vetlla per la integritat de la ciutat», va pensar.
La Julie es va abocar per contemplar el carrer des de dalt i com el passeig es perdia cap a la muntanya. De sobte va sentir la punxada del vertigen a la boca de l'estómac i el seu cor va començar a bategar amb força. Va ser llavors que es va recordar d'aquell conte que la seva mare li havia explicat feia molts anys. «Hi havia una vegada una nena que va néixer amb ales..., començava el conte. Quan es va fer gran, el seu pare li va dir: "Filla meva: no tots naixem amb ales. Si bé és cert que no tens l'obligació de volar, crec que seria una llàstima que et limitessis a caminar, tenint les ales que el bon Déu t'ha donat".
—Però jo no sé volar —va contestar la nena.
—És veritat... —va dir el pare. I, caminant, se la va emportar fins a la vora de l'abisme de la muntanya.
—Veus, filleta? Això és el buit. Quan vulguis volar, has de venir aquí, prens aire, saltes a l'abisme i, si estens les ales, volaràs.
La filla va dubtar.
—I si caic?
—Encara que caiguis, no moriràs. Només et faràs algunes rascades que et faran més forta per al següent intent —va contestar el pare.
La filla va tornar al poble per veure les seves amigues, els seus companys, aquells amb qui havia caminat tota la vida.
Els de mentalitat més estreta li van dir: "Que ets boja? Per què ho has de fer? El teu pare està mig boig... Per què no et deixes estar de ximpleries? Qui necessita volar?".
Les millors amigues li van aconsellar: "I si fos cert? No deu ser perillós? Per què no comences a poc a poc? Prova de tirar-te des d'una escala o des d'un arbre. Però... des del cim?".
La jove va escoltar el consell dels qui se l'estimaven. Va pujar a un arbre i, carregant-se de coratge, va saltar. Va desplegar les ales, les va agitar en l'aire amb tota la seva força però, desgraciadament, es va precipitar cap a terra.

Amb un gran nyanyo al front, es va creuar amb el seu pare.
—Em vas mentir! No puc volar. Ho he provat i mira el cop que m'he donat! No sóc com tu. No sóc com tu. Les meves ales són només per fer bonic.
—Filla meva —va dir el pare—. Per volar s'ha de crear l'espai d'aire lliure necessari perquè les ales es despleguin. Per volar, cal començar assumint riscos.
Si vols un camí més segur, potser és millor que et resignis i continuïs caminant per sempre més.»
La Julie va tancar els ulls, va prendre aire i va començar a baixar les escales cap al carrer. En trepitjar la vorera va mirar cap al cel, molt celeste, i va imaginar que si ho desitjava intensament podria sortir volant. Possiblement no fos cert, però tant era, se li va obrir l'estómac.
Caminant altre cop, va passar per davant de l'aparador de Vinçon, i després d'uns llargs minuts no va voler ni va poder resistir la temptació d'entrar a la botiga.
Més que una botiga, semblava una fantàstica exhibició dels objectes més insòlits. Va saber que la majoria havien estat creats pels millors dissenyadors del món. Li va encantar la cortina de dutxa de Cha-Chá i va estar a punt de comprar una caixa d'alumini amb uns dibuixos divertits i incomprensibles. Juntament amb el mobles amb rodes, les caixes eren la seva gran debilitat. Una caixa sempre genera una incògnita. Encara que només sigui pel fet de saber què conté. Un misteri, com cada persona, com ella mateixa, com la botiga.
A Vinçon hi havia centenars d'objectes que li havien agradat i d'altres que li havien semblat força desagradables o, com a mínim, inútils, i es va adonar que amb la seva identitat passava el mateix que amb els objectes que havia vist a la botiga. Hi havia aspectes de la seva personalitat que li encantaven i que exhibia molt orgullosa, i n'hi havia d'altres que detestava profundament. Ara s'adonava que aquesta particular combinació de característiques era única; tan única com ella mateixa. Ella era la Julie gràcies a la suma de totes les parts, les bones i les no tan bones, un ésser de disseny, únic i especial.
Va ser amb aquest pensament que la Julie va arribar als Jardinets de Gràcia. Va seure en un banc, just d'esquena al cinema Casablanca, va estirar els peus i va sospirar amb satisfacció mirant al seu voltant. Necessitava fer un descans abans de prosseguir el seu camí per la ciutat.
Va recolzar l'esquena al respatller i va treure de la bossa un llibre que havia portat a sobre tota l'estona. L'atzar va voler que s'obrís per la pàgina on resplendia el poema «Palabras para Julia», escrit per José Agustín Goytisolo per a la seva filla.
I la Julie va llegir:
«Tu no puedes volver atrás
porque la vida ya te empuja
como un aullido interminable...»
L'interminable i aromatitzant so de la vida que fluïa per la ciutat l'empenyia amb tendresa cap endavant.
Eran ya las cinco de la tarde. La gente circulaba por el paseo de Gràcia tanto hacia arriba como hacia abajo. Muchos, apresurados, resoplaban nerviosos cuando un semáforo en rojo les impedía continuar su carrera. Otros (los menos) parecían gozar del privilegio de disfrutar de un sereno paseo o de una animada conversación en las mesas dispersas a lo largo de toda la avenida. Bares, restoranes y cafetines se entremezclaban misteriosamente entre las tiendas de ropa, de relojes, de libros, de muebles, de regalos.
Julie veía los modelos de la nueva temporada y las ofertas de la anterior y sentía tentaciones de pararse en cada escaparate, entrar a probarse cada prenda, comprarse la mayoría de ellas. "Una calle llena de color —pensó— en movimiento constante. Se podría tomar aquí el pulso de toda la ciudad."
Ella siempre había creído que cuando uno se va de viaje siempre está esperando encontrar algo. En esta pequeña huida que se había permitido Julie buscaba ciertas respuestas sobre la dirección que debía tomar dentro de poco cuando regresara a casa. Mientras avanzaba en dirección a la Gran Via intentaba no obsesionarse y disfrutar de su paseo observándolo todo, sin embargo de vez en cuando no podía evitar quedar presa de sus pensamientos. Sin duda el futuro le daba cierto miedo. Así fue como casi tropezó con el joven que, sentado en uno de los sensuales bancos de cerámica que salpicaban la calle, se peleaba con un plano de la ciudad. "Dificultades para ubicarse", pensó; y sonrió al completar en silencio su propia frase: "Como yo". El interior de Julie siempre parecía reflejarse en el exterior como si la existencia de éste se justificara solo

para hacerle esos guiños de complicidad a sus partes
más escondidas.
¿Cuál sería el reflejo interno de ese sol calentito que le acariciaba
la piel como empujándola a seguir avanzando? Por fin apareció
ante ella la obra maestra de Antoni Gaudí: la Casa Milà, La
Pedrera. Nada de lo que se dijera en palabras podía llegar a
describirla. Con su fachada llena de sinuosas curvas parecía
más un organismo viviente que un edificio de piedra. "Si uno se
concentra en observar sus formas ondulantes puede percibir el
movimiento que produce su respiración", fantaseó Julie.
Sin ninguna duda la Casa Milà era uno de los edificios más
impresionantes que jamás había visto. El ingenio y la imaginación
de Gaudí desafiaban las leyes de la gravedad y las de la lógica
estética de todo lo que había visto.
Mientras subía a la terraza se enteró de que en el interior de La
Pedrera se ofrecía a los visitantes una exposición de pintura.
Julie no la miró; la obra de Gaudí había excluido todos los demás
objetos de su área de interés. En lo alto la esperaba, sin que ella
lo sospechara, un ejército de soldados y vigías de piedra que se
fundían con las chimeneas. Y que la sobrecogían por su belleza.
"Éste es el ejército que vela por la integridad de la ciudad", pensó.
Julie se asomó para contemplar la calle desde arriba y cómo el
paseo se perdía hacia el monte. De pronto sintió la punzada del
vértigo en la boca del estómago y su corazón empezó a latir con
fuerza. Fue entonces cuando se acordó de aquel cuento que su
madre le había narrado hacía muchos años.
"Había una vez una niña que había nacido con alas", empezaba
el cuento.
"Cuando se hizo mayor, su padre le dijo:
—Hija mía: no todos nacemos con alas. Si bien es cierto que no
tienes obligación de volar, creo que sería una pena que te limitaras
a caminar teniendo esas alas que el buen Dios te ha dado.
—Pero yo no sé volar—contestó la niña.
—Es verdad… —dijo el padre. Y, caminando, la llevó hasta el
borde del abismo de la montaña.
—¿Ves, hijita? Éste es el vacío. Cuando quieras volar vas a venir
aquí, vas a tomar aire, vas a saltar al abismo y, extendiendo
las alas, volarás.
La hija dudó.
—¿Y si me caigo?

—Aunque te caigas, no morirás. Sólo te harás algunos rasguños que
te harán más fuerte para el siguiente intento —contestó el padre.
La hija volvió al pueblo a ver a sus amigas, a sus compañeros,
a aquellos con los que había caminado toda su vida.
Los más estrechos de mente le dijeron:
—¿Estás loca? ¿Para qué? Tu padre está medio tarado… ¿Por
qué no te dejas de tonterías? ¿Quién necesita volar?".
Sus mejores amigas le aconsejaron:
—¿Y si fuera cierto? ¿No será peligroso? ¿Por qué no empiezas
despacio? Prueba a tirarte desde una escalera o desde la copa
de un árbol. Pero… ¿desde la cima?
La joven escuchó el consejo de quienes la querían. Subió a
la copa de un árbol y, llenándose de coraje, saltó. Desplegó
las alas, las agitó en el aire con todas sus fuerzas pero,
desgraciadamente, se precipitó a tierra.
Con un gran chichón en la frente, se cruzó con su padre.
—¡Me mentiste! No puedo volar. Lo he probado y ¡mira el golpe
que me he dado! No soy como tú, Mis alas sólo son de adorno.
—Hija mía —dijo el padre—. Para volar hay que crear el espacio
de aire libre necesario para que las alas se desplieguen. Para
volar hay que empezar asumiendo riesgos. Si quieres un camino
más seguro quizá lo mejor sea resignarse y seguir caminando
para siempre."
Julie cerró los ojos, tomó aire, y empezó a bajar la escalera
hacia la calle. Al pisar la vereda miró el cielo, muy celeste e
imaginó que si lo deseaba intensamente podría salir volando.
Posiblemente no fuera cierto, pero igual, su estómago se abrió.
Otra vez de camino, pasó frente al escaparate de Vinçon,
y después de unos largos minutos no quiso ni pudo resistir
la tentación de entrar en la tienda.
Más que una tienda parecía una fantástica exhibición de objetos
de lo más insólitos. La mayoría, se enteró, habían sido creados
por los mejores diseñadores del mundo. Le encantó la cortina
de ducha de Cha-Chá y casi compró una caja de aluminio con
unos divertidos dibujos incomprensibles. Junto a los muebles con
ruedas, las cajas eran su gran debilidad. Una caja siempre genera
una incógnita. Aunque más no sea la de saber qué contiene. Un
misterio, como cada persona, como ella misma, como la tienda.
Había en Vinçon cientos de objetos que le habían gustado y
otros tantos que le habían parecido bastante desagradables o

por lo menos inútiles y se dio cuenta de que con su identidad ocurría lo mismo que con los objetos que había visto en la tienda. Había cosas de su personalidad que le encantaban y que exhibía muy orgullosa y había otras que detestaba profundamente. Ahora se daba cuenta de que esa particular combinación de sus características era única; tan única como ella misma. Ella era Julie gracias a la suma de todas sus partes, las buenas y las menos buenas, un ser con diseño, único y especial.
Con este pensamiento llegó Julie a los Jardinets de Gràcia. Se sentó en un banco, justo de espaldas al cine Casablanca, estiró los pies y suspiró con satisfacción mirando a su alrededor. Necesitaba darse un respiro antes de proseguir su camino por la ciudad.
Apoyó la espalda en el respaldo y sacó del bolso un libro que había llevado consigo todo el tiempo. El azar quiso que se abriera en la página donde resplandecía el poema "Palabras para Julia" escrito por José Agustín Goytisolo para su hija.
Y Julie leyó:
"Tú no puedes volver atrás
porque la vida ya te empuja
como un aullido interminable…"
El interminable y aromatizado sonido de la vida fluyendo por la ciudad la empujaba con ternura hacia delante.

It was already five o'clock. There were as many people going up Passeig de Gràcia as there were going down. Many of them puffed nervously, in a hurry, when a red light kept them from continuing on their way. Others (fewer) appeared to savour the privilege of enjoying a calm walk or a lively conversation at the tables dispersed along the avenue. Bars, restaurants and cafés were mysteriously intermixed with shops selling clothing, watches, books, furniture and gifts. Julie saw the new season's models and the offers from last season, and she felt the temptation to stop in front of every shop window, to go in and try on every outfit, to buy herself most of them. "A street so full of colour," she thought, "in constant movement. You could measure the pulse of the whole city here."
She had always thought that someone who goes on a journey is always hoping to find something. On this short break that she had allowed herself, Julie was looking for certain answers about the direction she should take shortly, when she returned home.
As she advanced toward Gran Via, she tried not to obsess about it and enjoy her walk, observing everything, but once in a while she couldn't help becoming prey to her thoughts. The future certainly gave her a certain fear.
That was how she nearly tripped over the seated youth who was struggling with a map of the city on one of the sensual ceramic benches that dotted the street. Difficulty situating himself…, she thought, and smiled at completing the silence on the end of her own phrase: like me. Julie's interior always seemed to be reflected in her surroundings, as if the latter existed solely to make those knowing winks at the most hidden parts of herself. What would her interior reflect of this warm sun that caressed her skin, as if pushing her to keep going? Antoni Gaudí's masterwork finally appeared before her: the Casa Milà, La Pedrera. No words could describe it. It seemed more like a living organism than a stone building, its outside replete with sinuous curves. "If someone concentrated on observing its undulating shapes, they could see the movement of its breathing," Julie fantasized.
The Casa Milà was, without a doubt, one of the most impressive buildings she had ever seen. Gaudí's imagination and ingenuity defied the laws of gravity and the aesthetic logic of everything she had seen.
As she climbed up to the terrace, she noticed that there was an exhibition of paintings open to visitors inside La Pedrera. Julie didn't look at it; Gaudí's work had excluded any other object from her field of interest. She did not suspect that an army of soldiers and stone watchtowers that fused with the chimneys awaited her at the top, and she was overawed by their beauty. This is the army that watches over the whole city, she thought. Julie leaned over to contemplate the street from up above and the way the avenue disappeared up the mountain. She suddenly felt a pang of vertigo in the pit of her stomach, and her heart began to pound. That was when she remembered the story her mother had told her many years ago.
"There was once a girl who was born with wings…" the story began. When she grew up, her father said to her, "Darling daughter, we aren't all born with wings. Even though you certainly aren't obliged to fly, I think it would be a pity to limit yourself to walking when you have those wings that the good God gave you."

"But I don't know how to fly," the girl responded.
"That's true," said her father. And he walked her up to the edge of the mountain's abyss.
"See that, my dear? That's emptiness. When you want to fly you're going to come here, take a breath, jump over the chasm, and you're going to spread your wings and fly."
His daughter doubted it. "What if I fall?"
"Even if you fall, you won't die. You'll just get some scratches that will make you stronger on your next try," her father responded.
The daughter returned to the village to see her friends, her companions, the ones she had walked with all her life.
The most narrow-minded ones said to her: "Are you crazy? What for? Your father's half crazy... why not forget this foolishness? Who needs flying?"
Her best friends advised her: "Is it a sure thing? Wouldn't it be dangerous? Why don't you start slowly? Try jumping off a staircase or the top of a tree. But the top of a mountain?"
The young girl listened to the advice of the people who loved her. She climbed to the top of a tree and, summoning her courage, she jumped off. She spread her wings and flapped them in the air with all her might, but, unfortunately, she fell to earth.
A great bump on her forehead, she ran into her father.
"You lied to me! I can't fly. I tried it, and look what I did to myself! I'm not like you, my wings are just for decoration."
"Darling daughter," said her father, "to fly you need an open space big enough to spread your wings. To fly you have to start taking risks."
If you want a safer path, the best thing might be to resign yourself and keep walking forever.
Julie closed her eyes, took a breath, and began to descend the stairs toward the street. As she stepped on to the pavement, she looked at the sky, so heavenly, and imagined that if she wanted it intensely she could end up flying. It might not have been a sure thing, but her stomach relaxed anyway.
Out walking again, she passed the Vinçon shop window, and, after some long minutes, she wouldn't and couldn't resist the temptation to go into the shop. More than a shop, it seemed like a fantastic exhibition of the most unusual objects. Most of them, she realised, had been created by the world's best designers. She loved the Cha-Chá shower curtain and nearly bought an aluminium box with some pleasantly incomprehensible pictures. Together with wheeled furniture, boxes were her great weakness. A box always raised a mystery, even if it was only that of knowing what was inside. A mystery, like each person, like she herself, like the shop.
There were hundreds of objects she liked in Vinçon, and many others that seemed quite unpleasant, or at least useless, and she realised that the same thing happened with her own identity as with the objects that she had seen in the shop. There were parts of her personality that she loved, and showed off proudly, and others that she deeply detested. Now she was realising that the particular combination of their characteristics was unique, as unique as she was. She was Julie thanks to the sum of all of her parts, the good and the not-so-good, a well-designed being, special and one-of-a-kind.
It was with this thought that Julie arrived at the Gràcia gardens. She sat on a bench with her back to the Casablanca cinema, stretched out her feet and sighed with satisfaction as she looked around. She needed to take a breath before she continued her walk around the city.
She put her back against the seat and took from her bag a book that she had been carrying with her the whole time. As fate would have it, it opened on the page where the poem "Words for Julia" was shining, written by José Agustín Goytisolo for his daughter. And Julie read:
"You cannot go back because life is pushing you already like an endless howl..."
The endless and heady sound of life flowing through the city pushed her tenderly forward.

Joan Tomás

Plaça de Catalunya

17:11 h

TRIANGLE POSTALS

HET LAATSTE NIEUWS
MOEILIJKER DAN OOIT

Authentic Spanish recipes
THE BOOK OF Tapas
ART AND HISTORY BARCELONA THE CITY OF GAUDÍ
Barcelona

Barcelona

GAUDÍ

Match
FIGARO
Voici

THE SUNDAY TIMES
DIE ZEIT
Frankfurter Allgemeine
Herald Tribune
Süddeutsche Zeitung
DIE WELT
De Morgen
Handelsblatt

17:19 h

17:22 h

Passeig de Gràcia

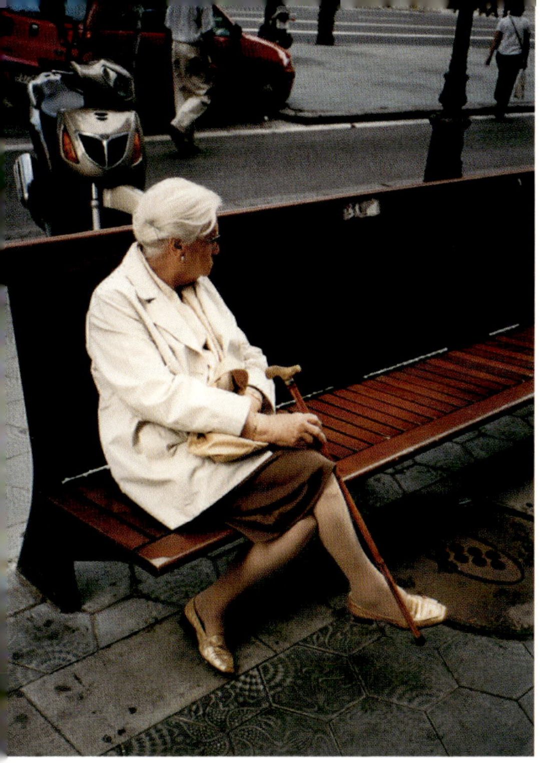
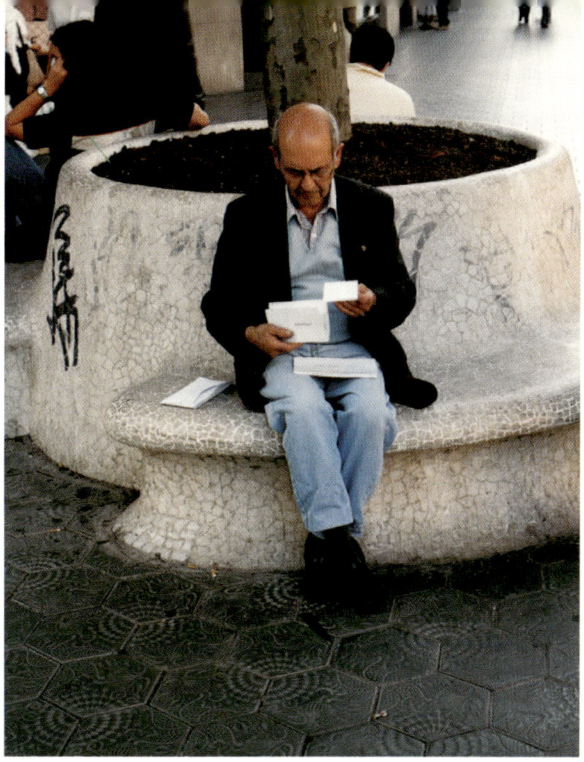
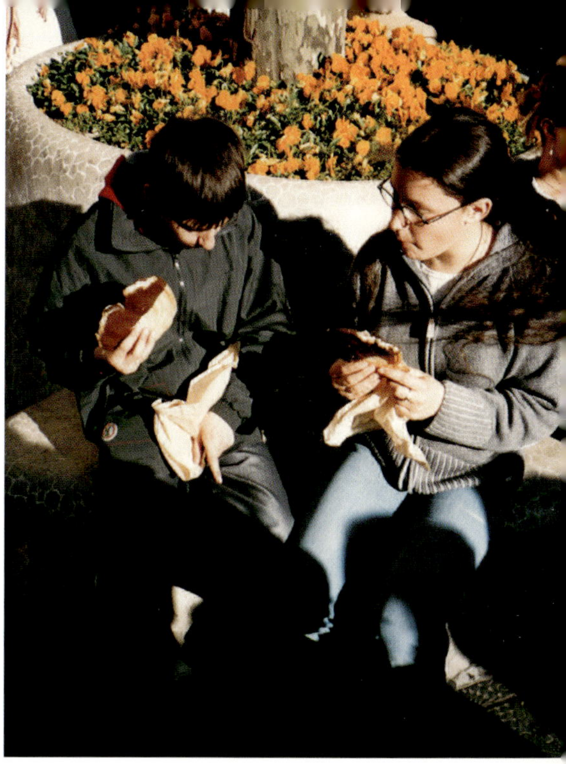
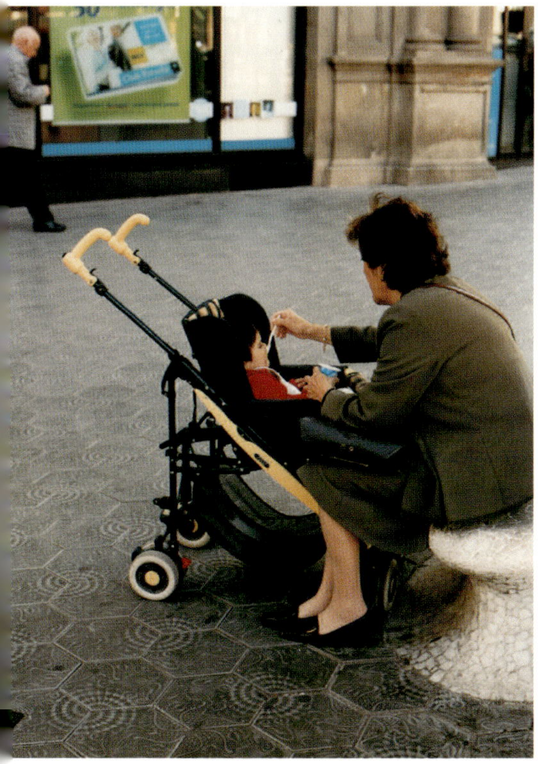
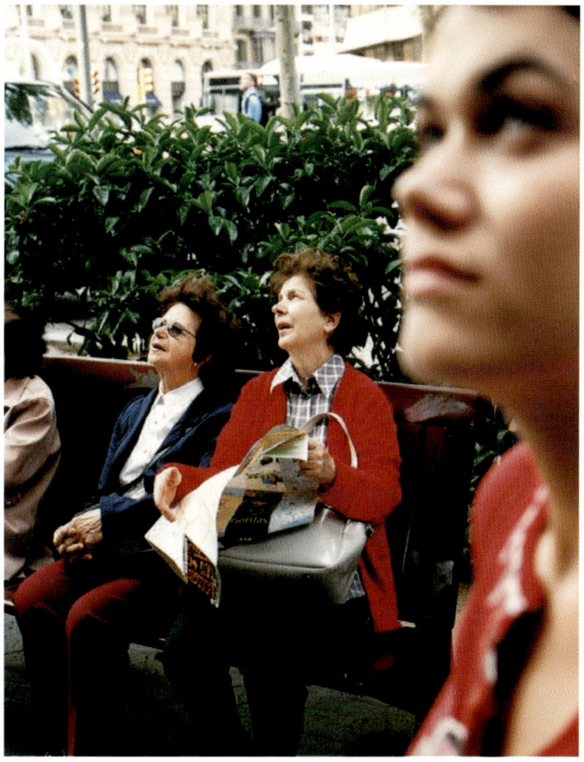
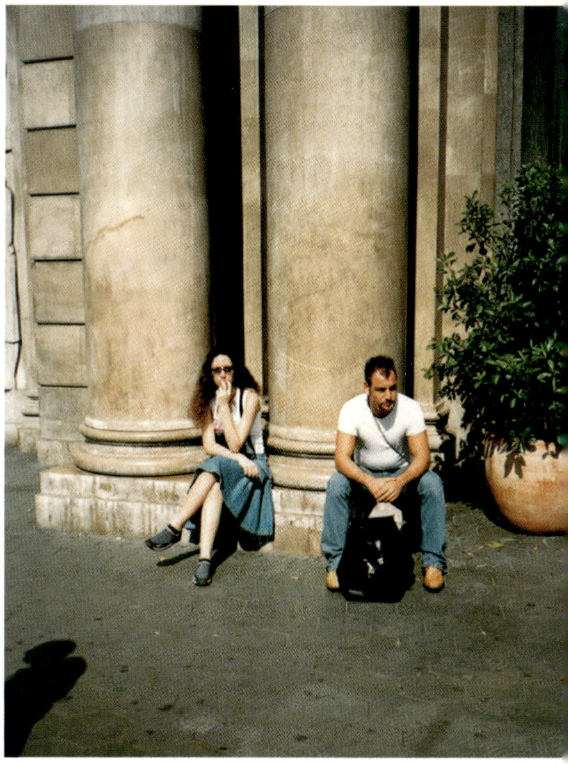
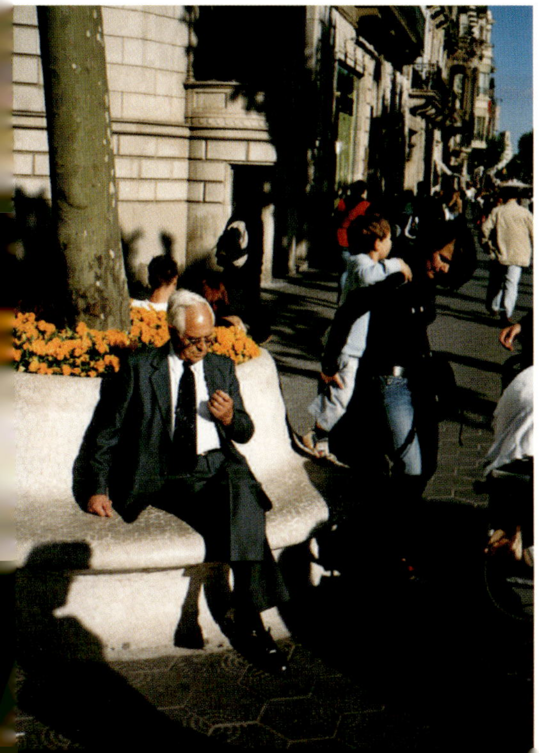
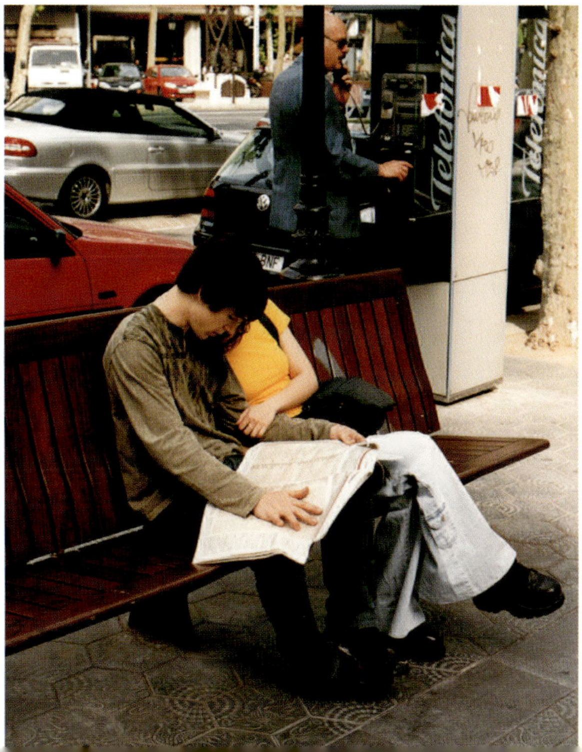
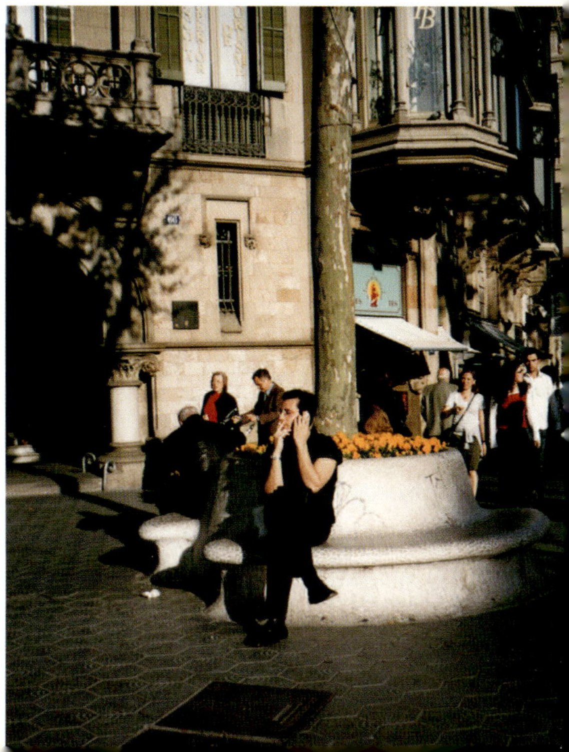

17:30 h

17:33 h

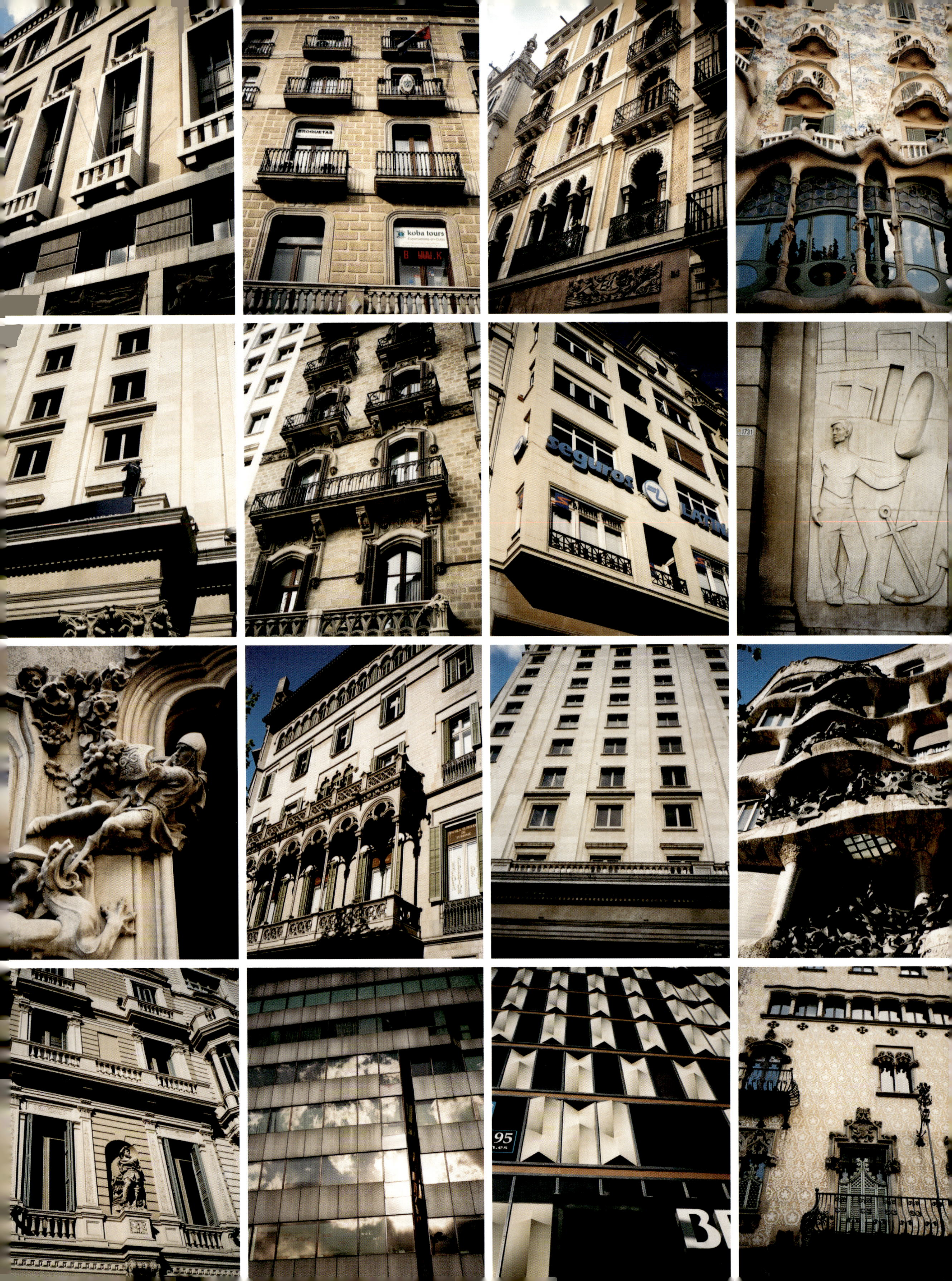
koba tours
seguros

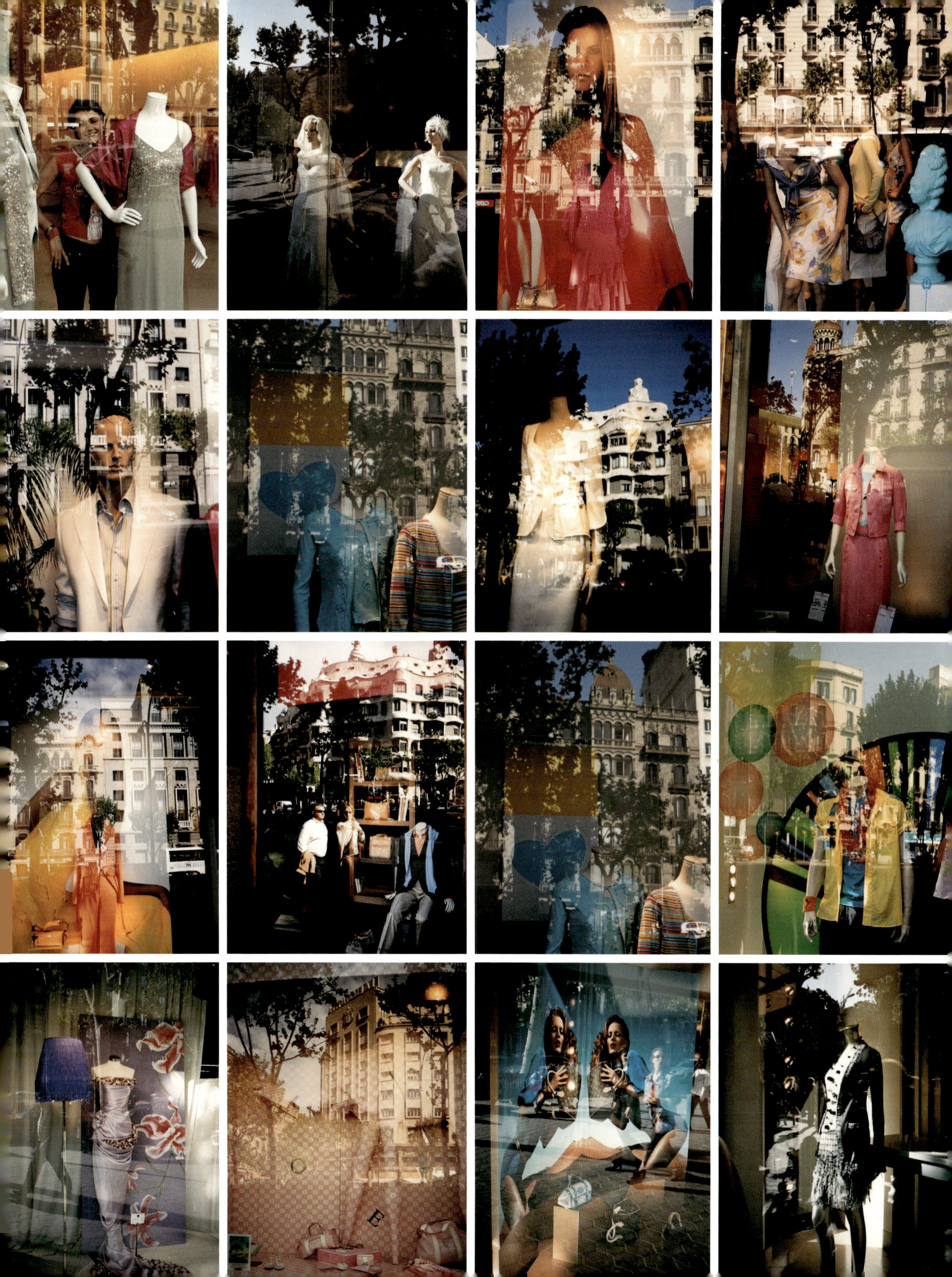

17:40 h

Carrer d'Aragó cantonada passeig de Gràcia

17:45 h

17:48 h

La Pedrera

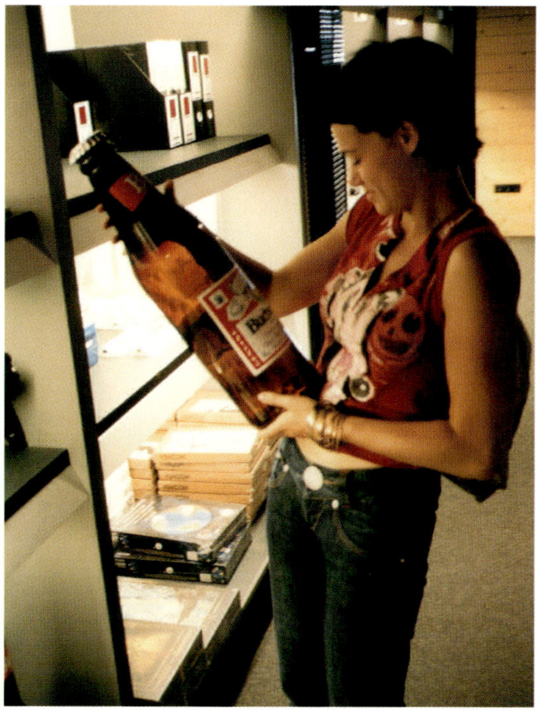

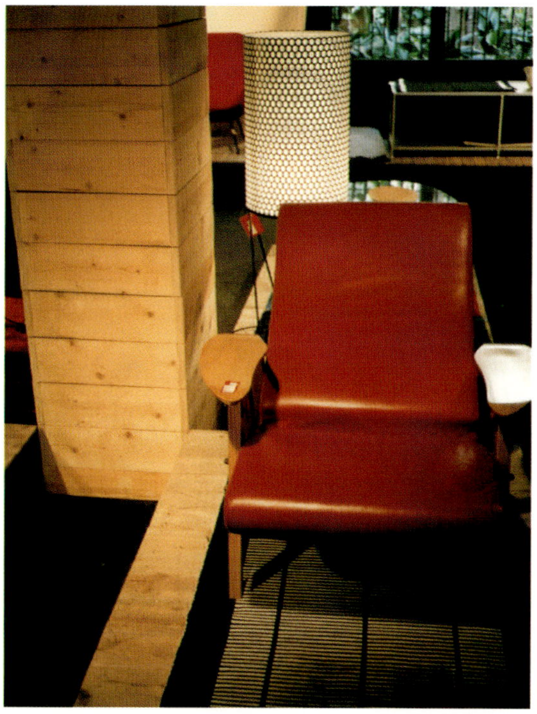

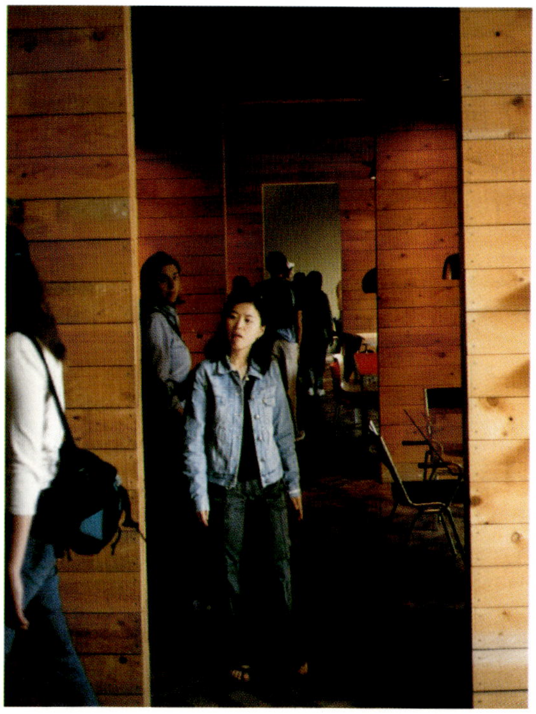

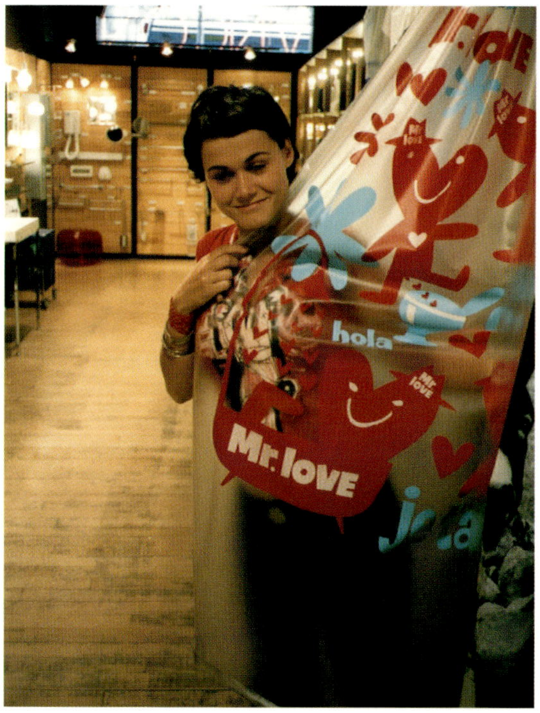
hola
Mr. love

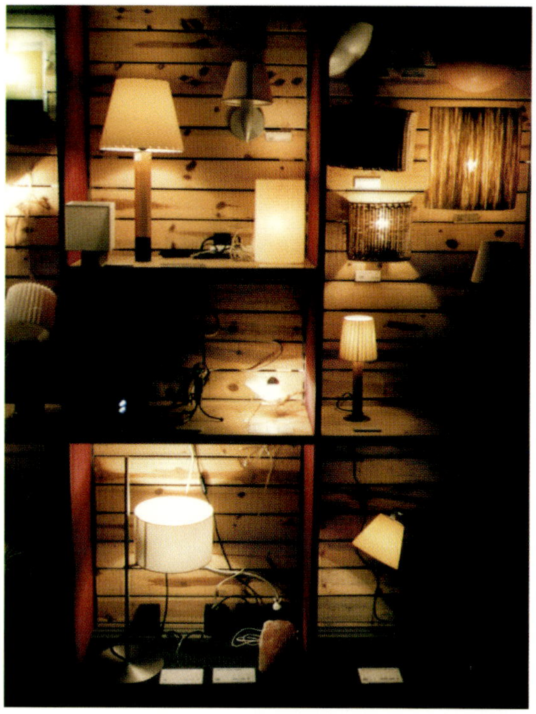

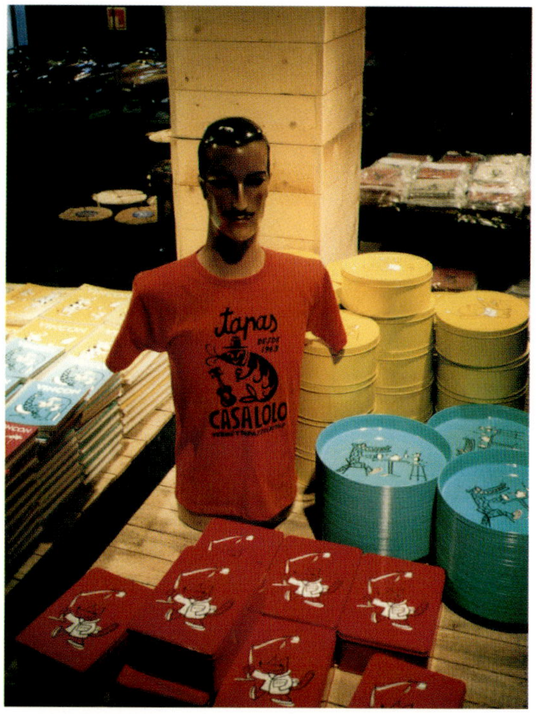
tapas
CASA LOLO

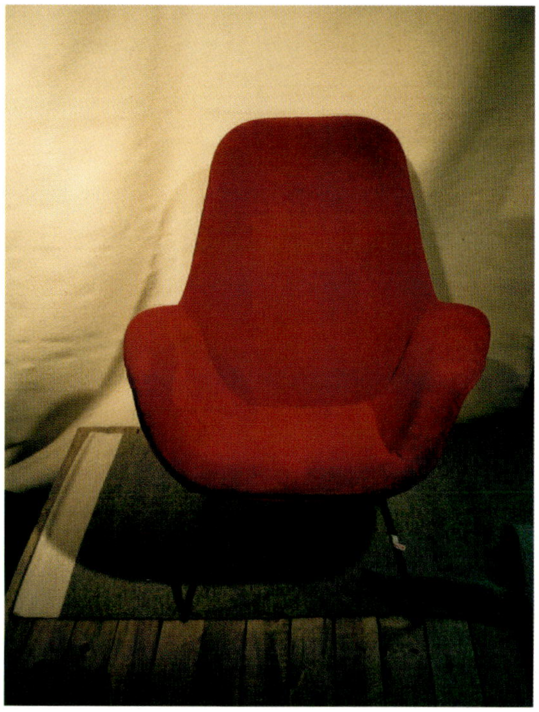

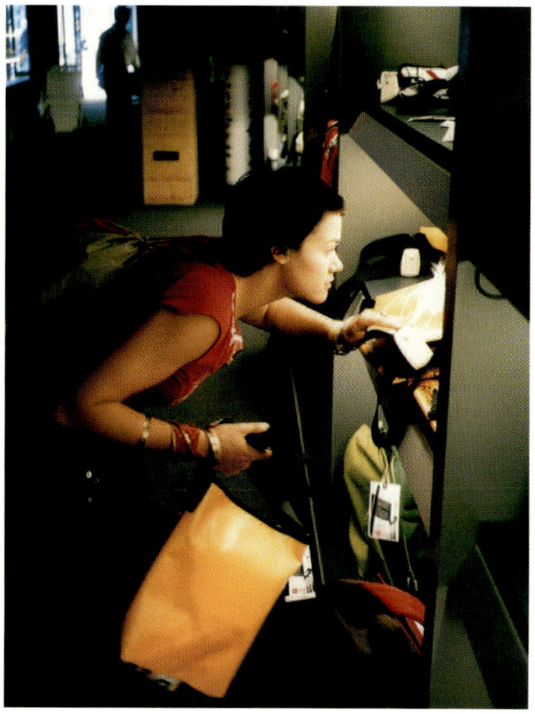

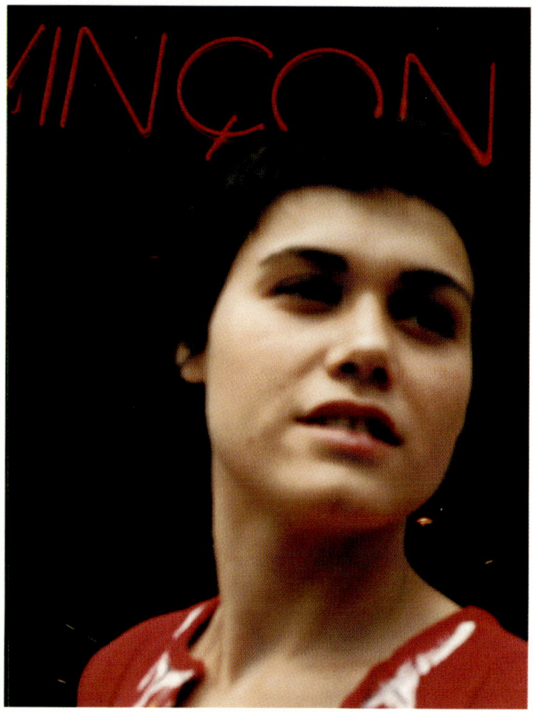
INÇON

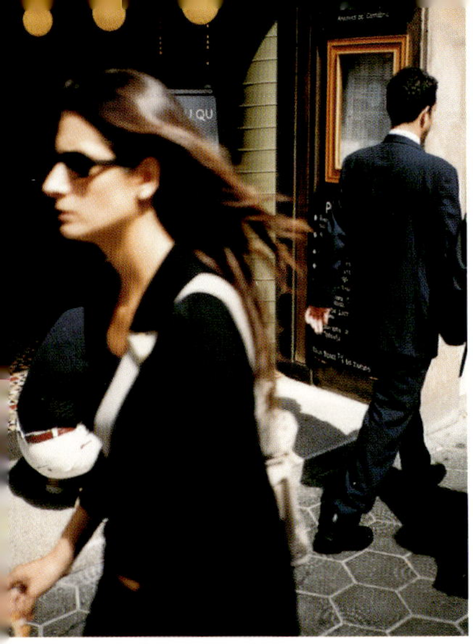

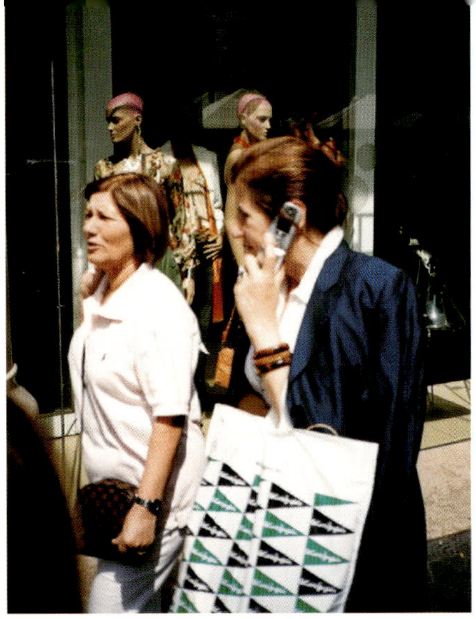

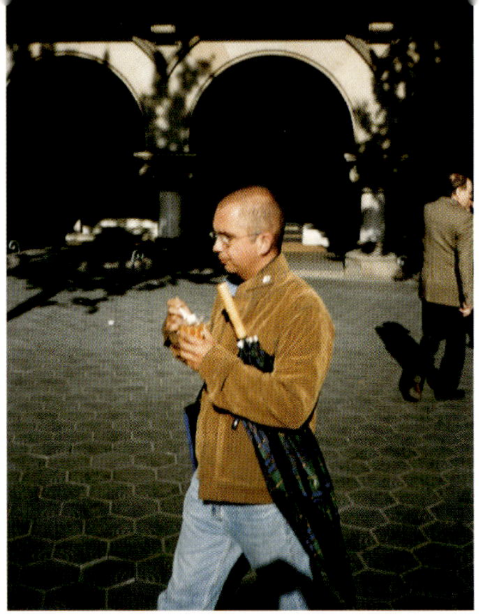

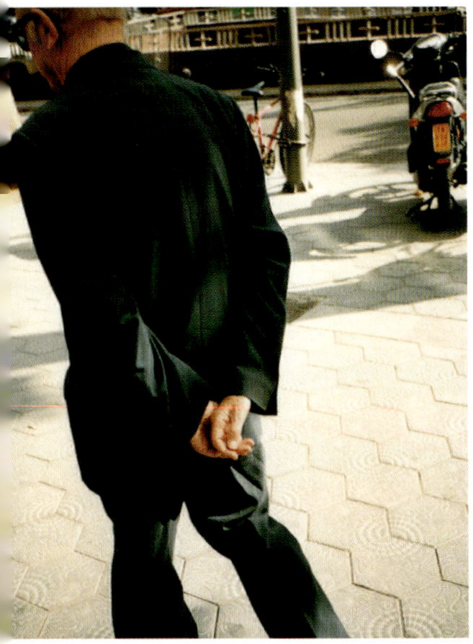

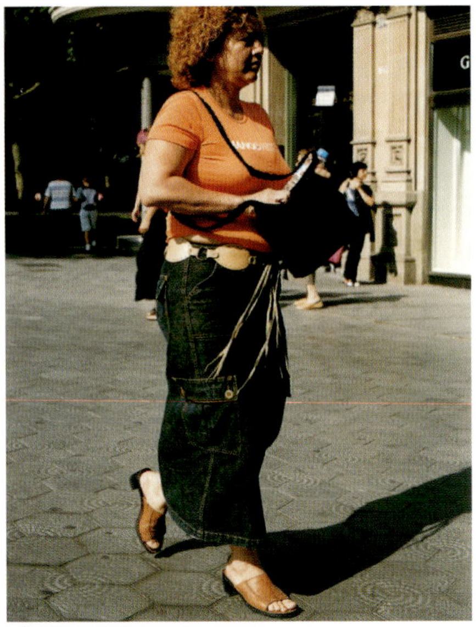

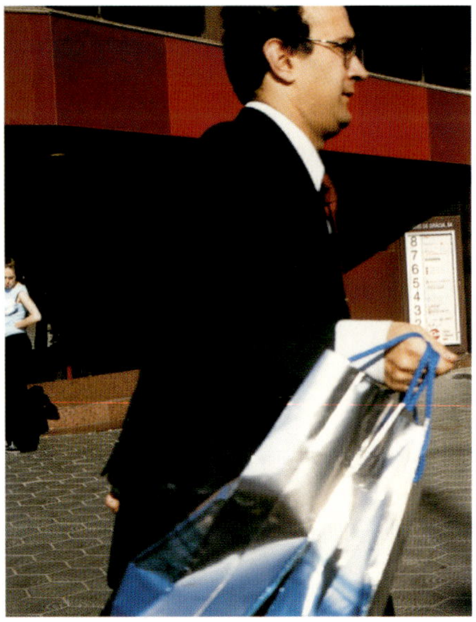

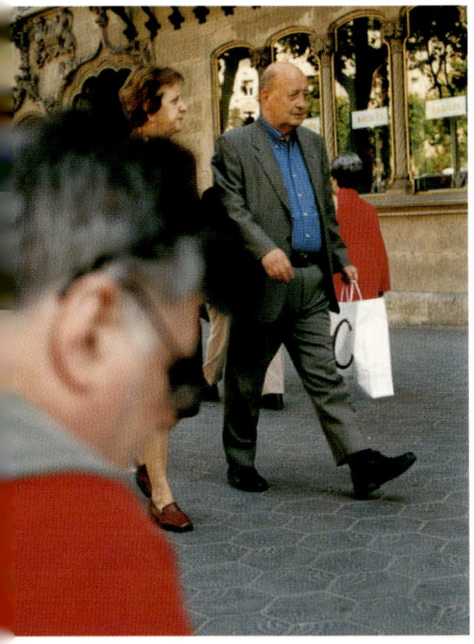

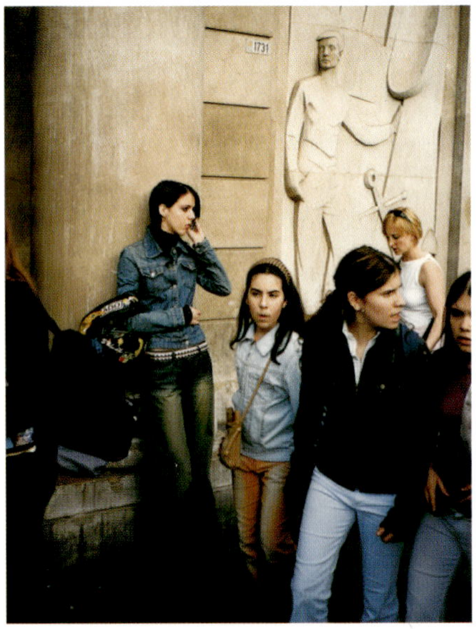

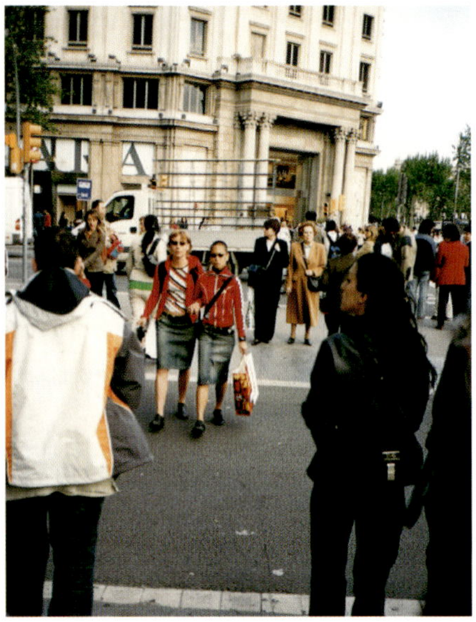

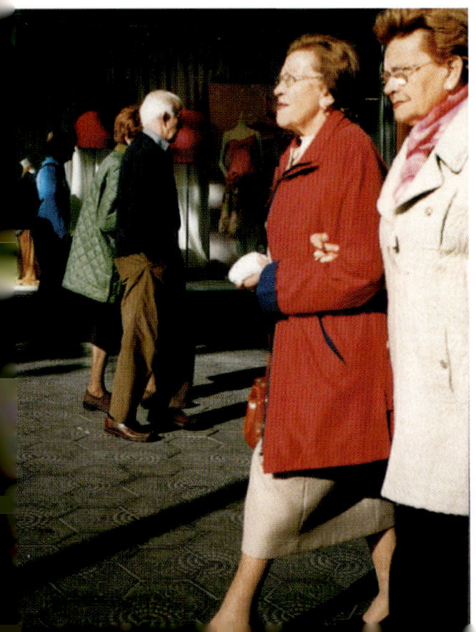

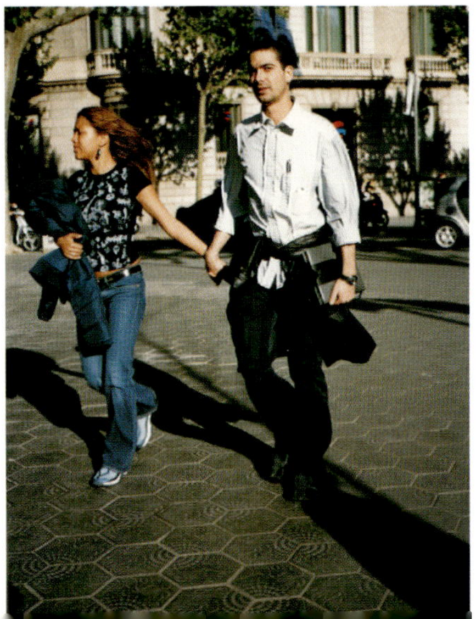

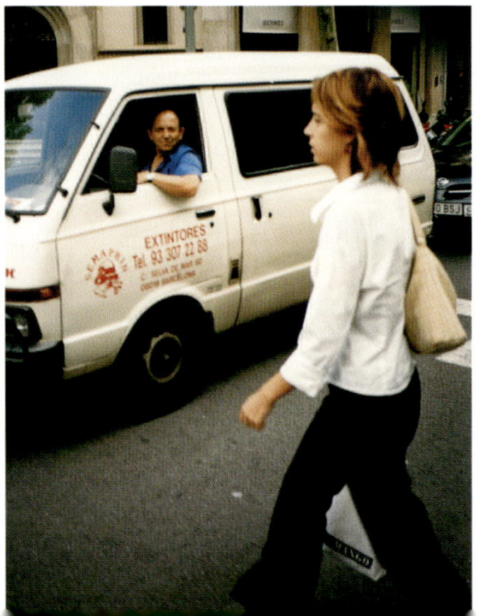
EXTINTORES
Tel. 93 307 22 88

Passeig de Gràcia

18:00 h

19:00 h Carrer Gran de Gràcia

18:00 h Jardinets de Gràcia

18:11 h

Jorge Herralde

Quan recullo la Julie té una mirada una mica extraviada. Imagino una possible seqüència de les seves darreres trobades. Primer, la Vila-Mata's Experience: frases desconcertants, seguides de mutismes sorruts, gesticulació facial zero, mirada penetrant, potser al·lucinada, més frases desconcertants, alguna riallada de difícil explicació, en fi, Vila-Matas Gran Reserva. Després, fase de relaxació en el jacuzzi verbal de Jorge Bucay, autoajuda i tal. Després d'aquella dutxa escocesa, li proposo pedagogia cultural dels enclavaments del carrer de Verdi, amb la tirallonga d'interminables bars i restaurants farcits de públic juvenil. Comencem a pujar i ens trobem, a la dreta, la llibreria Taifa, de José Batlló, poeta apassionat i obstinat, editor de la magnífica col·lecció El Bardo, entre altres aventures encara menys rendibles, i ara llibreter, flanquejant la seva filla. Una llibreria imprescindible en el barri, que organitza nombrosos actes culturals, un focus de resistència. Comento a la Julie una anècdota, cèlebre entre *connaisseurs*. A altes hores de la nit, Batlló, amb força copes, quan intentava obrir de manera feixuga i treballosa la llibreria, el va detenir la policia, que l'havia confós amb un lladre: el model de vestimenta de l'amic Batlló tira més cap al *casual* vessant *homeless* que cap al frac. I més amunt, també a mà dreta, apareix l'entrada a les sales Verdi, una benedicció quíntuple per al cinèfil barceloní, amb dedicació programàtica a les cinematografies europees i de països exòtics, que funcionen sense parar, tarda i nit, fins a les sessions golfes de matinada. Li explico moments estel·lars, especialment el gran impacte de l'estrena d'*El sol del membrillo*, de Víctor Erice, tan emocionant, i tan emocionats tots, Antonio López, el pintor dels *membrillos*, Víctor, l'equip, els amics, els espectadors: a la sala un silenci religiós, esquitxat de rialles en les breus seqüències humorístiques de la pel·lícula. Dic a la Julie que ha de procurar-se sens falta, en DVD, les obres completes de Víctor Erice, que tampoc no li ocuparan ni tant temps ni tant espai: per desgràcia, només són tres pel·lícules. Naturalment, en la conversa apareix la nostra esquizofrènia respecte als Estats Units: profunda admiració per la seva cultura cinematogràfica, literària, musical, pictòrica, i alhora el rebuig a la seva ignorant i detestable política exterior. No gaire lluny, li dic, a l'esquerra, al carrer de Montseny, hi ha la seu fundacional del Teatre Lliure, amb noms imprescindibles com Josep Montanyès, el principal impulsor, Lluís Pasqual, Anna Lizaran, on durant dècades es va poder veure el millor teatre del nostre país.
Però no ens desviem i, tombant a mà dreta pel carrer de l'Or, ens trobem l'àmplia plaça de la Virreina i les seves animades tertúlies, i baixant (a la dreta altra vegada) pel carrer de Torrijos hi ha les quatre sales Verdi Park, totes, com les seves germanes grans, les Verdi, projecten pel·lícules en rigorosa versió original. Li comento el meu darrer moment estel·lar: *Dogville*, de Lars von Trier, amb la incommensurable i raríssima Nicole Kidman. Miro la Julie un moment: li dic que s'hi assembla una mica? Decideixo no passar-me en la campanya de cortesia municipal. Però abans de les Verdi Park i després d'altres bars i restaurants i terrasses, s'imposa entrar en un *lieu de mémoire memorable* (menjar i copes i billars i cultura), el cafè Salambó. Al davant, amb un altre amic, hi ha Pedro Zarraluki, narrador excel·lent barceloní, i també figura com a sòcia del local l'agent literària Carmen Balcells, la celebèrrima *Mamá Grande* (li explico el personatge de manera succinta, no tenim dies per endavant). Li explico que han creat el premi de novel·la Salambó, amb la particularitat que l'atorguen només novel·listes. Em pregunta, pragmàtica: «I l'encerten més que altres jurats?». Pregunta complicada, fujo per la tangent, li dic que no contestaré però que, a canvi, intentaré traduir-li dues expressions populars: «Doctores tiene la Iglesia» i «Ni sí ni no, sinó tot el contrari». Quan acabem la nostra trobada, la Julie guarda la llibreta on ha anat prenent nota aplicadament dels meus comentaris i diu amb veu una mica insegura: «Ha estat molt interessant», i s'acomiada.

Cuando recojo a Julie tiene una mirada algo extraviada. Imagino una posible secuencia de sus últimos encuentros. Primero la Vila-Matas's Experience: frases desconcertantes, seguidas de hoscos mutismos, gestualidad facial cero, mirada penetrante, quizá alucinada, más frases desconcertantes, alguna risotada de difícil explicación, en fin, Vila-Matas Gran Reserva. Luego, fase de relajación en el jacuzzi verbal de Jorge Bucay, autoayuda y tal. Después de esa ducha escocesa, le propongo la pedagogía cultural de los enclaves de la calle Verdi, con su reguero de interminables bares y restaurantes atestados de público juvenil. Empezamos a subir y nos encontramos, a la derecha, con la librería Taifa, de José Batlló, apasionado y obstinado poeta, editor de la magnífica colección El Bardo, entre otras aventuras aún menos rentables, y ahora librero, flanqueando a su hija. Una librería imprescindible en el barrio, que organiza numerosos actos culturales, un foco de resistencia. Le comento a Julie una anécdota, célebre entre *connaisseurs*. A altas horas de la noche, Batlló, con bastantes copas, intentaba aparatosa y trabajosamente abrir la librería cuando fue detenido por la policía, que lo confundió con un ladrón: el modelo vestimentario del amigo Batlló tiende más al *casual* vertiente *homeless* que al frac. Y más arriba, también a mano derecha, aparece la entrada a las Salas Verdi, una bendición quíntuple para el cinéfilo barcelonés,

con dedicación programática a las cinematografías europeas y de países exóticos, que funcionan sin parar, tarde y noche, hasta las sesiones golfas de madrugada. Le cuento momentos estelares, en especial el gran impacto del estreno de *El sol del membrillo* de Víctor Erice, tan emocionante, y tan emocionados todos, Antonio López, el pintor de los membrillos, Víctor, el equipo, los amigos, los espectadores; en la sala un silencio religioso, salpicado de carcajadas en las breves secuencias humorísticas de la película. Le digo a Julie que debe procurarse sin falta, en DVD, las obras completas de Víctor Erice, que tampoco le ocuparán tanto tiempo ni espacio: por desdicha, sólo tres películas. Naturalmente, en la conversación aparece nuestra esquizofrenia respecto a Estados Unidos: profunda admiración por su cultura cinematográfica, literaria, musical y pictórica, y a la vez el rechazo de su ignorante y detestable política exterior. No muy lejos, le digo, a la izquierda, en la calle Montseny, se encuentra la sede fundacional del Teatre Lliure, con nombres imprescindibles como Fabià Puigserver, su principal impulsor, Lluís Pasqual y Anna Lizaran, donde durante décadas pudo verse el mejor teatro de nuestro país.
Pero no nos desviamos y, torciendo a la derecha por la calle de l'Or, nos encontramos con la amplia plaza de la Virreina y sus animadas tertulias. Bajando (a la derecha de nuevo) por la calle Torrijos están las cuatro Salas Verdi Park, todas ellas, como sus hermanas mayores, las Verdi, emitiendo películas en rigurosa versión original. Le comento mi último momento estelar: *Dogville* de Lars von Trier, con la inconmensurable y rarísima Nicole Kidman. Miro a Julie un momento: ¿voy a decirle que se le parece un poco? Decido no pasarme en la campaña de cortesía municipal.
Pero antes de las Verdi Park y después de otros bares y restaurantes y terrazas, se impone entrar en un memorable *lieu de mémoire* (comida y copas y billares y cultura), el café Salambó. Al frente, junto con otro amigo, está Pedro Zarraluki, excelente narrador barcelonés, y también figura como socia del local la agente literaria Carmen Balcells, la celebérrima *Mamá Grande* (le explico el personaje de forma sucinta, no tenemos días por delante). Le cuento que han creado el Premio de Novela Salambó, con la particularidad de que lo otorgan sólo novelistas. Me pregunta, pragmática: «Y ¿aciertan más que otros jurados?». Pregunta complicada, me salgo por la tangente, le digo que no contestaré, pero que a cambio intentaré traducirle dos expresiones populares: «Doctores tiene la Iglesia» y «Ni sí, ni no, sino todo lo contrario».
Al terminar nuestro encuentro, Julie guarda la libreta en la que ha ido tomando nota aplicadamente de mis comentarios; dice con voz un tanto insegura: «Ha sido muy interesante» y se despide.

When I pick up Julie, her gaze looks a little distant. I imagine a possible sequence of her latest encounters. First the Vila-Matas Experience: disconcerting phrases followed by gloomy silences, zero facial movement, penetrating gaze, maybe gobsmacked, more disconcerting phrases, a loud laugh that is difficult to explain; in short, Vila-Matas Gran Reserva. Then a relaxation phase in Jorge Bucay's verbal Jacuzzi, self-help and such. Following that, a cold shower and then a hot one. I suggest some cultural education on Verdi Street, with its endless trickle of bars and restaurants crammed with young people.

We start uphill and find the Taifa bookshop on our left, owned by José Batlló. He is a passionate and obstinate poet, publisher of the magnificent El Bardo collection, among other even less profitable ventures, and now a bookseller alongside his daughter. It is an essential bookshop in the neighbourhood, organising numerous cultural events, a centre of resistance. I tell Julie an anecdote celebrated among connoisseurs. Once, in the dead of night, Batlló, with quite a few drinks in him, was spectacularly and laboriously attempting to open the bookshop when he was arrested. The police had confused him with a burglar: Batlló's mode of dress runs nearer to the casual end of homeless than the tailcoat.

Higher up is the entrance to the Verdi cinema, also on the right, a quintuple blessing for the Barcelona cinephile. Their programmes are dedicated to European and exotic foreign films, which play non-stop, day and night, even at late-night showings in the early hours. I tell her of star-struck moments, especially the great impact of the premiere of Víctor Erice's *The Quince Tree Sun*, so moving and everyone so moved: Antonio López, the quince's painter, Víctor, the crew, their friends, the audience. A religious silence in the theatre, sprinkled with loud laughter during the brief funny sequences in the film. I say that she should purchase the entire works of Víctor Erice for herself on DVD, without fail, and that they even won't take up too much of her time or space, as there are unfortunately only three films. Our schizophrenia towards the United States naturally comes up in the conversation: profound admiration for its film, literary, musical, and artistic culture, at the same time as rejection of its ignorant and detestable foreign policy.

The original location of the Teatre Lliure is not far from here, I tell her, on Montseny Street on the left, with essential names such as Fabià Puigserver, its main promoter, Lluís Pasqual, and Anna Lizaran. For decades, one could see the best theatre in our country there.

But we don't go off track, and, turning right on Or Street, we find the large Virreina Square and the lively discussion groups, or *tertulias*, that meet there. Down Torrijos Street, again to the right, are the Verdi Park cinemas, all of which show films strictly in their original versions, just as their big sisters the Verdi cinemas do. I tell her of my last starstruck moment there: Lars von Trier's *Dogville*, with the rare and remarkable Nicole Kidman. I look at Julie a moment. Will I tell her that she looks a little bit like the actress? I decide not to go beyond the municipal ourtesy campaign.

But before Verdi Park, and after other bars and restaurants and terraces, we must pay a visit to a memorable *lieu de mémoire* (food and drinks and billiards and culture), the Salambó café. There in front is Pedro Zarraluki, an excellent Barcelona writer, with a friend; Carmen Balcells is also a regular in the place, the much-celebrated *Big Mama* (I explain the character to Julie in succinct terms, we haven't got all day). I tell her that they've created the Salambó Novel Prize, with the peculiarity that it is awarded only by novelists. She asks me, pragmatically, "And do they get it right more than other judges?" A complicated question, so I dodge the issue; I say that I won't answer, but that instead I'll try to translate two popular expressions for her: "There's more than one way to skin a cat", and "Neither yes or no, but entirely the opposite".

When our meeting ends, Julie puts away the little book in which she has been taking diligent notes on my commentaries.

"It's been very interesting," she says, in a rather insecure voice, and takes her leave.

Jardinets de Gràcia

18:25 h

N.º 324

PEDRO VILANOVA
Comercio
Manresa, 2 - Teléfono 13

Pep Montserrat

TABACOS

DOMINGO
Missé, Tomás
PAÍS

Plaça Rius i Taulet

18:36 h

18:41 h

Plaça del Sol

Cines Verdi, carrer de Verdi

18:45 h

MERCÈ RODOREDA

LA PLAÇA DEL DIAMANT

NOVEL·LA

VINT-I-DOSENA EDICIÓ (120è miler)

CLUB EDITOR
BARCELONA

MONTSENY
CARRER VERDI-ASTÚRIES

JULIO 18

18:56 h

Carrer Gran de Gràcia

18:59 h

Juan Marsé

1940. Dia 1 d'abril. El sol del matí encén el violent cromatisme del Drac que escup una aigua verdosa atrapat enmig de l'escalinata doble. Tres xavals amb el cap rapat cavalquen el Drac brandant espases de fusta. Un dels xavals —posem jo mateix, tot i que encara no em distingia gaire explicant *aventis*— desmunta i neteja la seva espasa ensagnada a l'aigua que brolla de la boca molsosa del Drac.

No gaire lluny d'aquest fascinant territori es malviu entre ruïnes i derrotes, i Europa no trigarà a convertir-se en un munt d'enderrocs, ella també, però mentrestant, quan cavalquen sobre el llom de la fera, els meus xicots són invencibles i el somni policromat de l'entorn es manté dempeus. Llavors, un ancià d'aspecte pulcre i venerable apareix d'improvís a mitja escalinata i ens adverteix que l'aigua del Drac està enverinada. «Un dia —diu amb la seva veu de fum—, fa molts i molts anys, en un país remot a prop de Delfos, un monstre que devorava homes i arrasava collites va emmetzinar les aigües d'aquell indret.» «Aquell monstre és aquest Drac —va afegir—, i justament avui fa un any que va enverinar l'aigua de la gran cisterna pluvial del parc, que és l'aigua verda que escup per la boca.» «Òndia, avi, esteu tocat de l'ala!» —exclama un de nosaltres, posem jo mateix. No és d'estranyar, des que les bombes van callar es veuen força guillats rondant pel parc, no només coixos i mutilats i vagabunds, i aquella nena amb una bicicleta d'home que ensenya les cuixes, sinó autèntics sonats que parlen sols i fan coses rares. Aquest, que bé podria haver-se escapat del pròxim Cotolengo, vol convèncer-nos que el Parc Güell és la representació d'una terra ancestral i sagrada, i ens prevé sobre l'aigua verda i maligna del Drac. «No begueu aquesta aigua, nens, o no creixereu.»

He de confessar que les aventures en aquesta meravellosa escenografia de conte de fades no sempre eren tan profitoses ni erudites. En els paratges més bells, a la Sala Hipòstila, al turó de les Tres Creus, en el Pòrtic de la Bugadera, en el Pont de Dalt o en el Pont de Baix, amb freqüència es produeixen terribles i sanguinolentes guerres de pedres entre les bandes rivals de la muntanya del Carmel i del Guinardó.

1950. Un d'aquells xavals que va cavalcar el Drac, un de qualsevol —jo mateix, posem per cas—, puja ara l'escalinata de l'entrada amb un llibre sota l'aixella, deixa enrere el Drac i entra a la sala de les Cent Columnes. Té disset anys i acostuma a anar al Parc Güell a passejar i llegir. De peu, enmig de la columnata dòrica, s'atura per contemplar els sols radiants del sostre realitzats per Jujol amb material de rebuig, bocins d'ampolles i tassetes, restes de ceràmiques i d'humils plats i gerros, i en aquest trencadís refulgent de sobte s'incrusten fragments de la pròpia memòria trossejada també pel temps, el record dels intrèpids xicots de cap rapat que aquí van ser un dia els seus fidels camarades, l'auditori atent de les seves *aventis*, el cercle estret i càlid de la imaginació enfront de la gana i la misèria i el demà incert. Sí, són allà dalt, el senyor Jujol ens va incloure ja fa molts anys en el seu somni gràfic de colors, en els rosetons i en el banc ondulat de la plaça, en el seu deliri cromàtic va barrejar taques de tintura de iode en genolls esgarrinxats, marques de sofre en caps rapats, dits tacats de tinta, cares brutes, somriures esdentegats, ullets amb lleganyes...

Poc després, l'adolescent lletraferit puja a la plaça, s'asseu al banc ondulat i obre el llibre. Sap que aquest llibre que es disposa a llegir farà que aquest dia sigui un dia especial. Evoca una estona més l'antiga camaraderia infantil al voltant del Drac que escup verí des de l'anomenat dia de la victòria —ara s'adona de la data que va assenyalar el vell guillat: es compleix un any just que l'aigua està enverinada, va dir aquell primer d'abril de l'any quaranta—, després obre el llibre i comença a llegir la primera ratlla del primer capítol:

«Durant molt de temps, me'n vaig anar a dormir d'hora».

1960. Descuidat durant anys, florint salvatge a la primavera i agostejant-se resignat a la tardor, el bonic parc afronta una altra dècada amb el Drac encara bavejant les seves aigües enverinades i amb poques esperances de restauració i cures. Però no per això s'apaga el fulgor, la vitalitat singular i enlluernadora de formes i colors. Rep poques visites, alguns passejants solitaris, parelles furtives de promesos i, sobretot, nens que en els senders deserts coberts de flors blanques, en les coves insòlites i en el Pont del Mig, perceben ecos de baralles i galopades d'altres xavals que van fantasiejar aquí fa vint anys.

Aquell d'entre tots ells —si un cas jo, per triar-ne algun— l'educació del qual està lligada a aquests paratges i a les seves ressonàncies, a les històries al voltant d'una foguera o la misteriosa noia que munta una bicicleta d'home davant el fantàstic pavelló d'entrada, aquell noi, dic, és ara el mateix jove que està assegut al sol en el mateix banc ondulat i amb un altre llibre obert a les mans, el primer paràgraf del qual es disposa a llegir per segona vegada:

«El Kilimanjaro és una muntanya coberta de neu, de 1710 peus d'altura. Diuen que és la muntanya més alta de l'Àfrica. El seu nom en massai és *Ngàje Ngai*, la Casa de Déu. A prop del cim hi ha l'esquelet sec i glaçat d'un lleopard. Ningú no ha sabut mai explicar què estava buscant el lleopard en aquelles alçades.»

«Així és com algun dia jo voldria descriure aquesta muntanya meravellosa que m'acompanya des de la infància —pensa el

19:09 h

20:00 h Laberint d'Horta

19:00 h Carrer de Bolívar

jove—, aquest bellíssim Parc Güell i aquest Drac del que molts no saben encara per què l'aigua que escopia va estar durant tants anys enverinada. M'agradaria explicar-los-ho.»

1940. Día 1 de abril. El sol de la mañana enciende el violento cromatismo del Dragón que escupe un agua verdosa agazapado en medio de la doble escalinata. Tres chavales de cabeza rapada cabalgan el Dragón blandiendo espadas de madera. Uno de los chavales —pongamos yo mismo, aunque aún no me distinguía demasiado contando *aventis*— desmonta y limpia su espada ensangrentada en el agua que mana de la roca musgosa del Dragón.

No lejos de este fascinante territorio se malvive entre ruinas y derrotas, y Europa no tardará en convertirse en un montón de escombros, ella también, pero mientras, cabalgando a lomos de la alimaña, mis muchachos son invencibles y el ensueño policromado del entorno se mantiene en pie. Entonces, un anciano de aspecto pulcro y venerable aparece de improviso en mitad de la escalinata y nos advierte que el agua del Dragón está envenenada. «Un día —dice con voz de humo—, hace muchos, muchos años, en un país remoto cercano a Delfos, un monstruo que devoraba hombres y arrasaba cosechas emponzoñó las aguas del lugar.» «Aquel monstruo es este Dragón —añadió—, y justamente hoy hace un año que envenenó el agua de la gran cisterna pluvial del parque, es esa agua verde que escupe su boca.» «¡Ondia, abuelo, le falta un tornillo!», exclama uno de nosotros, pongamos yo mismo. No hay por qué extrañarse, desde que las bombas callaron se ven bastantes pirados rondando por el parque, no sólo cojos, mutilados y vagabundos, y esa niña con una bicicleta de hombre que enseña los muslos, sino auténticos chalados hablando solos y haciendo cosas raras. Éste, que bien podría haberse escapado del cercano Cottolengo, quiere convencernos de que el Park Güell es la representación de una tierra ancestral y sagrada, y nos previene sobre el agua verde y maligna del Dragón. No bebáis de esa agua, niños, o no creceréis.

Debo confesar que las aventuras en esta maravillosa escenografía de cuento de hadas no siempre eran tan provechosas ni eruditas. En los parajes más bellos, en la Sala Hipóstila, en el Turó de les Tres Creus, en el Pórtico de la Lavandera, en el Pont de Dalt y en el Pont de Baix, con frecuencia tienen lugar terribles y sangrientas guerras de piedras entre las bandas rivales del Monte Carmelo y del Guinardó.

1950. Uno de aquellos chavales que cabalgó el Dragón, uno cualquiera —yo mismo, pongamos por caso—, sube ahora la escalinata de la entrada con un libro bajo el brazo, deja atrás el Dragón y entra en el Salón de las Cien Columnas. Tiene 17 años y suele acudir al Park Güell a pasear y a leer. De pie en medio de la columnata dórica se para a contemplar los radiantes soles del techo realizados por Jujol con material de desecho, trozos de botellas y de tacitas, restos de cerámicas y de humildes platos y jarrones, y en ese refulgente *trencadís* se incrustan súbitamente fragmentos de la propia memoria troceada también por el tiempo, el recuerdo de los intrépidos muchachos de cabeza rapada que aquí fueron un día sus fieles camaradas, el auditorio atento de sus *aventis*, el círculo prieto y cálido de la imaginación frente al hambre y la miseria y el mañana incierto. Sí, ahí arriba están, el señor Jujol los incluyó hace muchos años en su ensueño gráfico de colores, en los rosetones y en el banco ondulado de la plaza, mezcló con su delirio cromático manchas de tintura de yodo en rodillas rasguñadas, costurones de azufre en cabezas rapadas, dedos manchados de tinta, caras sucias, sonrisas melladas, ojitos con legañas...

Poco después, el adolescente letraherido sube a la plaza, se sienta en el banco ondulado y abre el libro. Sabe que el libro que se dispone a leer hará que ese día sea un día especial. Evoca un rato más la antigua camaradería infantil en torno al Dragón que escupe veneno desde el llamado Día de la Victoria —ahora cae en la cuenta de la fecha que señaló el viejo pirado: «Hoy hace un año que envenenó el agua», dijo aquel primero de abril del año cuarenta—, luego abre el libro y empieza a leer la primera línea del primer capítulo:

«Durante mucho tiempo, me acosté temprano».

1960. Descuidado durante años, floreciendo salvaje en primavera y agostándose resignado en otoño, el hermoso parque afronta otra década con el Dragón babeando todavía sus aguas envenenadas y con pocas esperanzas de restauración y cuidados. Pero no por ello se apaga el fulgor, la singular y deslumbrante vitalidad de formas y colores. Recibe pocas visitas, algunos paseantes solitarios, furtivas parejas de novios y, sobre todo, niños que en los desiertos senderos cubiertos de la flor de nieve, en las insólitas cuevas y en el Pont del Mig, perciben ecos de lances y galopadas de otros chavales que fantasearon allí hace veinte años.

Aquel de entre todos ellos —acaso yo, por escoger alguno— cuya educación sentimental está ligada a estos parajes y a sus resonancias, a las historias en torno a una fogata o a la misteriosa muchacha que monta una bicicleta de hombre frente al fantástico pabellón de la entrada, aquel chico, digo, es ahora el mismo joven sentado al sol en el mismo banco ondulado y con otro libro abierto en las manos, cuyo primer párrafo se dispone a leer por segunda vez:

«El Kilimanjaro es una montaña cubierta de nieve, de 1.710 pies de altura. Dicen que es la montaña más alta de África. Su nombre, en masai, es *Ngàje Ngai*, la Casa de Dios. Cerca de la cumbre se halla el esqueleto seco y helado de un leopardo. Nadie supo explicarse nunca qué estaba buscando el leopardo por aquellas alturas.»

«Así es como quisiera yo algún día describir esta montaña maravillosa que me acompaña desde la infancia —piensa el joven—, este bellísimo Park Güell y este Dragón que, muchos no saben aún por qué, escupía un agua que estuvo durante tantos años envenenada. Me gustaría explicárselo.»

1940. First day of April. The morning sun lights up the violent chromatism of the Dragon squatting in the middle of the double flight of steps, spitting greenish water. Three boys with close-cropped hair cover the Dragon, brandishing wooden swords. One of the boys — let's say me, although I had not yet made a name for myself telling tales — dismounts and cleans his bloody sword in the water that springs from the Dragon's mossy rock. Not far from this fascinating territory, life is miserable, amid ruins and defeat, and it will not be long before Europe too becomes a pile of garbage. Meanwhile, though, my boys are invincible, riding on the backs of the vermin, and the polychrome fantasy of the setting is still standing. Then a smartly dressed and venerable elderly man suddenly appears in the middle of the stairs and warns us that the Dragon's water is poisoned. "One day," he says in a smoky voice, "many, many years ago, in a far-off country near Delphi, a monster that devoured men and levelled crops poisoned the waters of the place."

"That monster is this Dragon," he added, "and it is exactly a year ago today that he poisoned the waters of the great rain cistern in the park: it's that green water spitting from his mouth."

"Bloody hell, Grandpa, you've got a screw loose!" one of us exclaims, let's say me. There's no reason to be surprised; since the bombs stopped, you can see plenty of nutcases prowling around the park: not just the lame, the mutilated and the vagabonds, and this girl with a man's bicycle showing her thighs, but authentic crazies talking to themselves and doing weird things. This one, who could well have escaped from nearby Cottolengo, wants to convince us that the Güell Park is the representation of an ancestral and sacred land, and warns us about the Dragon's green and evil water. Don't drink that water, children, or you won't grow.

I should confess that the adventures in this marvellous fairy-tale setting were not always so advantageous, nor so erudite. The most beautiful places, in the Hypostyle Hall, on the Hill of the Three Crosses, in the Washerwoman Colonnade, on the Upper Bridge and the Lower Bridge, hosted frequent terrible and bloody rock-throwing wars between the rival gangs of Mount Carmelo and Guinardó.

1950. One of those boys who rode the Dragon, any one — me, let's say, for one — now goes up the steps of the entrance with a book below his arm, leaves the Dragon behind and enters the Hall of the Hundred Columns. He is 17 years old and often comes to the Güell Park to wander through and read. In the middle of the Doric colonnade he stops to contemplate the radiant ceilings created by Jujol out of waste materials, pieces of bottles and small cups, remains of china and humble plates and vases, and in that brilliant *trencadís* are unexpectedly inlaid fragments of memory itself, also cut up into pieces by time, the remembrance of the intrepid boys with shaved heads who were his loyal comrades here in days past, the attentive audience for his tales, the tight and warm circle of the imagination against hunger and poverty and uncertain tomorrows. Yes, there they are up above: Mr. Jujol included them many years ago in his graphic fantasy of colours, in the rose windows and the undulating bench of the square. In his chromatic delirium he mixed stains of iodine tincture on scratched knees, big sulphur stitches on shaved heads, fingers stained with ink, dirty faces, gap-toothed smiles, eyes full of sleep...

A little later, the bookish adolescent goes up to the square, sits on the undulating bench and opens the book. He knows that the book he is about to read will make this day a special one. He spends a little longer invoking that old childhood camaraderie around the Dragon that has been spitting poison since the so-called Victory Day — now it falls on the date singled out by the old nutcase: "He poisoned the water a year ago today," he said on that First of April 1940 — then opens the book and begins to read the first line of the first chapter: "For a long time, I went to bed early."

1960. Neglected for years, blooming wild in spring and drying up resignedly in autumn, the beautiful park faces down another decade with the Dragon still drooling his poisoned waters and few hopes for restoration and care. But that isn't the reason the splendour, the singular and dazzling vitality of shapes and colours goes out. The park welcomes few visitors, a few solitary wanderers, furtive couples, and most of all children who, in the deserted paths covered with snowdrops, in the unusual caves and the Middle Bridge, perceive echoes of incidents and gallops of other boys who dreamed there twenty years ago.

One among all of them — maybe me, to pick one — whose sentimental education is linked to those places and their resonances, to the stories around a bonfire or to the mysterious girl who rides a man's bicycle opposite the fantastic entrance pavilion... That boy is now the same youth seated in the sun on the same undulating bench with another book open in his hands, whose first paragraph he is about to read a second time: "Kilimanjaro is a mountain covered with snow, at an altitude of 1,710 feet. They say it is the highest mountain in Africa. Its name in Masai is *Ngàge Ngai*, the House of God. The dried and frozen skeleton of a leopard was found near the top. No one has ever been able to explain what a leopard was looking for at such a height."

"This is how I would someday like to describe this marvellous mountain that has been with me since childhood," the youth thinks, "this beautiful Güell Park and this Dragon which — and many still don't know why — spat water that was poisoned for so many years. I'd like to explain it."

19:18 h

Parc Güell 480 m →
Museu Gaudí →

22 28 92
N4

Carrer de Bolívar

Àlex García

19:19 h

19:22 h

Parc Güell

19:29 h

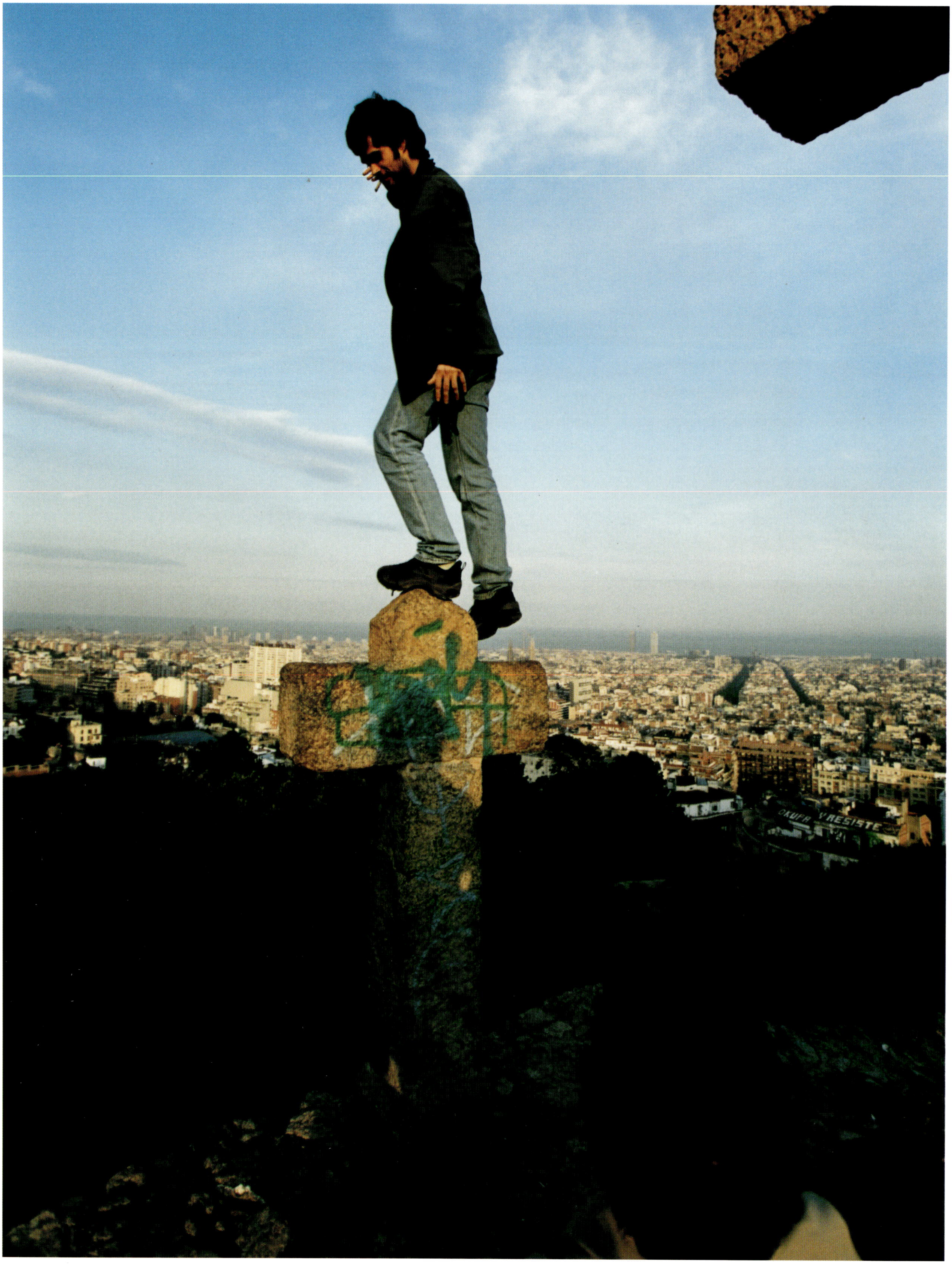
OKUPA Y RESISTE

19:33 h

19:34 h

19:37 h

19:40 h

19:45 h

19:46 h

19:49 h

Baixada de la Glòria

19:50 h

Laberint d'Horta

19:53 h

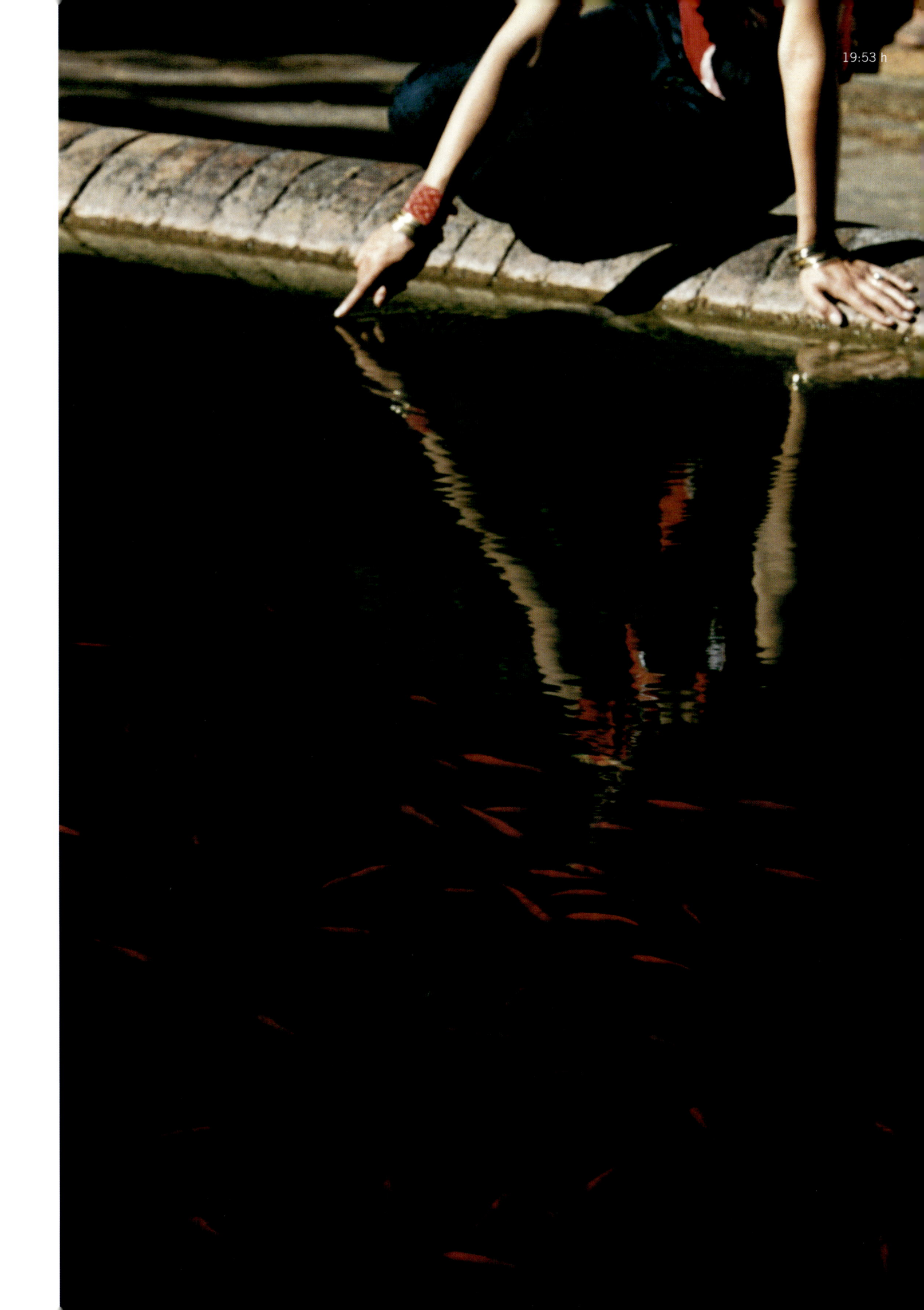

19:54 h

Laberint d'Horta

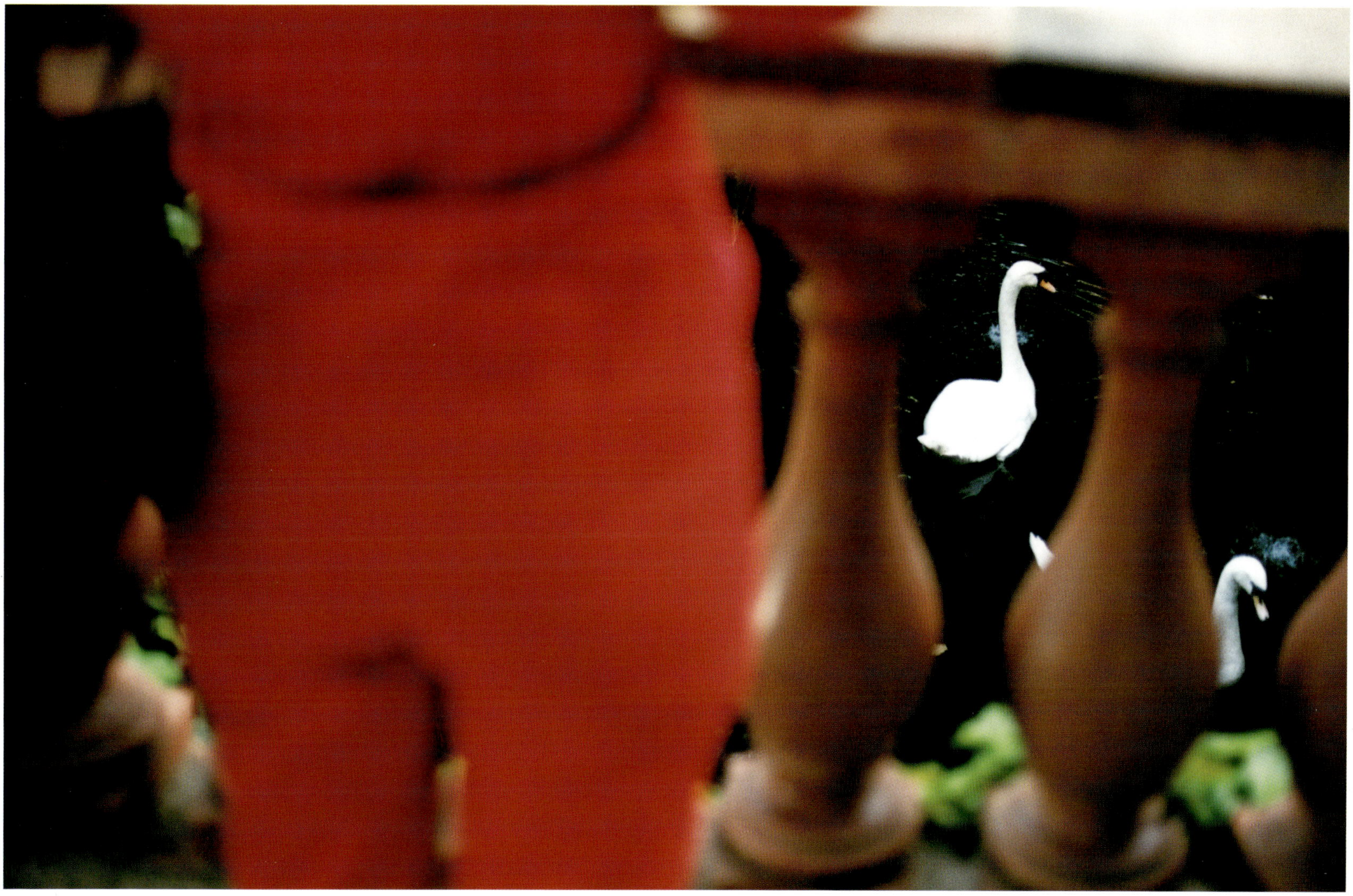

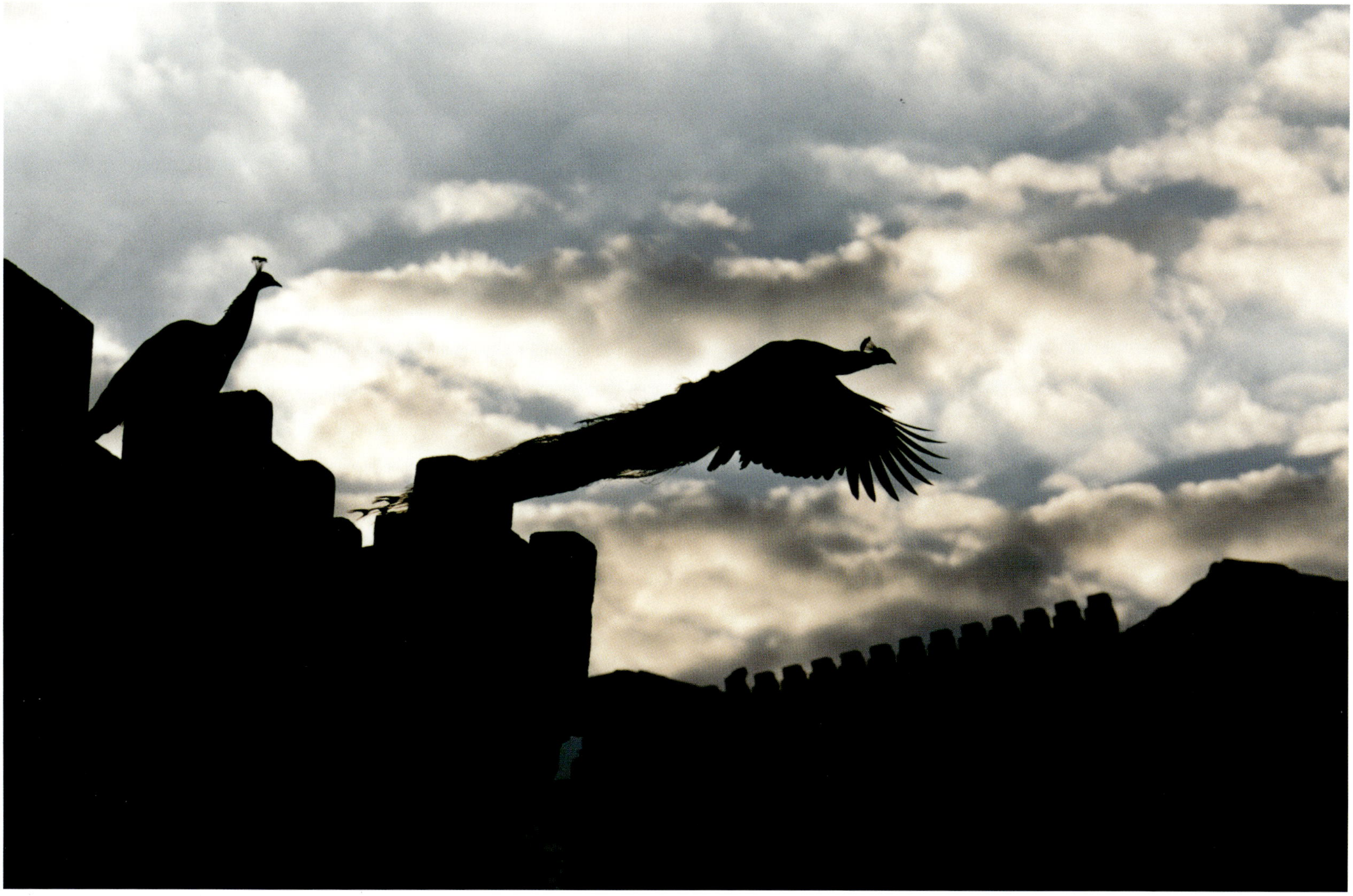

20:00 h

21:00 h Carrer Gran de Gràcia

20:00 h Carrer de Torrijos

Alfredo Bryce Echenique

Es diu Julie i és anglesa. Fa hores que recorre Barcelona i ja se li comença a fer pesat consultar els plànols de la ciutat i aquells fullets en què va ratllant, a mesura que els visita, els vint-i-quatre llocs d'interès que s'ha proposat conèixer. I si caminava sense rumb fix? Ha tingut ganes, fins i tot, de llançar guies i notes i lliurar-se a l'encís de la ciutat. La Julie obre el dits de la mà dreta i se'ls passa pels curts cabells negres, amb impaciència, però llavors s'adona que és a prop del barri de Gràcia i que encara té temps de passejar tranquil·lament abans de la cita que té amb uns amics. Gràcia, ha llegit, és un barri força especial, un antic poble que va quedar unit gairebé al·luvialment a Barcelona, a finals del XIX, quan la burgesia centrada al carrer de Ferran —davant el Liceu— va marxar de Ciutat Vella i es va ubicar al barri de l'Eixample —un projecte molt avantguardista, llavors, dissenyat per l'enginyer Ildefons Cerdà— l'artèria principal del qual s'anomena passeig de Gràcia, precisament perquè unia la ciutat amb el poble de Gràcia.

La Julie, que és prima i pal·lidota, tot just camina unes quantes illes de cases i ja nota el contrast entre la noblesa i la categoria de l'Eixample i el traçat de carrers estrets i sinuosos, places petites i cases modestes del barri de Gràcia. Els amics que l'esperen viuen al carrer de Torrijos, que ja té ubicat, però abans de trucar a la porta opta per allargar una mica més la seva vagabunderia.

I recorda que Gràcia ha estat un barri obrer de petites indústries i artesans que manté l'aspecte de poble perquè les cases són baixes i modestes, malgrat alguns edificis de dues o tres plantes, de més entitat, en la línia del modernisme. També hi ha cases francament notables, sobretot al carrer Major (el carrer Gran), que és el que continua la línia del passeig de Gràcia cap a la muntanya, més enllà dels jardinets on està situat el cinema Casablanca. Poc després, la noia topa amb una casa famosa de Gaudí que no figura a les seves notes: és la Casa Vicenç, de restauració recent.

Tot i que els seus amics ja la deuen esperar, la Julie ha continuat passejant sense rumb fix fins a topar amb un restaurant que s'anomena Bilbao però que, com comprova quan hi entra a prendre una copa de cava, és de cuina catalana. Quan en surt, es diverteix observant el nom de dos carrers que fan cantonada: Perill i Venus. No és gaire lluny de la plaça de Lesseps —límit del barri de Gràcia per la part alta— on hi va haver el cinema Roxi, que li recorda la cançó de Joan Manuel Serrat inspirada en un text de Juan Marsé. Es mira el rellotge i comprova que, ara sí, ha d'afanyar-se si no vol quedar malament amb els seus amics.

El portal de l'edifici on viuen és típicament modernista, un més entre els molts que la Julie ha vist a Barcelona des que hi va desembarcar. El pis on l'esperen és el més alt, summament lluminós, i des del terrat pot contemplar detingudament tres monuments. El més notable és la Sagrada Família, gran símbol de la ciutat de Barcelona, testimoni inconclús de fe i d'arbitrarietat artística a causa del geni d'Antoni Gaudí. Més al fons, la Julie hi té el Tibidabo, el centre d'oci més antic d'Espanya, a 500 metres sobre el nivell del mar, amb el funicular i el tramvia blau que hi pugen, i l'església d'un neogòtic més aviat pobre, del 1900, coronada per una estàtua del Sagrat Cor. I, finalment, la Julie veu la torre de Collserola, mirador ideal de Barcelona, construïda per l'arquitecte Norman Foster per a les Olimpíades del 1992. És l'edifici més alt de la ciutat i funciona com a centre de comunicacions de Catalunya. Els amics de la Julie, dues parelles joves d'aire desimbolt, semblen viure amb una informalitat que il·lustra molt bé les paraules que defineixen el barri de Gràcia: tolerància i pluralitat cultural, política i estètica. Al capvespre, la conviden al Salambó —un ampli bistrot freqüentat pels amants del cinema, actors, escriptors aspirants—, a una passa dels cinemes Verdi, que han multiplicat les sales però que mantenen la tònica dels cinemes d'art i assaig.

Recorrent de nou els carrers estrets de Gràcia, la Julie i els seus amics intercanvien impressions sobre aquest barri d'intensa moguda jove, molt dins l'estil antiglobalització —*hippies*, okupes, alternatius—, ple de petits restaurants i bars de copes sense disseny. A les places del Sol, de Rius i Taulet i a la plaça del Diamant, que dóna títol a la gran novel·la de Mercè Rodoreda, la Julie conclou la seva visita al barri de Gràcia i es dirigeix a l'estació de metro de la línia 3 que la durà fins a la plaça de Catalunya, la seva pròxima destinació en aquesta visita a Barcelona. Tot i que, per descomptat, pel camí encara trobarà una boutique de moda molt del seu gust: una mica *demodée*, una mica bohèmia i diferent. En fi, ella ja ho sap...

Se llama Julie y es inglesa. Lleva unas horas recorriendo Barcelona y por momentos le molesta consultar los planos de la ciudad y esas hojitas en las que va tachando, a medida que los visita, los veinticuatro lugares de interés que se ha propuesto conocer. ¿Y si caminara sin rumbo fijo? Ha sentido, incluso, ganas de arrojar guías y notas y de entregarse al embrujo de la ciudad. Julie abre los dedos de la mano derecha y se los pasa entre sus cortos cabellos negros, con impaciencia, pero entonces se da cuenta de que está cerca del barrio de Gràcia y de que aún tiene tiempo para pasear tranquilamente, antes de la cita que tiene con unos amigos. Gràcia, ha leído, es un barrio bastante especial, un antiguo pueblo que quedó unido casi aluvionalmente a Barcelona, a fines del XIX, cuando la burguesía centrada en la calle Ferran —frente al Liceu—, salió de Ciutat Vella y se ubicó en el barrio del Eixample, un proyecto muy vanguardista, entonces, diseñado por el ingeniero Ildefonso Cerdà, y cuya arteria principal se llama paseo de Gràcia precisamente porque unía la ciudad con el pueblo de Gràcia. Julie, que es delgada y paliducha, camina apenas unas manzanas y nota ya el contraste entre la nobleza y categoría del Eixample y el trazado de calles estrechas y sinuosas, pequeñas plazas y modestas casas, del barrio de Gràcia. Los amigos que la esperan viven en la calle Torrijos, que ya tiene ubicada, pero antes de llamar a su puerta opta por alargar aún más su vagabundeo.

Y recuerda que Gràcia ha sido un barrio obrero de pequeñas industrias y de artesanos, que mantiene su aspecto pueblerino porque sus casas son bajas y modestas, aunque con algún que otro edificio de dos o tres plantas, de mayor entidad, en la línea del modernismo. Hay también algunas casas francamente notables, sobre todo en su calle Mayor, o Gran, que es la que continúa la línea del paseo de Gràcia hacia la montaña, más allá de los jardines en que está situado el cine Casablanca. Poco después, la muchacha se topa con una famosa casa de Gaudí que no figura en sus notas: es la Casa Vicenç, de reciente restauración.

A pesar de que sus amigos ya deben de estar esperándola, Julie ha continuado paseando sin rumbo fijo hasta toparse con un restaurante llamado Bilbao, pero que, según comprueba al entrar a tomar una copa de cava, es de cocina catalana a pesar de su nombre. Al salir, se divierte contemplando el nombre de dos calles que hacen esquina: El Perill y la calle de Venus. No anda muy lejos de la plaza Lesseps —límite del barrio de Gràcia por la parte alta—, donde estuvo el cine Roxi, que le recuerda la canción de Joan Manuel Serrat inspirada en un texto de Juan Marsé. Mira su reloj y comprueba que, ahora sí, debe darse prisa, si no quiere quedar mal con sus amigos.

El portal del edificio en que éstos viven es típicamente modernista, uno más entre los muchos que Julie lleva vistos en Barcelona desde su desembarco. El piso en que la esperan es el más alto, sumamente luminoso, y desde la azotea puede contemplar detenidamente tres monumentos. El más notable es la Sagrada Familia, gran símbolo de la ciudad de Barcelona, inconcluso testimonio de fe y de artística arbitrariedad debido al genio de Antoni Gaudí. Más al fondo, tiene Julie el Tibidabo, el centro de ocio más antiguo de España, a 500 metros sobre el nivel del mar, con el funicular y el tranvía azul que suben hasta él, y la iglesia de un neogótico más bien pobre, de 1900, coronada por una estatua del Sagrado Corazón. Y, por último, Julie ve la torre de Collserola, mirador ideal de Barcelona, construido por el arquitecto Norman Foster para las Olimpiadas de 1992. Es el edificio más alto de la ciudad y funciona como centro de comunicaciones de Cataluña.

Los amigos de Julie, dos jóvenes parejas de aire desenvuelto, parecen vivir con una informalidad que ilustra muy bien las palabras que definen al barrio de Gràcia: tolerancia y pluralidad cultural, política y estética. Al caer la tarde, la invitan al Salambó, un amplio bistró frecuentado por amantes del cine, actores, escritores y aspirantes, a un paso de los cines Verdi, que han multiplicado sus salas pero que mantienen la tónica de cines de arte y ensayo.

Recorriendo nuevamente las angostas calles de Gràcia, Julie y sus amigos intercambian impresiones sobre este barrio de intensa movida joven, muy dentro del estilo antiglobalización —*hippies*, okupas, artistas—, lleno de pequeños restaurantes y bares de copas sin diseño. En las plazas del Sol y de Rius y Taulet así como en la plaza del Diamant, que da título a la gran novela de Mercè Rodoreda, concluye Julie su visita al barrio de Gràcia, dirigiéndose a la estación de metro de la línea 3, que la llevará a la plaza de Catalunya, su próximo destino en esta visita a Barcelona. Aunque, cómo no, en el camino se topará aún con una boutique de ropa femenina, muy de su gusto: algo *demodé*, algo bohemio y distinto. En fin, ella sabe...

Her name is Julie and she is English. She has been walking round Barcelona for some hours and at times it bothers her to consult the maps of the city and those little papers on which she crosses out the twenty-four places of interest in Barcelona she has set out to see as she visits each one. And what if she were to walk about aimlessly? She has even felt like throwing out guides and notes and giving herself over to the city's charms. Julie opens the fingers of her right hand and runs them through her short black hair with impatience, but then she realises that she is close to the Gràcia neighbourhood and still has time to walk around it before an appointment she has with some friends. She has read that Gràcia is a very special neighbourhood, an old village that remained almost alluvially linked to Barcelona at the end of the nineteenth century, when the middle class centred on Ferran Street —across from the Liceu— left the Old City and settled in the Eixample neighbourhood, then a very avant-garde project designed by engineer Ildefons Cerdà, the principal artery of which is called Passeig de Gràcia precisely because it links the city with the village of Gràcia.

Julie, who is thin and pale, walks only a few blocks before she notices the contrast between the nobility and quality of the Eixample and the layout in the Gràcia neighbourhood of narrow and winding streets, little squares and modest homes. The friends who are waiting for her live on Torrijos Street, which she has already located, but, before she knocks on their door, she opts to extend her wandering even further.

And she remembers that Gràcia has been a working-class neighbourhood of small industries and artisans, which maintains its small-town aspect because its houses are low and modest, although it has the odd more important building of two or three floors in the Catalan Modernist style. There are also some frankly large houses, most of all on its high street, Gran de Gràcia, which continues the line of Passeig de Gràcia up the mountain, beyond the gardens where the Casablanca cinema is located. A short time later, the girl comes across a famous Gaudí house she does not have in her notes: it is the Casa Vicenç, recently restored.

Although her friends are probably waiting for her, Julie has continued walking aimlessly until coming across a restaurant called Bilbao, which, as far as she can tell from going in for a glass of cava, serves Catalan cuisine, in spite of its name. On leaving, she has fun contemplating the names of two intersecting streets: El Perill —danger— and Venus Street. She doesn't go very far from Plaça Lesseps —the upper boundary of the Gràcia neighbourhood— where the Roxi cinema was, which reminds her of the song by Joan Manuel Serrat inspired by a text from Juan Marsé. She looks at her watch and sees that now she should hurry if she doesn't want to appear rude to her friends. The door of the building where they live is typically Modernist, one among the many that Julie has seen in Barcelona since disembarking from the boat. The flat where they are waiting for her is the highest one, full of natural light, and from the flat roof she can contemplate three monuments at length. The most significant one is the Sagrada Familia, a great symbol of the city of Barcelona, inconclusive testimony of the faith and artistic arbitrariness of Antoni Gaudí's genius. Further back Julie sees Tibidabo, the oldest amusement park in Spain, 500 metres above sea level, with the funicular and blue tram that go up it, and the church in rather poor neo-Gothic style from 1900, crowned by a statue of the Sacred Heart. And lastly, Julie sees the Collserola Tower, the ideal place to view Barcelona, constructed by architect Norman Foster for the 1992 Olympics. It is the tallest building in the city and functions as Catalonia's communications centre.

Julie's friends, two confident young couples, seem to live with an informality that illustrates very well the words that define the Gràcia neighbourhood: tolerance and a plurality of cultures, politics and aesthetics. In the afternoon they invite her to Salambó, a large bistro frequented by film lovers, actors, writers and aspiring artists a few steps from the Verdi cinemas, which have multiplied their number of theatres but maintain their tendency toward art and experimental films.

Walking down the narrow streets of Gràcia anew, Julie and her friends exchange impressions about this neighbourhood with an intense young people's scene in the anti-globalisation style —hippies, squatters, alternatives— full of little restaurants and unpretentious bars. In the Plaça del Sol, Plaça Rius i Taulet and Plaça del Diamant, the last of which gave its name to a grand novel by Mercè Rodoreda, Julie concludes her visit to Gràcia, heading for the metro station and line 3, which will take her to Plaça Catalunya, her next destination on this visit to Barcelona. Although, of course, on the way there she'll come across a women's clothing boutique that is just her style: a bit *demodé*, a little bohemian and different. Oh well, she knows best…

20:11 h

20:20 h

Carrer de Torrijos

Berto Martínez

20:25 h

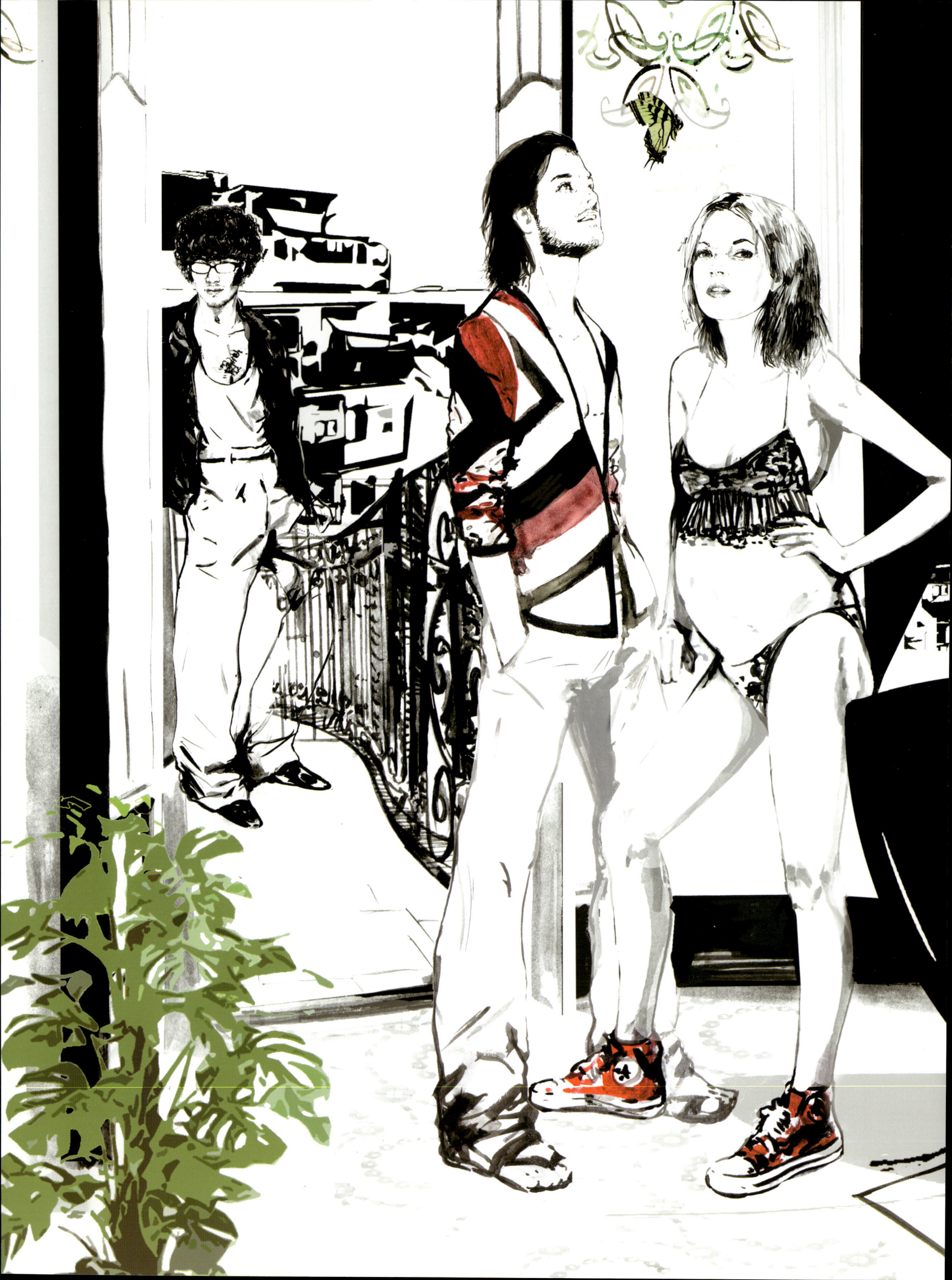

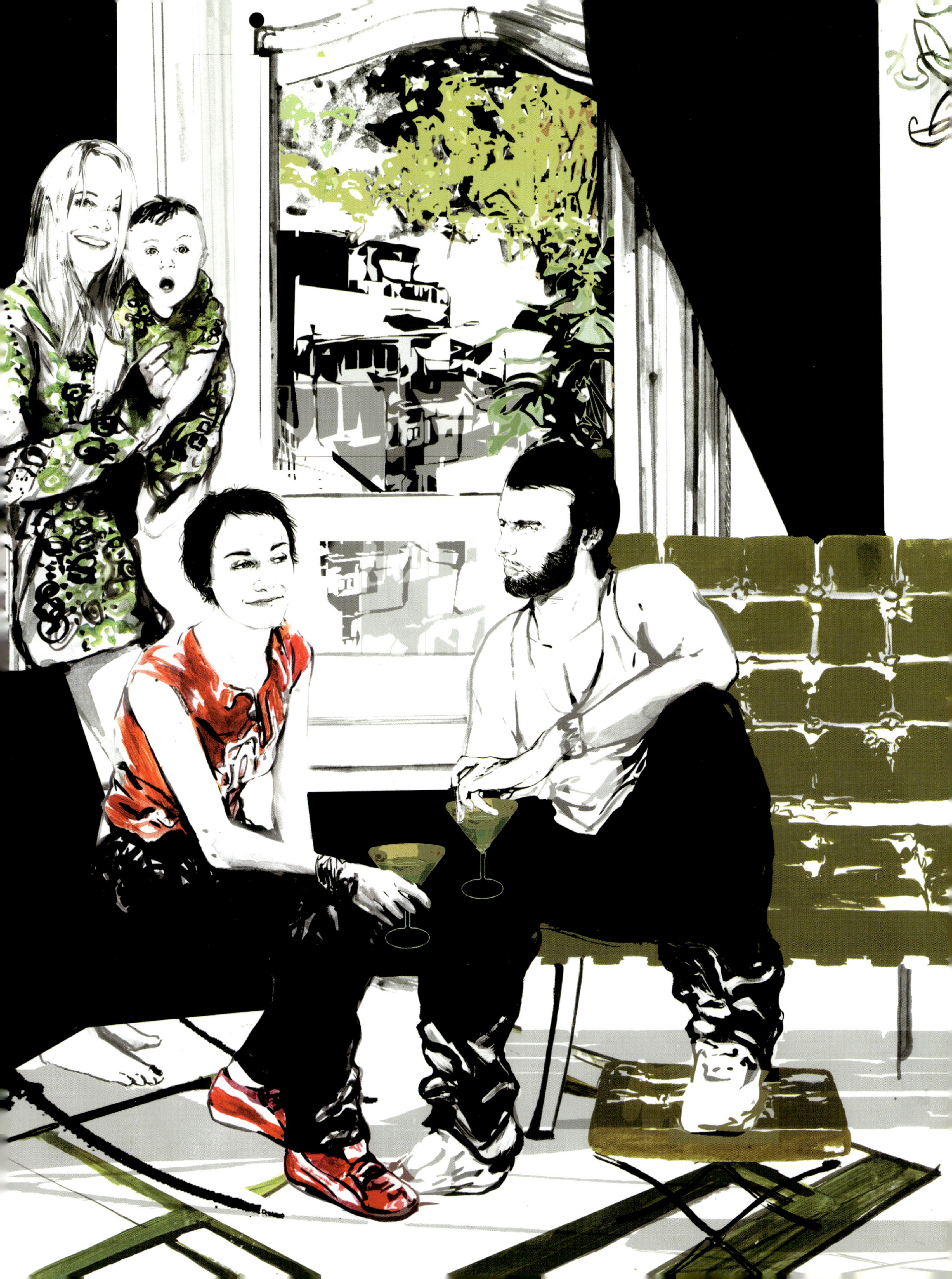

20:40 h

20:45 h

Vista de Barcelona

20:52 h

20:55 h

20:56 h

Metro Fontana (L3), carrer Gran de Gràcia

Barcelona TMB

20:57 h

Javier Tomeo

En Ferran ha quedat amb la Julie a la terrassa del Zurich, a la plaça de Catalunya, exactament a la sortida del metro de Sarrià. No ha estat gaire original, citant-la aquí, però cada dia hi ha centenars de barcelonins que tenen la mateixa idea i gairebé tots acaben trobant-se. Ara són dos quarts de nou del vespre i no falta gaire perquè arribi aquell moment màgic en què les ombres de la nit que s'aproxima s'equilibren amb les llums del dia que agonitza. La gent, no obstant, viu aliena a aquest miracle quotidià. Fa massa calor, els cambrers van i vénen repartint cerveses a tort i a dret, i un japonès diminut esgrimeix la càmera fotogràfica com si fos una pistola.

«No penso deixar-me fotografiar per aquest home», pensa en Ferran.

Tem que els japonesos, després, el reprodueixin a partir de la foto i que al cap d'unes setmanes exhibeixin el seu clon pels carrers de Yokohama. Així doncs, es gira d'esquena al nipó i espera inquiet l'aparició de la Julie. La va conèixer fa uns quants anys, però gairebé no en recorda el rostre. Amb el temps va anar oblidant les seves faccions i ara ni tan sols està segur que fos morena o rossa. Li sembla recordar vagament que tenia un ull una mica més gran que l'altre i que coixejava una mica de la cama esquerra.

«Coixejava de la cama dreta o de l'esquerra?» es pregunta mentre els músics peruans, al peu de l'horrible escultura de Subirats, ataquen els primers compassos d'*El cóndor pasa*. Aquella coixera de la Julie amb prou feines era perceptible però imprimia al seu darrere una curiosa vibració que no passava desapercebuda als ulls dels mascles més agressius.

«Era realment la Julie, qui coixejava?» continua preguntant-se. No n'està del tot segur i admet la possibilitat que la coixa fos una altra anglesa, la Deborah, i no la Julie, i fins i tot que l'anglesa del rostre asimètric fos la Sandra, de Liverpool, que també havia conegut en aquella mateixa època.

«Potser he conegut massa dones» sospira, cada vegada més confús.

I no pot deixar de recordar Lord Byron, aquell gran poeta que també era coix i que, posat a somniar impossibles, desitjava que totes les dones del món tinguessin uns únics llavis per poder-les besar totes alhora.

Així que la Julie apareix per la boca del metro, però, es reconeixen immediatament i de cop tornen tots els records. Òbviament, la Julie no coixeja, ni té els ulls de mida diferent. La perfecció de les seves faccions fins i tot dóna al seu rostre una expressió distant.

—Encara detestes el te? —li pregunta en Ferran.

És una pregunta arriscada perquè tampoc no està segur que fos la Julie qui li va fer aquesta confessió fa vuit anys davant una gerra descomunal de sangria.

—Seguramente era una altra anglesa —el corregeix la Julie.

En Ferran es pica el front amb la mà. Acaba de recordar que l'anglesa que no suportava el te era Mary, la noia de Birmingham. Presenta les seves disculpes a la Julie —suposar que una anglesa no suporta el te pot ser considerat una gran ofensa— i li proposa d'anar a fer un volt per les Rambles. Creuen el pas de vianants que uneix la plaça de Catalunya amb Canaletes i s'aturen davant el curiós fanal coronat amb una mena de pilota de vidre.

—Alguns barcelonins —assenyala en Ferran— anomenen aquest fanal el Monument al Futbolista Desconegut. En altres temps aquí es reunien dotzenes d'aficionats per discutir de futbol. No sé si encara ho fan. En aquells temps de dictadura estaven prohibides les reunions de més d'una certa quantitat de persones al carrer, però crec que la policia —els temibles «grisos» d'antany— feia els ulls grossos.

—Em ve de gust baixar per la Rambla fins al port —diu la Julie, que no sembla gaire impressionada per la simbologia del fanal.

—Abans prendrem una copa en el Boadas Cocktail Bar —li proposa en Ferran—, un lloc on serveixen, com diria un anunci de la televisió, possiblement els millors còctels del món. Boadas va ser un bàrman excepcional i la seva filla Maria Dolors continua fidel a la tradició.

El petit local està farcit de clients però aconsegueixen obrir-se pas fins al final de la barra, al costat del telèfon. Darrere el taulell encara hi ha els fantàstics dibuixos d'Opisso, que en va ser un client distingit. A la paret del davant també hi ha els

22:00 h Carrer dels Tallers   **21:00 h** Font de Canaletes

textos escrits de pròpia mà per Miró i Pruna, el retrat de Boadas al costat de Perico Chicote, les velles fotografies d'uns altres temps, d'una altra Barcelona...
—Ja ho veus, Julie, aquest és "un bar petit, incòmode i sentimental" —sospira en Ferran en repetir el que Perich va escriure en un dibuix que va dedicar a l'establiment poc abans de morir—. És a dir, un bar humà!
A la Julie se li van passant les ganes de passejar fins al port. Durant els darrers minuts la seva mirada s'ha omplert de llum. Qui va dir que les dones boniques de vegades ens miren com un àngel que ofereix l'entrada al Paradís?
En Ferran demana dos *negroni* més i l'anglesa, al seu costat, somriu.
«Com he pogut pensar que aquesta dona meravellosa tenia els ulls de mida diferent?» es pregunta en Ferran.
La sàvia barreja de campari, vermut i ginebra comença a circular deliciosament per les seves venes i a enardir-li els sentits. Realment, no val la pena baixar fins al Portal de la Pau. Al cap i a la fi, ningú no els espera allà baix. Segur que Colom continua al capdamunt del seu enorme pedestal, obstinat a assenyalar amb l'índex les costes africanes, i que podrà passar perfectament sense veure'ls.
Ferran ha quedado con Julie en la terraza del Zurich, en la plaza de Catalunya, exactamente a la salida del metro. No ha sido muy original al citarla en este lugar, pero cada día hay cientos de barceloneses que tienen la misma idea y casi todos acaban encontrándose. Son ahora las ocho y media de la tarde y no falta mucho para que llegue ese momento mágico en el que las sombras de la noche que se aproxima se equilibran con las luces del día que agoniza. La gente, sin embargo, vive ajena a ese milagro cotidiano. Hace demasiado calor, los camareros van y vienen repartiendo cervezas a diestro y siniestro y un japonés diminuto esgrime su cámara fotográfica como si fuese una pistola.
«No pienso dejarme fotografiar por ese hombre», se dice Ferran. Teme que los japoneses le reproduzcan luego a partir de la foto y que dentro de unas semanas exhiban su clon por las calles de Yokohama. Se vuelve, pues, de espaldas al nipón y espera

inquieto la aparición de Julie. La conoció hace unos cuantos años, pero casi no recuerda su rostro. Con el paso del tiempo fue olvidando sus facciones y en estos momentos ni siquiera está seguro de que fuese morena o rubia. Le parece recordar vagamente que tenía un ojo ligeramente más grande que el otro y que cojeaba un poco de la pierna derecha.
«¿Cojeaba de la pierna derecha o de la izquierda?», se pregunta, mientras los músicos peruanos, al pie de la horrenda escultura de Subirats, atacan con los primeros compases de *El cóndor pasa*.
Aquella cojera de Julie apenas era perceptible, pero imprimía a su trasero una curiosa vibración que no pasaba inadvertida a los ojos de los machos más agresivos.
«¿Era realmente Julie la que cojeaba?» sigue preguntándose. No está completamente seguro y admite la posibilidad de que la coja fuese otra inglesa, Deborah, y no Julie, e incluso que la inglesa del rostro asimétrico fuese Sandra, de Liverpool, a quien también conoció por aquellas mismas fechas.
«Tal vez haya conocido demasiadas mujeres», suspira, cada vez más confuso.
Y no puede por menos de recordar a lord Byron, aquel gran poeta que también era cojo y que, puesto a soñar imposibles, deseaba que todas las mujeres del mundo tuviesen unos labios únicos para poderlas besar a todas al mismo tiempo.
Apenas Julie aparece por la boca del metro, sin embargo, se reconocen a la primeras y regresan de golpe todos los recuerdos. Obviamente Julie no cojea, ni tiene los ojos de distinto tamaño. La perfección de sus facciones da incluso a su rostro una expresión distante.
—¿Todavía detestas el té? —le pregunta Ferran.
Es una pregunta arriesgada, porque tampoco está seguro de que fuese Julie quien hace doce años le hiciese esa confesión ante una descomunal jarra de sangría.
—Seguramente era otra inglesa —le corrige Julie.
Ferran se da una palmada en la frente. Acaba de recordar que la inglesa que aborrecía el té era Mary, la chica de Birmingham. Presenta sus disculpas a Julie —suponer que una inglesa aborrece el té puede ser considerado una grave ofensa—

21:04 h

y le propone dar una vuelta por las Ramblas. Cruzan el paso de cebra que une la plaza de Catalunya con Canaletes y se detienen ante la curiosa farola rematada por una especie de balón de cristal.
—Algunos barceloneses —le señala Ferran— llaman a esta farola el Monumento al Futbolista Desconocido. En otros tiempos se reunían en este lugar docenas de aficionados a discutir de fútbol. No sé si todavía continúan haciéndolo. En aquellos tiempos de dictadura estaban prohibidas las reuniones callejeras de más de un cierto número de personas, pero creo que aquí la policía (los temibles «grises» de antaño) hacía la vista gorda.
—Me apetece bajar por la Rambla hasta el puerto —dice Julie, que no parece demasiado impresionada por la simbología de la farola.
—Antes tomaremos una copa en el Boadas Cocktails Bar —le propone Ferran—, un lugar donde, como diría un anuncio de la televisión, posiblemente sirven los mejores cócteles del mundo. Boadas fue un barman excepcional y su hija María Dolores continúa fiel a la tradición.
El pequeño local está atestado de clientes pero consiguen abrirse paso hasta el final de la barra, junto al teléfono. Detrás del mostrador continúan los estupendos dibujos de Opisso, que fue un cliente distinguido. En la pared de enfrente siguen también, enmarcados, las textos escritos de puño y letra por Miró y Pruna, el retrato del propio Boadas junto a Perico Chicote, las viejas fotografías de otros tiempos, de otra Barcelona…
—Ya lo ves, Julie, éste es «un bar pequeño, incómodo y sentimental» —suspira Ferran, repitiendo lo que Perich escribió en un dibujo que dedicó al establecimiento poco antes de su muerte—. ¡Es decir, un bar humano!
A Julie se le van pasando las ganas de pasear hasta el puerto. Durante los últimos minutos su mirada se ha llenado de luz. ¿Quién dijo que las mujeres hermosas nos miran a veces como un ángel que nos brinda la entrada al Paraíso?
Ferrán pide otros dos *negroni* y la inglesa, a su lado, sonríe.
«¿Cómo pude pensar que esta maravillosa mujer tuviese los ojos de distinto tamaño?» se pregunta Ferran.
La sabia mezcla de campari, vermut y ginebra empieza a circular deliciosamente por sus venas y a enardecerle los sentidos. Realmente no vale la pena bajar hasta el Portal de la Pau. Al fin y al cabo, nadie les espera allá abajo. Seguro que Colón sigue en lo alto de su enorme pedestal, obstinado en señalar con el índice las costas africanas, y podrá pasar perfectamente sin verles.

Ferran is meeting Julie on the terrace of the Zurich, in Catalunya Square, at the Sarrià metro line exit. It wasn't very original to arrange the meeting there, but every day hundreds of people in Barcelona have the same idea, and almost all of them end up finding each other. It is now eight-thirty in the evening and it won't be long before that magical moment when the shadow of approaching night balances the failing light of day. The people, however, carry on, indifferent to this daily miracle. It is too hot, the waiters come and go, handing out beers left, right and centre, and a tiny Japanese wields his camera like a pistol.
"That man's not taking my picture," Ferran says to himself. He is afraid that the Japanese people will later use the photo to reproduce him and will be exhibiting his clone within a few weeks' time on the streets of Yokohama. So he turns his back on the man and anxiously awaits the appearance of Julie. He met her a few years ago, but he can barely remember her face. He has forgotten her features with the passing of time and at this moment is not even sure whether she was blonde or brunette. He seems to vaguely recall that she had one eye slightly bigger than the other and a slight limp in her right leg.
"Did she limp on her right leg or her left?" he wonders, while the Peruvian musicians at the foot of the horrendous Subirats sculpture attack the first bars of *El cóndor pasa*.
That limp of Julie's was barely perceptible, but it imparted a curious vibration to her behind that did not pass unnoticed by the eyes of the more aggressive males.
"Was Julie really the one who limped?" he continues to wonder. He isn't completely sure, and admits the possibility that it was a different English girl who limped, Deborah, not Julie, or even that the English girl with asymmetrical features was Sandra, from Liverpool, who was also in Barcelona at the same time.
"Maybe I've met too many women," he sighs, more and more confused.
And he can't help but recall Lord Byron, that great poet who limped too and who, in spite of the impossibility of the dream, wished that all the women in the world could have one pair of lips between them so he could kiss them all at once.
As soon as Julie appears at the exit of the metro, however, they recognise each other from the first, and suddenly all the memories rush back. Julie obviously does not limp, nor are her eyes differently sized. The perfection of her features even gives her face a distant expression.
"Still hate tea?" Ferran asks her.
It's a daring question and he isn't even sure if it was Julie who

confessed this to him twelve years ago, over an enormous pitcher of sangria.

"Must have been some other English girl," Julie corrects him. Ferran smacks himself on the forehead. He has just remembered that the English girl who hated tea was Mary, the one from Birmingham. He apologises to Julie — it could be considered a serious offence to think an English girl hated tea — and suggests that they take a walk down the Rambles. They cross the zebra that links Catalunya Square to the Canaletas fountain and stop in front of a strange streetlamp topped with some kind of glass ball. "Some Barcelona people," Ferran points out, "call this streetlamp the Monument to the Unknown Footballer. Dozens of fans used to meet here to argue over football. I don't know if they still do it. In the time of the dictatorship, street meetings of more than a certain number of people were prohibited, but I think the police — the fearsome "greys" of past years — overlooked the ones here."

"I feel like walking down the Rambla to the Port," says Julie, who seems none too impressed by the streetlamp's symbolism. "First we'll have a drink in Boadas Cocktail Bar," Ferran suggests. "A place with quite possibly the best cocktails in the world, as they would say on TV. Boadas was an exceptional bartender and his daughter Maria Dolores stays true to the tradition."

The small place is packed with customers, but they manage to make their way to the end of the bar, next to the telephone. The marvellous drawings by Opisso, a respected customer, are still behind the counter. The handwritten texts by Miró and Pruna are still on the front wall, too, framed, and so is the portrait of Boadas himself, next to Perico Chicote, the old photographs from other eras, another Barcelona....

"You see, Julie, this is *a small bar, uncomfortable and sentimental*," breathes Ferran, repeating what Perich wrote on a drawing he dedicated to the establishment shortly before his death, "*In other words, a bar for human beings!*"

Julie is losing her desire to walk down to the port. During the last few minutes her eyes have become very bright. Who said that beautiful women look at us sometimes like an angel offering us entry to Paradise?

Ferrán orders two more *negroni* and the English girl next to him smiles.

"How could I have thought that this marvellous woman had one eye bigger than the other?" Ferran wonders.

The expert mix of campari, vermouth and gin begins to circulate deliciously through their veins and inflame their senses. It's really not worth it to go all the way down to the De la Pau Port. After all, no one is waiting for them at the bottom. Columbus will surely remain there on top of his enormous pedestal, stubbornly pointing an index finger toward the African coast, and he will do just fine without seeing them.

21:05 h

Paola de Grenet

Metro Catalunya

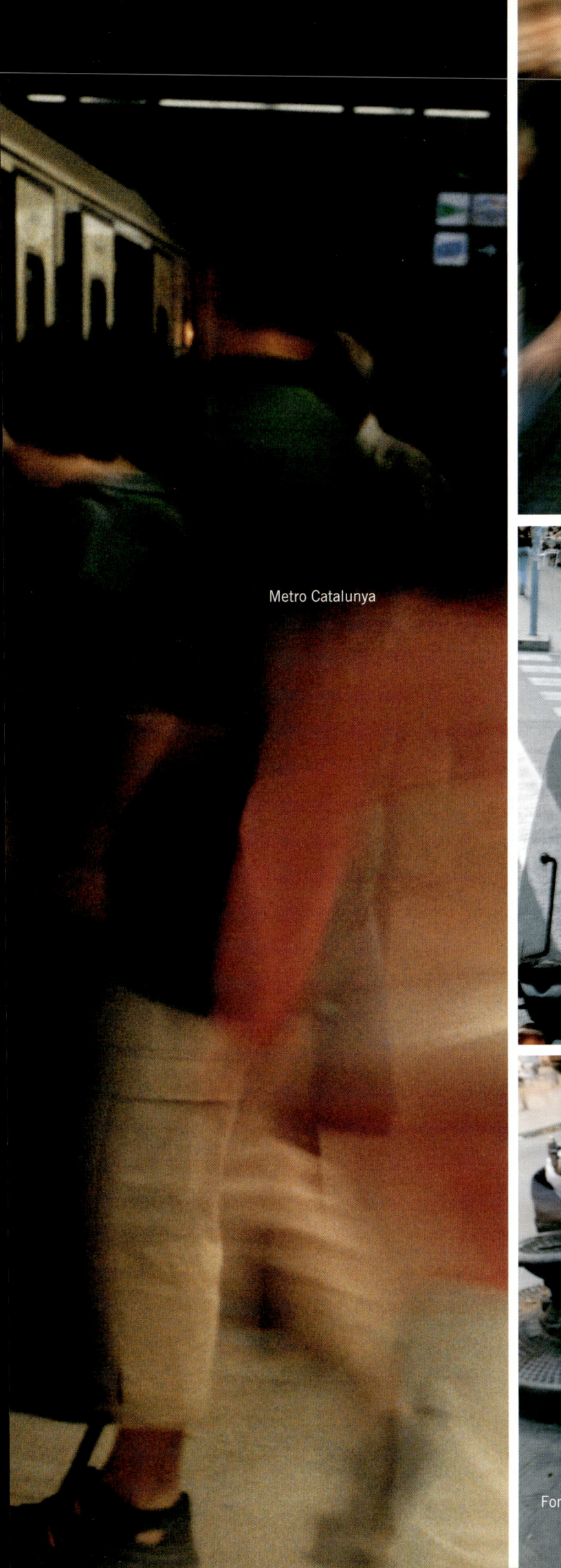

Font de Canaletes, Les Rambles

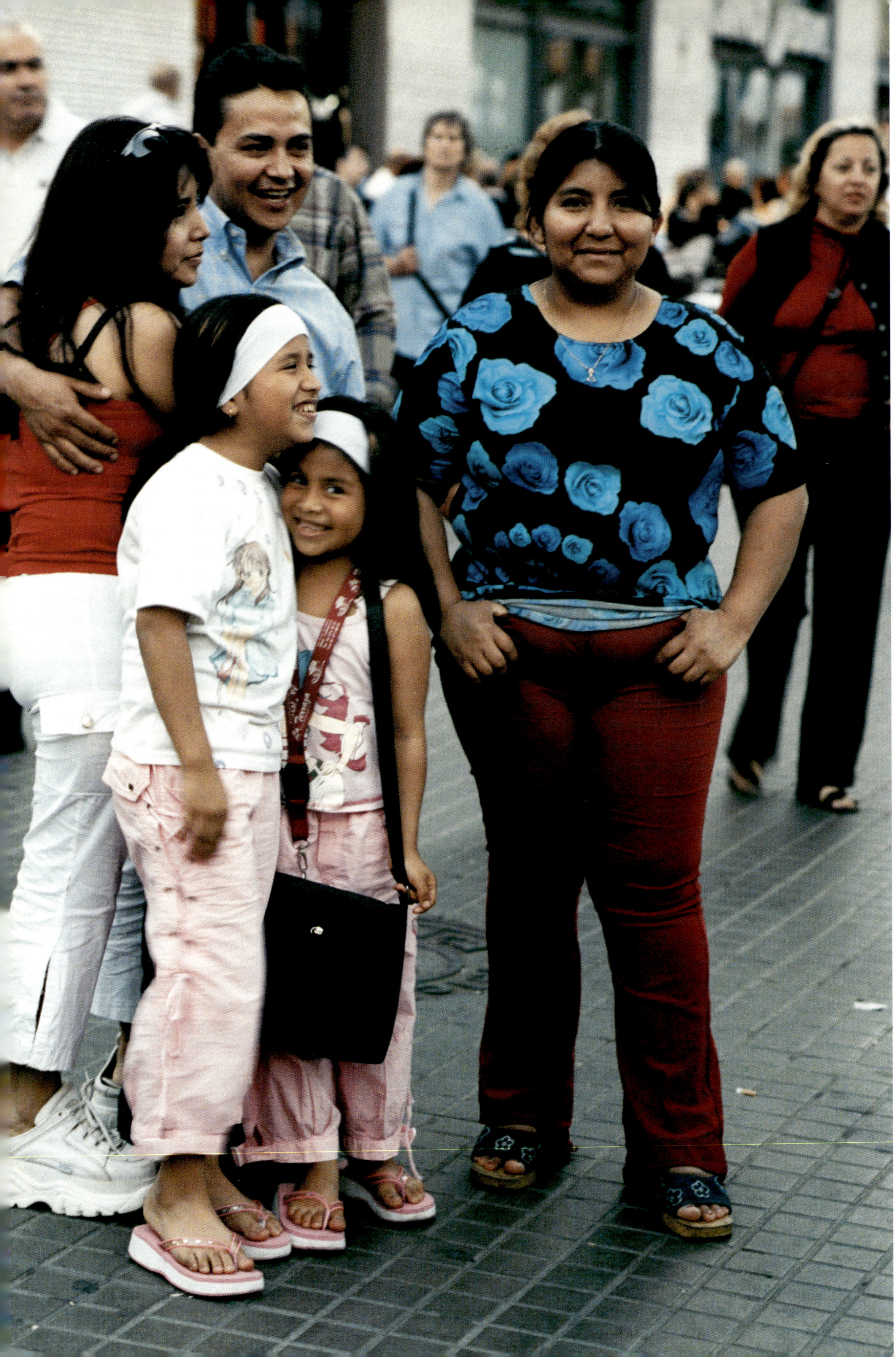

Plaça de Catalunya

21:22 h

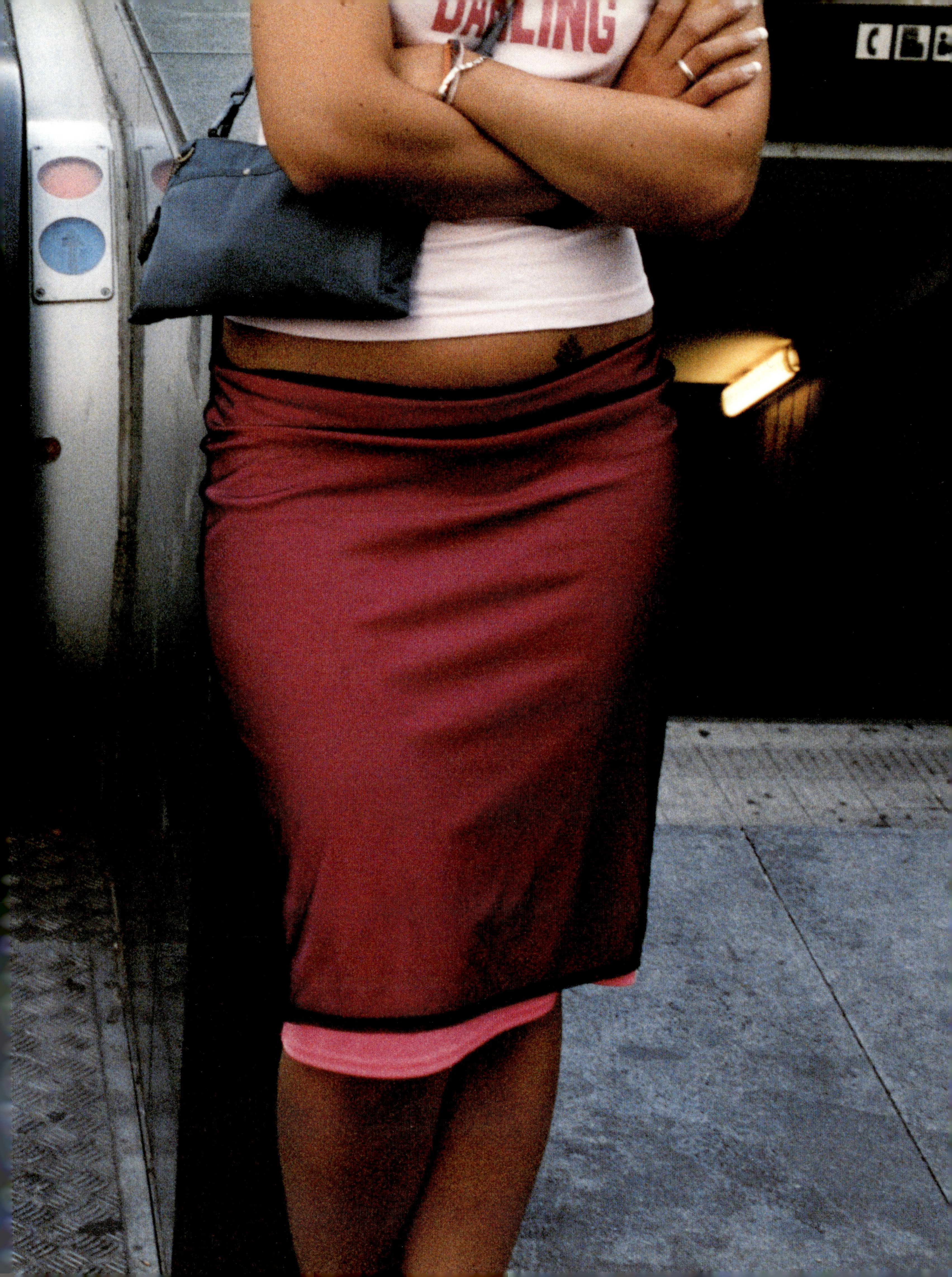

21:30 h

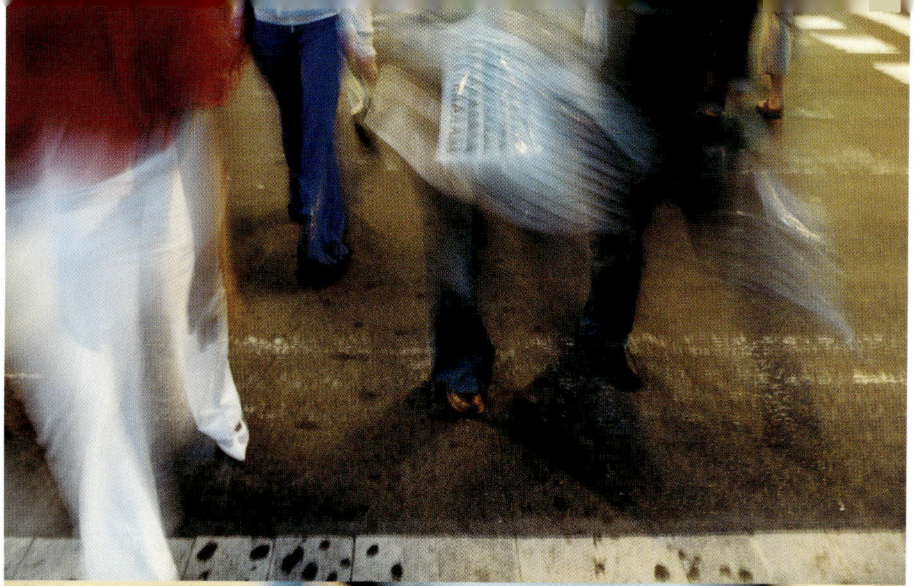
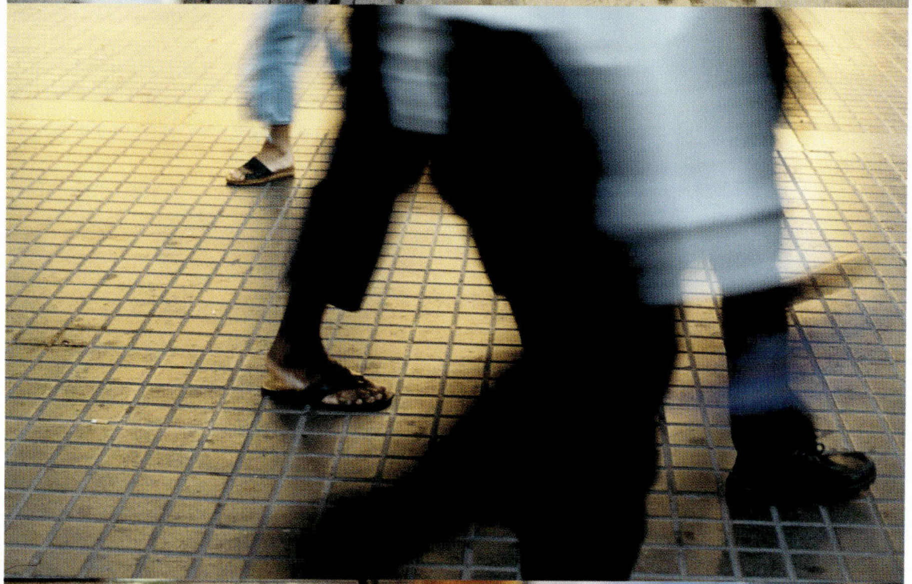
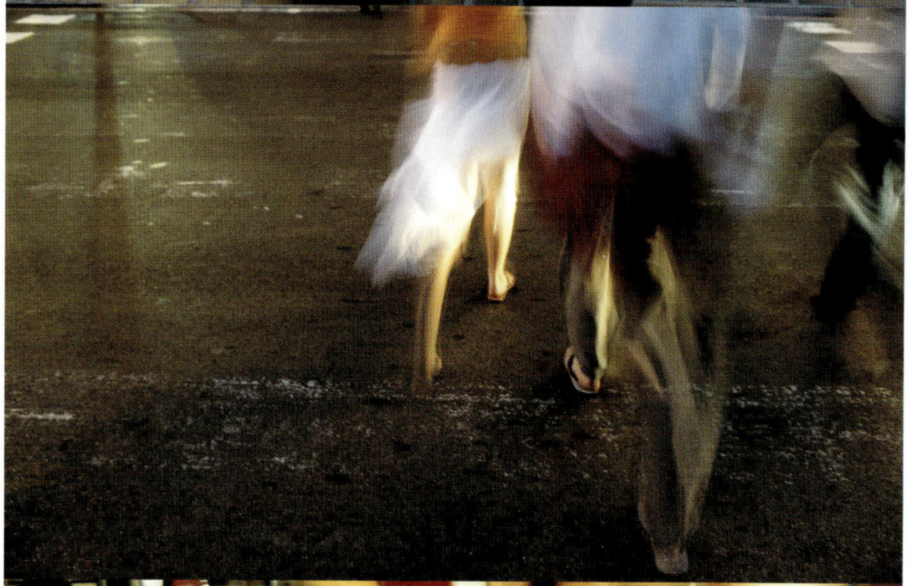
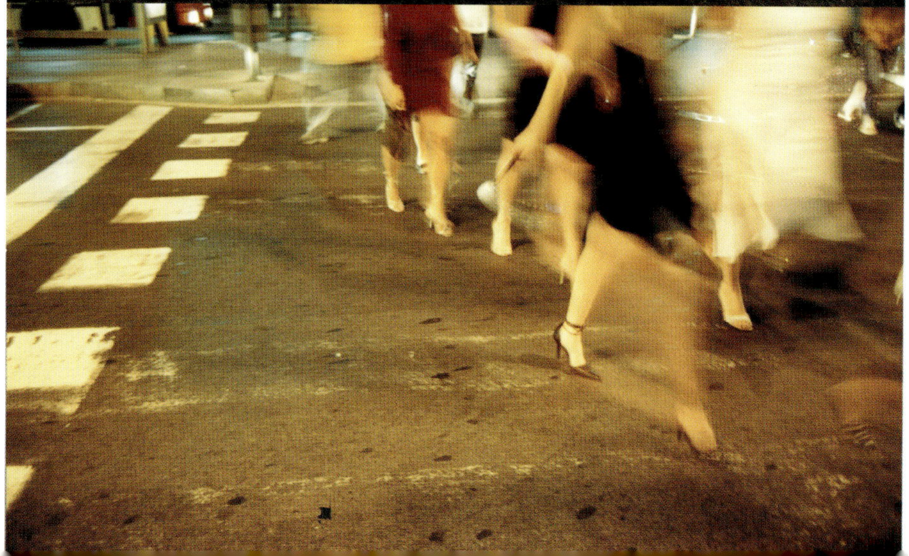

21:34 h

Plaça de Catalunya des del Corte Inglés

21:35 h

21:40 h

Davant del Corte Inglés

21:45 h

21:46 h

21:49 h

Boadas Cocktail Bar, carrer Tallers

21:50 h

21:57 h

22:00 h

22:00 h Rambla de Catalunya

23:00 h L'Auditori

22:00 h

22:01 h

Joan Barril

En Ferran s'ha tret el casc i aleshores ha sortit el millor d'ell. El casc ens converteix a tots en insectes. En Ferran em diu que moltes vegades, quan veu algun conegut creuant el carrer, ell aixeca la mà, però ningú no el reconeix. El casc és com el cap de la gamba o la clova del musclo. «És a dintre, on hi ha la veritat», diu en Ferran davant d'un platet de closques. En realitat tota la taula és plena de platets. Probablement, en aquesta manera de sopar a base de tapes, hi ha una estranya concelebració de l'abundància. De tot i poc. Tot el món comestible es troba al llarg de la barra, des dels productes del mar fins als del cel, des de les peces de l'hort fins a les de les soques dels boscos. En Ferran no para de demanar. Demana al cambrer i tot seguit un nou platet ve a posar-se damunt la taula. El paradís terrenal amb cassoles i fregidores. Poses la mà en un riu i et surt un peix, estires el braç cap a les branques d'un arbre i et cau una fruita. Si l'acte de menjar també és un plaer, un sopar de tapes és la culminació de la promiscuïtat gastronòmica. I la veritat: m'agradaria intimar més amb allò que haig de menjar. Ser-li una mica fidel, al plat, i que no m'obliguin a canviar quan tot just havia començat a conèixer-lo. Però en Ferran no em deixa entretenir gaire. Un sopar de tapes obliga a una certa rapidesa. Hi ha un moment en què cal dir prou i ens deixem endur per la negror del cafè i de la nit. Dalt de la moto m'arrepenjo sobre les seves espatlles i m'agafo a ell per la cintura. Amb el cap inclinat vaig deixant que els aparadors, amb les seves maniquís captives, m'envegin una mica. Elles, tan mudades, mai no podran sentir la sensació d'un corser mecànic que trenca la nit. A la llunyania, dalt de la carena de la muntanya, es veu com una mena de trident il·luminat que assenyala el cel. «És una església», diu en Ferran. «Un lloc on la gent hi va a resar per esborrar els pecats del món». Penso que potser és massa lluny per fixar-se en una ciutat de pecats petits. Tinc fred a les mans i li descordo un botó de la camisa mentre li dic que tinc fred a les mans i n'entaforo una entre la camisa i la pell. Sembla que ara la moto corri més. En Ferran canta i els taxistes ens miren. Els llums dels intermitents ens obren pas sota la gran volta vegetal dels arbres. Dalt de les cases veig flors de ferro i enormes xemeneies que han crescut a les teulades i que fan penetrar les seves arrels de sutge fins als pisos més baixos. Envejo la gent que deu viure a aquesta hora de la nit darrere els vidres il·luminats de les cases. Un plat de sopa, unes sabatilles conegudes, els petits petons de la gent que ja no s'estima ni molt ni gaire i la seguretat dels actes quotidians. La vida a cent per hora, però, no deixa que les finestres se'ns confiïn. Caldrà imaginar-les i pensar que tothom hi cap, en aquella moto.

De sobte els carrers s'han obert. En la distància, un edifici cilíndric acabat amb un con de punta arrodonida sembla que ens vigili. Una fragància d'herba dolça i mullada ens ha caigut al damunt. La plaça acull la nostra moto i els sons ens marquen una nova dimensió. Una campaneta d'un tramvia adormit, el dring d'una bicicleta que fa tard, els talons de les meves pròpies sabates sobre les rajoles, un lladruc d'un gos i l'ambulància que fa tancar els balcons. En Ferran i jo hem tret totes les mans d'allà on durant el viatge havien fet niu. Avancem cap a un casalot rectangular: «Sembla una caixa enorme», dic. I en Ferran respon: «Tens raó. És una enorme caixa de músiques».

Ferran se quita el casco y entonces surge lo mejor de él. El casco nos convierte a todos en insectos. Ferran me dice que muchas veces, cuando ve a alguien que conoce cruzando el semáforo, él saluda con la mano, pero nadie lo reconoce. El casco es como la cabeza de una gamba o la concha de un mejillón.
—La verdad está dentro —dice Ferran ante un plato de almejas. Lo cierto es que toda la mesa está cubierta de platitos. Supongo que esa forma de cenar de tapas esconde una extraña celebración de la abundancia. De todo y poco. Todo lo comestible se halla a lo largo de la barra, desde los productos del mar hasta los del cielo, desde los frutos del huerto hasta los de los troncos de los bosques. Ferran no para de pedir cosas. Se dirige al camarero y acto seguido aparece otro plato en la mesa. El paraíso terrenal con cazuelas y freidoras. Metes la mano en un río y sacas un pez, extiendes el brazo hacia las ramas de un árbol y cae una fruta. Si el acto de comer también es un placer, una cena de tapas es la culminación de la promiscuidad gastronómica. Aunque a decir verdad, me gustaría intimar más con lo que voy a comer; ser fiel al plato en lugar de que me obligasen a cambiar justo cuando empezaba a conocerlo. Pero Ferran no me deja entretenerme mucho. Una cena de tapas requiere cierta presteza. Llega el momento de decir basta y nos dejamos llevar por la negrura del café y de la noche. Subida a la moto me apoyo en su espalda y me agarro a él por la cintura. Con la cabeza inclinada voy dejando que los escaparates con sus maniquís cautivas me envidien un poco. Ellas, tan peripuestas, jamás sabrán qué se siente a lomos de un corcel mecánico que rompe la noche. En la lejanía, en lo alto de la cresta de la montaña, se ve una especie de tridente iluminado que señala el cielo.
—Es una iglesia —dice Ferran—. Un sitio al que la gente va a rezar para borrar los pecados del mundo.
Se me ocurre que tal vez esté demasiado lejos para fijarse en una ciudad de pecados veniales. Tengo frío en las manos y

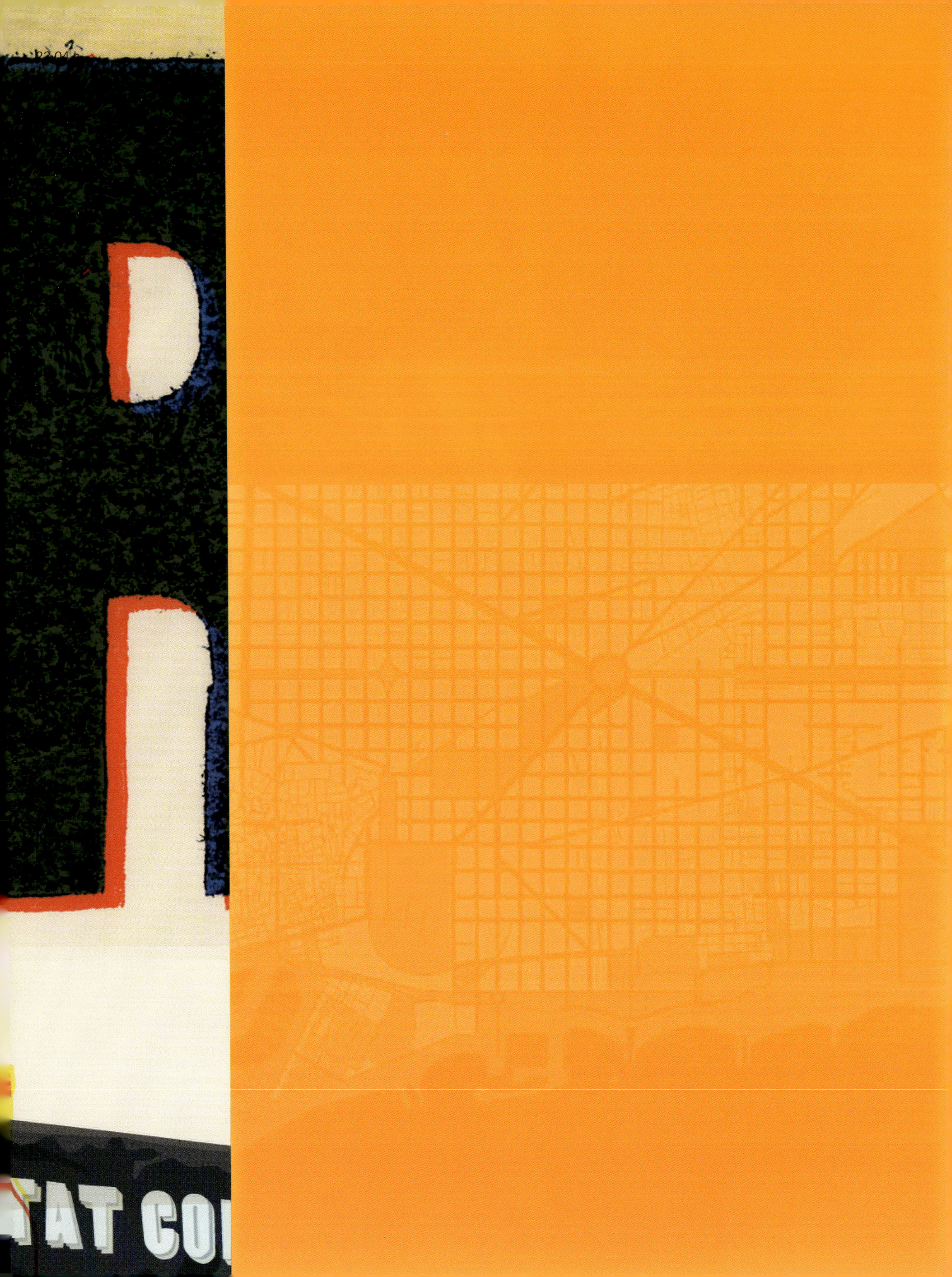

deslizo una entre la camisa y la piel. Parece que ahora la moto corre más. Ferran canta y los taxistas nos miran. Las luces de los intermitentes nos abren paso bajo el gran sendero vegetal de los árboles. En lo alto de los edificios veo flores de acero y chimeneas enormes que han crecido en los tejados y que prolongan sus raíces de hollín hasta los pisos más bajos. Envidio a las personas que viven a estas horas de la noche tras los cristales iluminados de las casas. Un plato de sopa, unas zapatillas conocidas, los besos tranquilos de quienes ya no se aman ni mucho ni poco y la seguridad de los actos cotidianos. Aunque la vida a cien por hora no deja que las ventanas nos confíen sus secretos. Habrá que imaginárselos y pensar que todo el mundo cabe en aquella moto.

De pronto las calles se han abierto. A lo lejos, un edificio cilíndrico acabado en un cono de punta redondeada parece vigilarnos. Una fragancia de hierba dulce y mojada nos empapa. La plaza acoge nuestra moto y los sonidos marcan una nueva dimensión. Una campanilla de tranvía adormilado, el timbre de una bicicleta que llega tarde, los tacones de mis zapatos sobre las baldosas, el ladrido de un perro y la ambulancia que obliga a cerrar los balcones. Ferran y yo hemos sacado las manos de los recovecos en los que se habían cobijado durante el viaje. Avanzamos hacia un caserón rectangular.

—Parece una caja enorme —digo.

Y Ferran responde:

—Es cierto. Es una enorme caja de música.

Ferran has taken off his helmet and now the best of him has come out. Helmets make all of us into insects. Ferran tells me that many times, when he's seen some acquaintance crossing at the traffic light, he raises his hand, but no one recognises him. A helmet is like the head of a prawn or the shell of a mussel. "The inside is where the truth is," says Ferran, facing a plate of shells. Actually, the whole table is full of little plates. There is probably a strange concelebration of abundance in this way of basing a whole dinner on tapas. Of a lot and a little. The whole edible world is found along the bar, from products of the sea to products of the sky, from garden vegetables to forest mushrooms. Ferran is ordering things non-stop. He asks the waiter, and immediately a new little plate gets put on the table. Earthly paradise with casseroles and fryers. You put your hand in a river and out comes a fish, you stretch your arm toward the branches of a tree and down comes a fruit. If the act of eating is a pleasure too, a dinner of tapas is the culmination of gastronomic promiscuity. The truth is, I'd like to be more intimate with what I have to eat. To be a little faithful to the dish and not be obliged to change just when I'm getting to know it. But Ferran doesn't let me dally very much. A tapas dinner requires a certain speed. There is a moment when we must finish and let ourselves be carried away by the blackness of coffee and night.

On the moped, I hang on to his shoulders and clutch him by the waist. With my head tilted, I let the display windows, with their captive mannequins, envy me a little. So muted, they will never be able to feel the sensation of a mechanical steed breaking up the night. A kind of illuminated trident can be seen in the distance, above the crest of the mountain, pointing toward the sky. "It's a church," says Ferran. "A place where people go to pray to erase the sins of the world." I think that may be focusing a bit far in a city of small sins. My hands are cold and I undo a button from Ferran's shirt, as I tell him that my hands are cold and I hide one between his shirt and his skin. It seems that the moped is going faster now. Ferran is singing and the taxi drivers are looking at us. The lights of the indicators let us through under the great vegetable vault of the trees. I see iron flowers above the houses and enormous chimneys that have grown into the roofs and have made their sooty roots penetrate down to the lowest flats. I envy the people that must be living behind the lit windows of the houses at this time of night. A bowl of soup, some well-worn slippers, the small kisses of people who no longer love each other too much or too little and the safety of daily actions. Life at one hundred kilometres an hour, however, keeps the windows from confiding in us. I must imagine them and think that the world fits on that moped.

The streets have suddenly opened up. A cylindrical building in the distance, finished with a round-ended cone, seems like it's watching us. A fragrance of sweet and wet grass has fallen on us. The square welcomes our moped and the sounds mark a new dimension for us. A little bell from a sleeping tram, the ring of a late bicycle, the heels of my own shoes on the tiles, the bark of a dog and the ambulance that makes the balconies break. Ferran and I have taken out all the hands from where they had made a nest during the journey. We advance toward a rectangular house: "It looks like an enormous box," I say. And Ferran answers: "You're right. It's an enormous music box."

22:12 h

Bar Ciudad Condal, rambla de Catalunya

22:25 h

Raar

CIUTAT COMTAL

22:26 h

DE
CARRER
VALENCIA
DIPUTACIO

22:29 h

Rambla de Catalunya

Fundació Antoni Tàpies, carrer d'Aragó

22:39 h

Casa Batlló, passeig de Gràcia

Rambla de Catalunya

22:53 h

22:58 h

Taquilles

22:59 h

L'Auditor

23:00 h L'Auditori

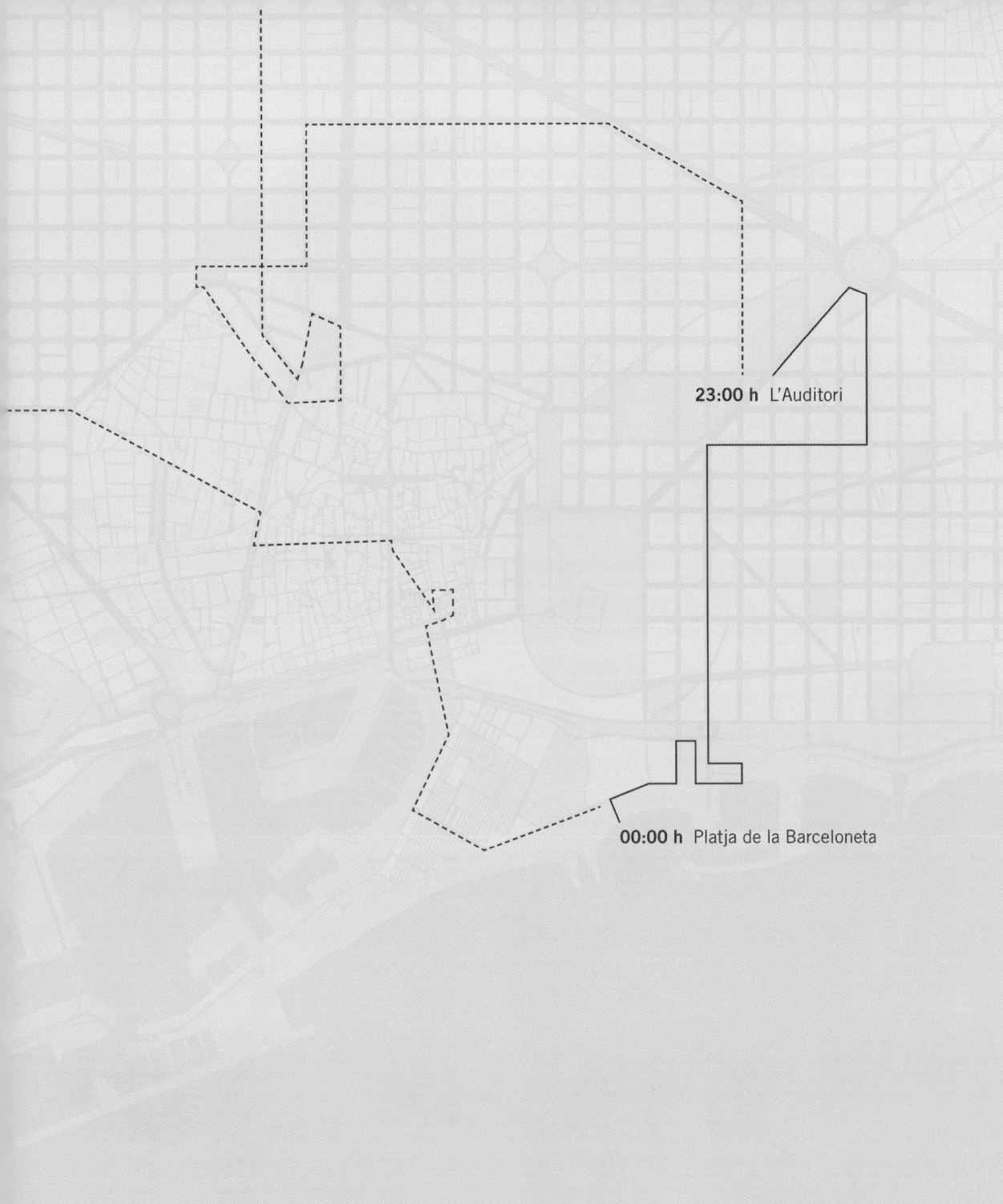

00:00 h Platja de la Barceloneta

23:05 h

Enrique de Hériz

Ara en Ferran circula més a poc a poc i m'assenyala coses pel camí. La moto fa soroll i tots dos portem casc. No és fàcil tenir una conversa així. Tanco els ulls. Se m'acudeixen coses estranyes. Per exemple: què diria en Ferran si ara mateix li fes una llepada al clatell? Res seriós, només una sorpresa humida. Just on s'acaba el casc, sota l'últim remolí que tracen els seus rínxols. Estrenyo una mica els braços, serro les cames. Així que baixem de la moto, davant l'auditori, ell es mira el rellotge i diu alguna cosa mentre es treu el casc. Només m'arriba clara la darrera paraula: *impluvium*.
—Vaja —li dic—, una paraula que t'entenc i ha de ser una llatinada.
—Dic que tenim temps de veure l'*impluvium*. És allò d'allà —m'assenyala—. I la llatinada no és culpa meva. Es diu així. Cal posar-s'hi a sota i mirar cap amunt.
Segueixo la direcció del seu dit allargat. Enmig de l'edifici s'alça una mena de túnel vertical amb els laterals recoberts de vidre il·luminat. Algú ha tingut la brillant idea de tancar el pas amb una filera de testos. No ens costa gaire colar-nos-hi. Miro cap amunt. És bonic. Encara en seria més si plogués, penso. Pregunto a en Ferran si serveix per a alguna cosa. Diu que, segons l'arquitecte que el va fer, és un homenatge arquitectònic a la música. Ah.
Hi ha molta gent davant l'entrada. Veig un munt de samarretes amb la imatge del Che Guevara, boines amb l'estel cubà, missatges revolucionaris. Ningú més es cola a l'*impluvium*. Confirmo que els revolucionaris de Barcelona són molt educats. A prop meu una parella jove es besa. Ella interromp el petó per dir:
—Si no canta *Ojalá*, el mato.
—No em diguis que m'has dut a un concert de Silvio Rodríguez.
—No. Nosaltres anem a un concert de cambra.
El concert no està malament. Agraeixo el silenci previ i el descans. No he parat en tot el dia. Tot és de fusta de faig. A casa meva també, però aquesta és de veritat. Estem lluny de l'escenari. Em concentro més en el públic que en la música. A l'intermedi, en Ferran suggereix la necessitat de repartir uns fulls amb aquest advertiment: «El fet que a les pauses entre un moviment i el següent estigui permès tossir no implica que sigui obligatori fer-ho». Quan s'acaba el concert, li demano que em porti a prendre un cafè. Creuem el carrer per entrar al Teatre Nacional. En arribar a la barra, dubto entre el cafè i una copa de cava. Demano les dues coses. M'impressiona l'edifici, l'enorme alçada envidriada dels vestíbuls. I em confirma el que sempre he pensat de la gran arquitectura pública moderna: quan ets a fora, et mors de ganes de veure com és per dins; quan ets a dins, el més interessant és la vista cap enfora. Allà hi ha la torre Agbar. Me n'havien parlat. Tota aquesta innovació vertical, penso, tot l'atreviment, la fantasia i... I si aquest edifici passa a la història, si de veritat fa arrels a la ciutat, serà per una paraula. Encara és massa d'hora per saber quina. Si fóssim a Buenos Aires, fa temps que la gent s'hi referiria amb el *carajo*. Aquí deurà ser alguna cosa més fina. En diran «membre», «penis» o «titola»? En Ferran m'explica que alguns proposen «supositori». Per descomptat, jo, així que torni a casa, divulgaré la llegenda que es diu Torre Agbar perquè, com tothom sap, aquesta paraula d'origen àrab antic s'utilitzava per designar el membre masculí. M'imagino l'ascensor: arriba a l'últim pis i tothom surt a corre-cuita perquè només un té dret a colar-se en el despatx de la direcció general que, sens dubte, deu tenir forma ovular.
Tots els bars del port olímpic són plens. Només en Ferran i jo passegem pels molls, entre els vaixells. Les seves mans continuen assenyalant on he d'aturar la mirada: dos gratacels que només podrien fer honor al seu nom si es posessin de puntetes. Un peix daurat. O una balena. No ho sé. No li faig gaire cas. Jugo a endevinar els noms dels vaixells. El pròxim es dirà *Altazor*; el següent, *Malespina*. No l'encerto mai. Ens n'anem de copes. Penso que ara sí, que en el pròxim semàfor li faré una llepada al clatell. Total, a aquestes hores ja sé que avui no dormiré.

Ferran circula ahora más despacio y va señalando cosas por el camino. La moto hace ruido y los dos llevamos casco. No es fácil tener una conversación así. Cierro los ojos. Se me ocurren cosas raras. Por ejemplo: ¿qué diría Ferran si ahora mismo le diera un lametón en el cogote? Nada serio, apenas una sorpresa húmeda. Justo donde termina el casco, debajo del último remolino que trazan sus rizos. Estrecho un poco los brazos, aprieto las piernas. Nada más bajar de la moto, delante de l'Auditori, él mira el reloj y dice algo mientras se quita el casco. Sólo me llega clara la última palabra: *impluvium*.
—Vaya —le digo—, para una palabra que te oigo, tenía que ser un latinajo.
—Digo que tenemos tiempo de ver el *impluvium*. Es eso de ahí —señala—. Y el latinajo no es culpa mía. Se llama así. Hay que ponerse debajo y mirar hacia arriba.
Sigo la dirección de su dedo estirado. En medio del edificio se alza una especie de túnel vertical con los laterales recubiertos de cristal iluminado. Alguien ha tenido la brillante idea de cerrar el paso con una hilera de macetas. Nos cuesta poco colarnos. Miro hacia arriba. Es hermoso. «Lo sería más si lloviera», pienso. Le pregunto a Ferran si sirve para algo. Dice que, según el arquitecto que lo hizo, es un homenaje arquitectónico a la música. Ah.

Hay mucha gente delante de la entrada. Veo un montón de camisetas con la efigie del Che Guevara, boinas con la estrella cubana, mensajes revolucionarios. Nadie más se cuela en el *impluvium*. Confirmo que los revolucionarios de Barcelona son muy educados. Cerca de mí se está besando una pareja joven. Ella interrumpe el beso para decir: «Si no canta *Ojalá*, lo mato».
—No me digas que me has traído a un concierto de Silvio Rodríguez.
—No. Nosotros vamos a un concierto de cámara.
No está mal el concierto. Agradezco el silencio previo y el descanso. No he parado en todo el día. Todo es madera de haya. En mi casa también, pero ésta es de verdad. Estamos lejos del escenario. Me concentro más en el público que en la música. En el intermedio, Ferran sugiere la necesidad de repartir folletos con esta advertencia: «El hecho de que en las pausas entre un movimiento y el siguiente esté permitido toser no implica que sea obligatorio hacerlo». Terminado el concierto, le pido que me lleve a tomar un café. Cruzamos la calle para entrar en el Teatre Nacional. Al llegar a la barra, dudo entre el café y una copa de cava. Pido las dos cosas. Me impresiona el edificio, la enorme altura acristalada de sus vestíbulos. Y me confirma algo que siempre he pensado de la gran arquitectura pública moderna: cuando estás fuera, te mueres de ganas de ver cómo es por dentro; cuando estás dentro, lo más interesante es la vista hacia fuera. Ahí está la torre Agbar. Me habían hablado de ella. Toda esa innovación vertical, pienso, todo el atrevimiento, la fantasía, y... Y si ese edificio pasa a la historia, si de verdad echa raíces en la ciudad, será por una palabra. Aún es pronto para saber cuál. Si estuviéramos en Buenos Aires, hace tiempo que la gente se referiría a él como «el carajo». Aquí será algo más fino. ¿Lo van a llamar «miembro», «pene», «minga»? Me cuenta Ferran que algunos proponen «supositorio». Desde luego yo, en cuanto vuelva a casa, divulgaré la leyenda de que se llama torre Agbar porque, como todo el mundo sabe, esa palabra de origen árabe antiguo se usaba para designar el miembro masculino. Imagino el ascensor: llega al último piso y sale todo el mundo a la carrera porque sólo uno tiene derecho a colarse en el despacho de la dirección general, que sin duda tendrá forma ovular.
Todos los bares del puerto olímpico están llenos. Ferran y yo somos los únicos que paseamos por los pantalanes, entre los barcos. Sus manos siguen señalando dónde debo posar la mirada: dos rascacielos que sólo podrían hacer honor a su nombre si se pusieran de puntillas. Un pez dorado. O una ballena. No sé. No le hago mucho caso. Estoy jugando a adivinar los nombres de los barcos. El próximo se llamará *Altazor*; el siguiente, *Malespina*. No acierto nunca. Nos vamos de copas. Pienso que ahora sí, que en el próximo semáforo le daré un lametón en la nuca. Total, a estas horas ya sé que hoy no voy a dormir.

Ferran is driving slower now and pointing things out along the way. The moped is noisy and we're both wearing helmets. It's not easy to have a conversation like this. I close my eyes. Strange things occur to me. For example: what would Ferran say if I licked the back of his neck right now? Nothing serious, hardly a wet surprise. Right where his helmet ends, under the last whorl of his curls. I stretch my arms a little, squeeze my legs together.
As soon as we get off the moped, in front of the Auditori, he looks at his watch and says something as he takes off his helmet. I only get the last word: *impluvium*.
"Well," I say to him, "from the one word I heard, it sounds like bad Latin."
"I said we have time to see the *impluvium*. It's that thing over there," he says, pointing. "And the bad Latin isn't my fault; that's what it's called. You have to stand underneath and look up."
I follow the line of his outstretched finger. In the middle of the building a kind of vertical tunnel rises up, its sides covered with illuminated glass. Someone had the bright idea to close off the way with a line of plant pots. It's not hard for us to cut in through them. I look up. It's beautiful. It would be more so if it rained, I think. I ask Ferran if it has some use. He says that according to the architect who made it, it's an architectural homage to music. Right!
There are many people in front of the entrance. I see a bunch of shirts with images of Che Guevara, berets with the Cuban star, revolutionary messages. No one else cuts into the *impluvium*. I am convinced of the Barcelona revolutionaries' good manners. A young couple is kissing near me. She interrupts the kiss to say, "If he doesn't sing *Ojalá*, I'm going to kill him."
"Don't tell me you brought me to a Silvio Rodríguez concert."
"No. We're going to a chamber concert."
The concert isn't bad. I am grateful for the silence before it and the rest. I have been going non-stop all day. Everything is beechwood, like my house, but this wood is real. We are far from the stage. I concentrate more on the audience than on the music.
At the interlude, Ferran suggests the need to distribute leaflets with this word of advice: "The fact that one can cough in the pauses between movements does not imply that it is necessary to do so." When the concert is over, I ask him to take me out for coffee. We cross the street to go into the National Theatre.

When we get to the bar, I can't decide between coffee and a glass of cava. I order both. I'm impressed by the building, the enormous glassed-in height of its lobbies. And it confirms something for me that I have always thought about great modern public architecture: when you are outside it, you're dying to see what it's like on the inside; when you're inside, the view outside is the most interesting thing. There's the Agbar tower. I've heard about it. All that vertical innovation, I think, all the daring, the fantasy, and… And if this building becomes a part of history, if it really takes root in the city, it will be because of a word. It's too soon to know which one. If we were in Buenos Aires, the people would already have been referring to it as "the dick". Here it will be something more refined. Will they call it "member"? Penis? Prick? Ferran tells me that some are suggesting "suppository". Of course, as soon as I get home I'm going to spread around the legend that it's called the Agbar Tower because, as everyone knows, Agbar is an ancient Arabic word that was used to denote the male genitalia. Imagine the lift: it gets to the top floor and everyone hurries out because only one can make it into the managing director's office, which will undoubtedly be egg-shaped.

All the bars in the Olympic Port are full. Only Ferran and I are walking along the quays, among the boats. His hands continue pointing out where I should be looking: two skyscrapers that could only honour their name if they stood on tiptoe. A goldfish. Or a whale. I don't know. I'm not paying much attention. I'm playing at guessing the names of the boats. The next one will be *Altazor*, and the one after that, *Malespina*. I don't get one right. We set off for drinks. I think that now, at the next traffic light, I'll give him a lick on the neck. After all, by this time I know I'm not going to be getting any sleep tonight.

23:14 h

23:17 h

Heike Lohneis

23:18 h

23:19 h

23:28 h

23:29 h

Teatre Nacional de Catalunya

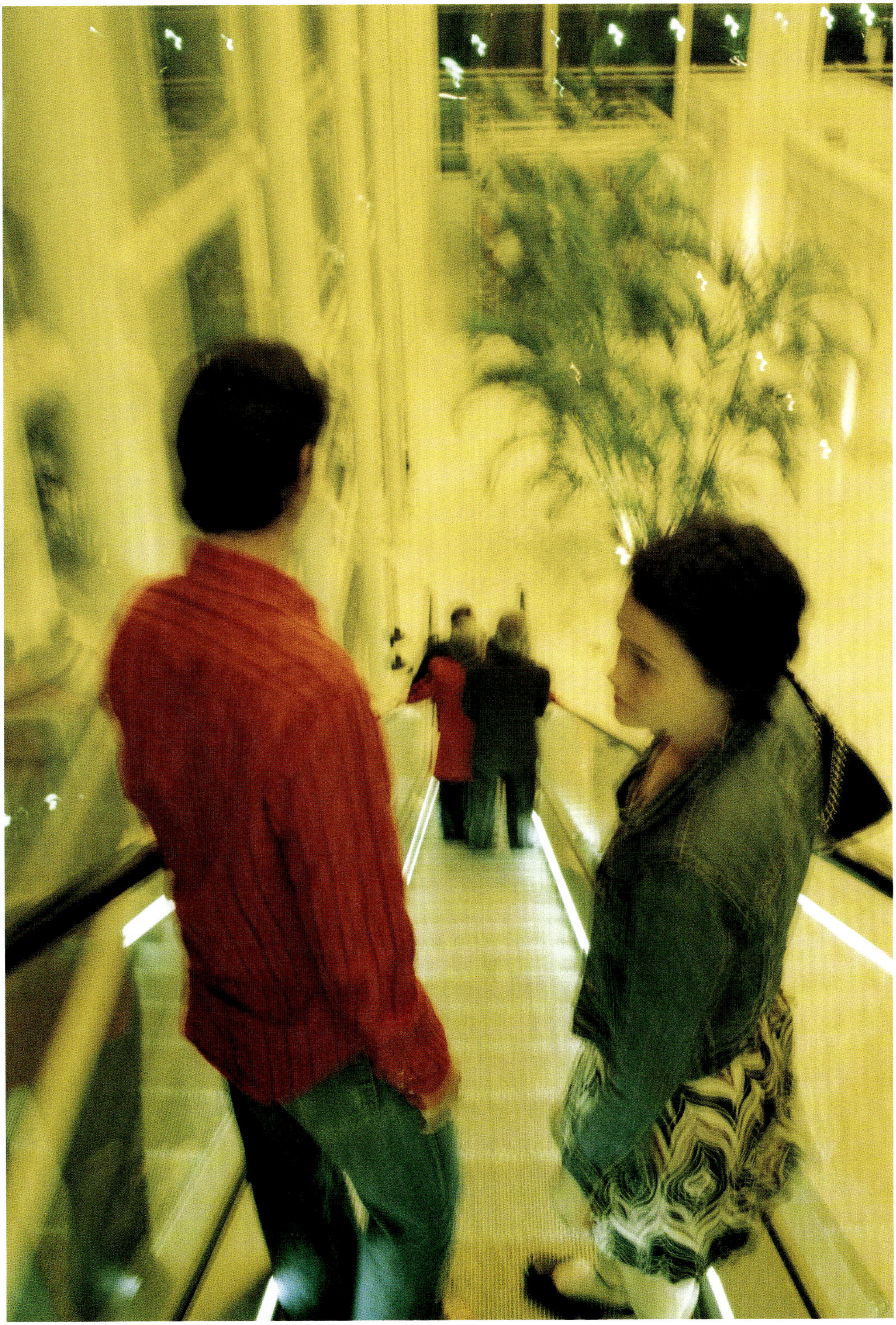

23:34 h

23:35 h

23:38 h

23:39 h

Carrer de la Marina

23:42 h

Port Olímpic

23:45 h

23:50 h

Platja de la Barceloneta

23:55 h

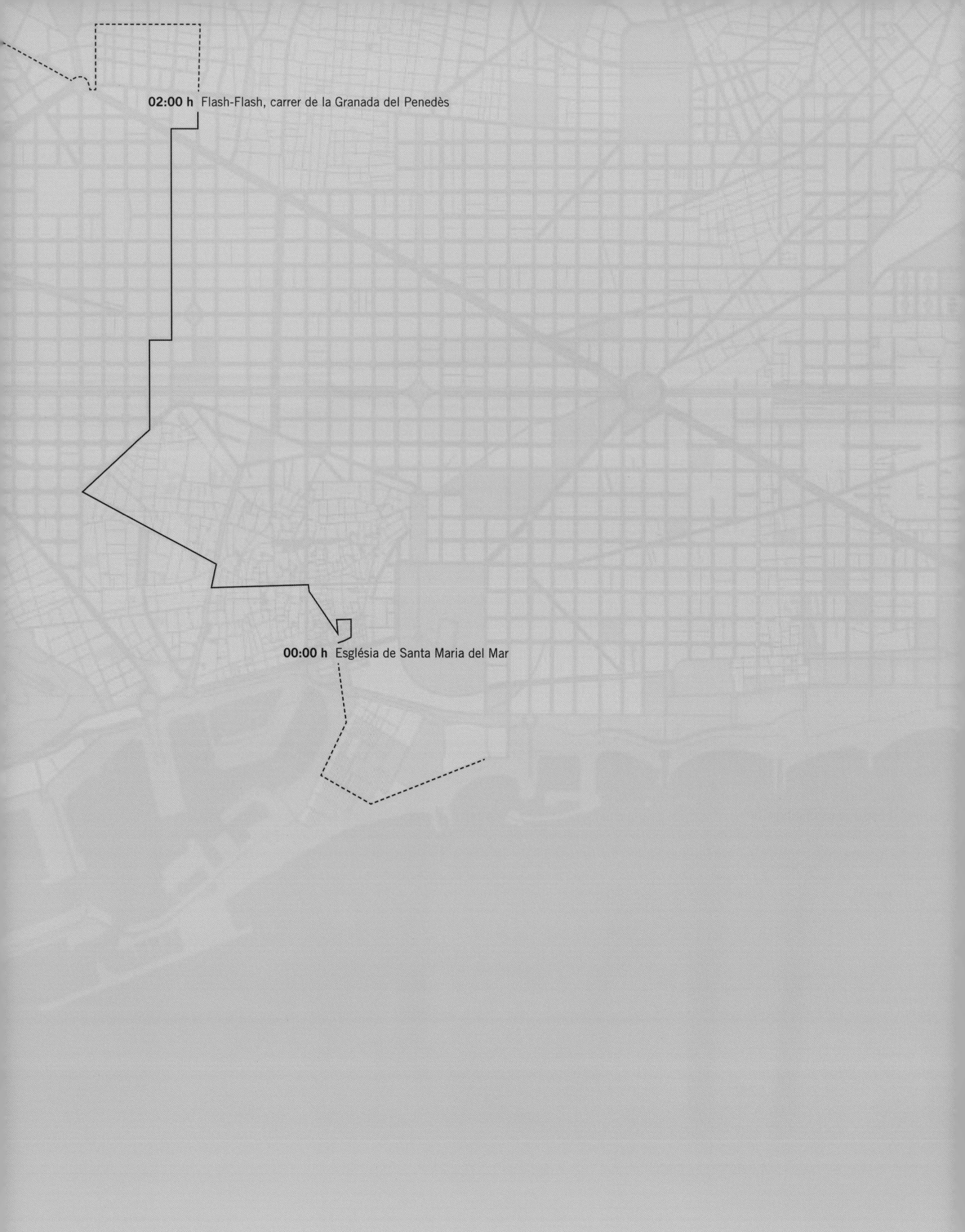

02:00 h Flash-Flash, carrer de la Granada del Penedès

00:00 h Església de Santa Maria del Mar

Francisco Casavella

Fatiga absoluta, demoníaca. Aquesta ciutat és un vesper i els seus habitants, vespes. Petits, però brunzents, infatigables. Tan diferents, en fi, als de la seva Escòcia. Les muntanyes de Cairngorm... Al vespre, a les Rambles, quan aquella sensació de pànic nostàlgic ha començat a apoderar-se de la seva ment amb estranya subtilesa, la Julie ha vist dos germans de l'Església de Jesucrist dels Sants dels Últims Dies que es purificaven en la seva constància missionera. Ha tingut ganes de córrer cap a ells i dir-los: «He pecat!». Però la vergonya ha vençut la seva dèbil voluntat i la veu del Senyor no s'ha deixat sentir amb nitidesa. I en Ferran... Aquesta sensació (i altres) ja les havia viscudes abans a Mallorca. Així que la nit es referma, vespes i abellots s'injecten alcohol i luxúria a la sang dels quatre mil omatidis dels seus ulls compostos i voletegen amb un únic propòsit: ella, la Julie. Ni tu, Ferran, insignificant himenòpter, ni cap altre, em clavarà l'agulló. Aquesta catedral antiga està començant a moure's.

Fins fa un moment han recorregut una colla de bars on un Ferran ja sense màscara intentava dur a terme una transacció il·legal amb uns vells que miraven la Julie d'una manera desagradable, i amb una boca sense dents i veu d'ogre assajaven aproximacions a «*How do you do*, xata?». Ara sap perquè la catedral balla la conga i tots els cambrers li semblen argentins, que en Ferran ha posat alguna cosa a la seva Pepsi-Diet quan ella es moria de por en el Born *to be alive*, establiment que es distingia del Born, del Reborn, del Subborn i del Borneo on els habituals feia una setmana que no dormien. A un se li ha caigut un ull. O no. Pot ser que només sigui el cansament, que el rosetó de la catedral no es desfiguri en una lluerna multicolor que forma imatges de la MTV (un clip de la nit en què els seus pares la van concebre), ni que de les portalades antigues, vestits com George Washington, en surtin uns tipus amb benes ensagnades al cap que criden encisats: «El Borbó s'apropa!».

—Existeix cap empresa hotelera en aquesta petita i encantadora configuració urbana d'esbarjo que respongui al nom de Borborn? —pregunta la Julie.
—No. Què et sembla si anem a casa meva? —nega i després pregunta, en Ferran.
Serà porc, el fill de puta. Si no fos perquè vol veure sortir el sol a la ciutat, que l'ànsia de llum es torna imprescindible, que no coneix ningú més en aquest infern, diria a en Ferran que el bombessin. Mira les altres taules d'aquella terrassa i sent els *¡Che, qué loco!* que s'intercanvien els habituals i enyora la fraternitat d'anys, aquelles reunions mormones amb els pastissets i les històries a la vora del foc de quan l'àngel Moroni es va aparèixer a Joseph Smith. Ha de tornar a casa.

—Flash-Flash? —pregunta en Ferran.
—Molt en abundància —contesta la Julie. I afegeix:
—Potser exagerat...
En Ferran riu i explica que es refereix a un altre bar, en una altra zona. Els ulls d'en Ferran tornen a semblar els d'un ésser humà quan intenta excusar-se: potser a la Julie no li agrada aquell barri, és possible que la intimidin el pes dels segles i els àgils costums dels nadius. En Ferran sap ser sensible quan vol. Ha entès que ella no és com aquelles. Quan s'aixeca i caminen cap a la moto, la Julie l'agafa del braç, una pressió que és delicada sense ser insinuant, per transmetre sense paraules que ja ha fet un bon tros de viatge, que està sola i cansada. En Ferran assenteix i comprèn, i com que comprèn, la Julie explica part de les sensacions horribles que l'han assetjada fa just un moment. I en Ferran continua assentint i comprenent.

Ja deixen aquella zona portuària empesos per la brisa marina. Uns gats miolen per acomiadar-los. Amb certa sornegueria, en Ferran explica que ell també ha sentit els miols, que no s'amoïni. I mentre van ciutat amunt, i la brisa marina es congela al voltant de la Julie, encara que només ho sap ella, en Ferran fa broma sobre allò que treu el cap per una cantonada de l'Eixample: un altre gat. I quan arriben al Flash-Flash, en Ferran ja fa broma amb la idea que la fama de la Julie ha arribat molt lluny i les típiques fotògrafes trigèmines l'esperen per immortalitzar-la. La Julie vol somriure, però no pot. Quan veu el seu rostre de marbre, aquella expressió de desconsol absolut, en Ferran comença a riure, sense fre, fora de si. Perquè en Ferran sap que la Julie també ha vist que un d'aquells gats portava un ull humà entre les dents...

Fatiga absoluta, demoníaca. Esta ciudad es un avispero y sus habitantes avispas. Pequeños, pero zumbantes, infatigables. Tan distintos, en fin, a los de su Escocia natal. Las montañas de Cairngorm... Al atardecer, en las Ramblas, cuando esa sensación de pánico nostálgico ha empezado a apoderarse de su mente con extraña sutileza, Julie ha visto a dos hermanos de la Iglesia de Jesucristo de los Santos de los Últimos Días que se purificaban en su constancia misionera. Ha tenido ganas de correr hacia ellos y decirles: «¡Pecado he!». Pero la vergüenza ha podido con su débil voluntad y la voz del Señor no se ha dejado escuchar con nitidez. Y Ferran... Esta sensación (y otras) ya las había vivido antes en Mallorca. En cuanto la noche se afianza, avispas y avispones inyectan en sangre, alcohol y lujuria los cuatro mil omatidios de sus ojos compuestos y revolotean con un solo propósito: ella, Julie. «Ni tú, Ferran, insignificante hymenóptero, ni ningún otro me clavará el aguijón.»

00:01 h

Esa catedral antigua está empezando a moverse.
Hasta hace un momento, han recorrido una serie de bares donde un Ferran ya sin máscara intentaba llevar a cabo una transacción ilegal con unos viejos que miraban a Julie de un modo desagradable, y con una boca sin dientes y voz de ogro ensayaban aproximaciones a «*How do you do*, chata?». Ahora sabe, porque la catedral baila la conga y todos los camareros se le antojan argentinos, que Ferran le ha metido algo en su Pepsi-Diet cuando ella se moría de miedo en el «*Born to be alive*», establecimiento que se distinguía del Born, del Reborn, de Subborn y del Borneo en que los habituales llevaban una semana sin dormir. A uno se le ha caído un ojo. O no. Puede que sólo sea el cansancio, que el rosetón de la catedral no se desfigure en un celaje multicolor que forma imágenes de la MTV (un clip de la noche en que sus padres la concibieron), ni que de los antiguos portalones, vestidos como George Washington, salgan unos tipos con vendas ensangrentadas en la cabeza que gritan hechizados: «*El Borbó s'apropa!*».
—¿Existe empresa hostelera alguna en este pequeña y encantadora configuración urbana de esparcimiento que responda al nombre de Borborn? —pregunta Julie.
—No ¿Qué tal si vamos a mi casa? —niega y pregunta a su vez Ferran.
«Será guarro, el hijo puta.» Si no fuera porque quiere ver amanecer en la ciudad, que el ansia de luz se vuelve imprescindible, que no conoce a nadie más en este infierno, le diría a Ferran que lo zurcieran. Mira las otras mesas de esa terraza y oye los «*¡Che, qué loco!*» que se cruzan los habituales y añora la fraternidad de años, aquellas reuniones mormonas con sus pastas y sus historias junto al fuego de cuando el Ángel Moroni se apareció a Joseph Smith. Tiene que volver a casa.
—¿Flash-Flash? —pregunta Ferran.
—Mucho en abundancia —contesta Julie. Y añade—: Quizá exagerado...
Ferran se ríe y le explica que se refiere a otro bar, en otra zona. Los ojos de Ferran vuelven a parecer los de un ser humano cuando intenta excusarse: quizá a Julie no le guste ese barrio, es posible que la intimiden el peso de los siglos y las ágiles costumbres de los nativos. Ferran sabe ser sensible cuando quiere. Ha comprendido que ella no es una de ésas. Cuando se levanta y caminan hacia la moto, Julie coge del brazo a Ferran, una presión que es delicada sin ser insinuante, para transmitir sin palabras que lleva mucho tiempo de viaje, que está sola y cansada. Ferran asiente y comprende, y porque comprende Julie explica parte de las sensaciones horribles que le han acosado un momento antes. Y Ferran sigue asintiendo y comprendiendo. Dejan ya esa zona portuaria empujados por la brisa marina. Unos gatos maúllan para despedirles. Con cierta socarronería, Ferran admite que él también ha oído los maullidos, que no se preocupe. Y, mientras suben la ciudad y la brisa marina se congela en torno a Julie, aunque sólo ella lo sabe, Ferran bromea sobre algo que se asoma a una esquina del Eixample: otro gato. Y cuando llegan al Flash-Flash, Ferran se mofa diciendo que la fama de Julie ha llegado muy lejos y las típicas fotógrafas trillizas la están esperando para inmortalizarla. Julie quiere sonreír, pero no puede. Al ver su rostro de mármol, esa expresión de absoluto desconsuelo, Ferran empieza a reír, sin freno, desquiciado. Porque Ferran sabe que Julie también ha visto que uno de aquellos gatos llevaba un ojo humano entre los dientes. Fatigue demonic, absolute. This city is a wasp's nest, its denizens wasps. Small but humming, indefatigable. So different, in short, from those in her native Scotland. The Cairngorm mountains... At dusk, on the Rambles, when that sensation of nostalgic panic had begun to take possession of her mind with a strange subtlety, Julie had seen two brothers from the Church of Jesus Christ of Latter-day Saints purifying themselves with their missionary perseverance. She had wanted to run toward them and say to them "I have sinned!" But shyness got the better of her weak will and the voice of the Lord would not let itself be clearly heard. And Ferran... She had already felt this sensation (and others) in Majorca. As the night sets in, wasps and hornets inject the four thousand ommatidia of their compound eyes with blood, alcohol and lust and flit about with one sole purpose: she, Julie. Not you, Ferran, you insignificant hymenopter, nor any other will get his sting into me. That old cathedral is beginning to move.
Until a moment ago, they had been round a series of bars where an unmasked Ferran tried to carry out an illegal transaction with some old men who looked at Julie in an unpleasant way, rehearsing approximations of, "*Cómo estás*, little girl?" with toothless mouths and ogre's voices. Now she knows, because the cathedral is doing the conga and all the waiters look to her like Argentines, that Ferran put something in her Diet Pepsi when she was dying of fear in "Born To Be Alive", an establishment that distinguished itself from the Born, Reborn, Subborn and Borneo in that its regulars had all gone a week without sleeping. One of them was missing an eye. Or perhaps not. It could be just tiredness. It could be that the rose window in the cathedral is not twisting itself into a sunset sky forming images from MTV (a video of the night she was conceived), and guys with bloody bandages round their heads, dressed like George Washington, are not coming out of great old gates crying, spellbound, that "The Bourbon is coming!"
"Is there an innkeeping sort of establishment in this small and enchanting urban amusement centre that answers to the name of Borborn?" asks Julie.
"No. How about we go to my place?" Ferran answers and asks at the same time.
He must be a pig, the son of a bitch. If it wasn't for wanting to see dawn in the city, for the longing for light that had become an imperative, for not knowing anyone else in this hell, she would tell Ferran to get lost. She looks at the other tables on that terrace and hears the cries of "*Che, qué loco!*" between the regulars and she yearns for the brotherhood of years past, those Mormon meetings with their sweets and their stories by the fire of when the Angel Moroni appeared to Joseph Smith. She has to go home.
"Flash-Flash?" asks Ferran.
"Oh, so much," Julie answers. And she adds, "Maybe I exaggerate..."

Ferran laughs and explains he was referring to another bar, in another neighbourhood. Ferran's eyes go back to looking like a human being's when he tries to apologise: maybe Julie doesn't like this neighbourhood, maybe the weight of the centuries or the flexible customs of its natives intimidate her. Ferran knows how to be sensitive when he wants to be. He understands that she isn't one of them. When she gets up and they walk to the moped, Julie takes Ferran's arm, a pressure that is delicate without being suggestive, to transmit wordlessly that she's carrying a lot from the trip, that she is alone and tired. Ferran agrees and understands her, and because he understands, Julie explains some of the horrible sensations that were hounding her a moment before. And Ferran continues agreeing and understanding her.

Now they leave the port neighbourhood, pushed by the sea breeze. Some cats miaow at them to say goodbye. With a certain sarcasm Ferran explains that he too heard the miaowing, so she shouldn't worry. And, as they go up through the city and the freezing sea breeze blows around Julie, although only she is aware of it, Ferran jokes about something that pops up on a corner in the Eixample: another cat. And when they get to Flash-Flash, Ferran jokes around with the idea that Julie's fame has spread far and wide, and the typical triplet photographers are waiting to immortalise her. Julie wants to smile, but she can't. When he sees her sheet-white face, that expression of absolute distress, Ferran begins to laugh, endlessly, deranged. Because Ferran knows that Julie saw it too, that one of those cats carried a human eye between its teeth.

Carrer dels Flassaders cantonada carrer Cirera

00:51 h

RE BORN

KAVEH ABADANI
FLASSADERS 32

Fran Barquero

00:58 h

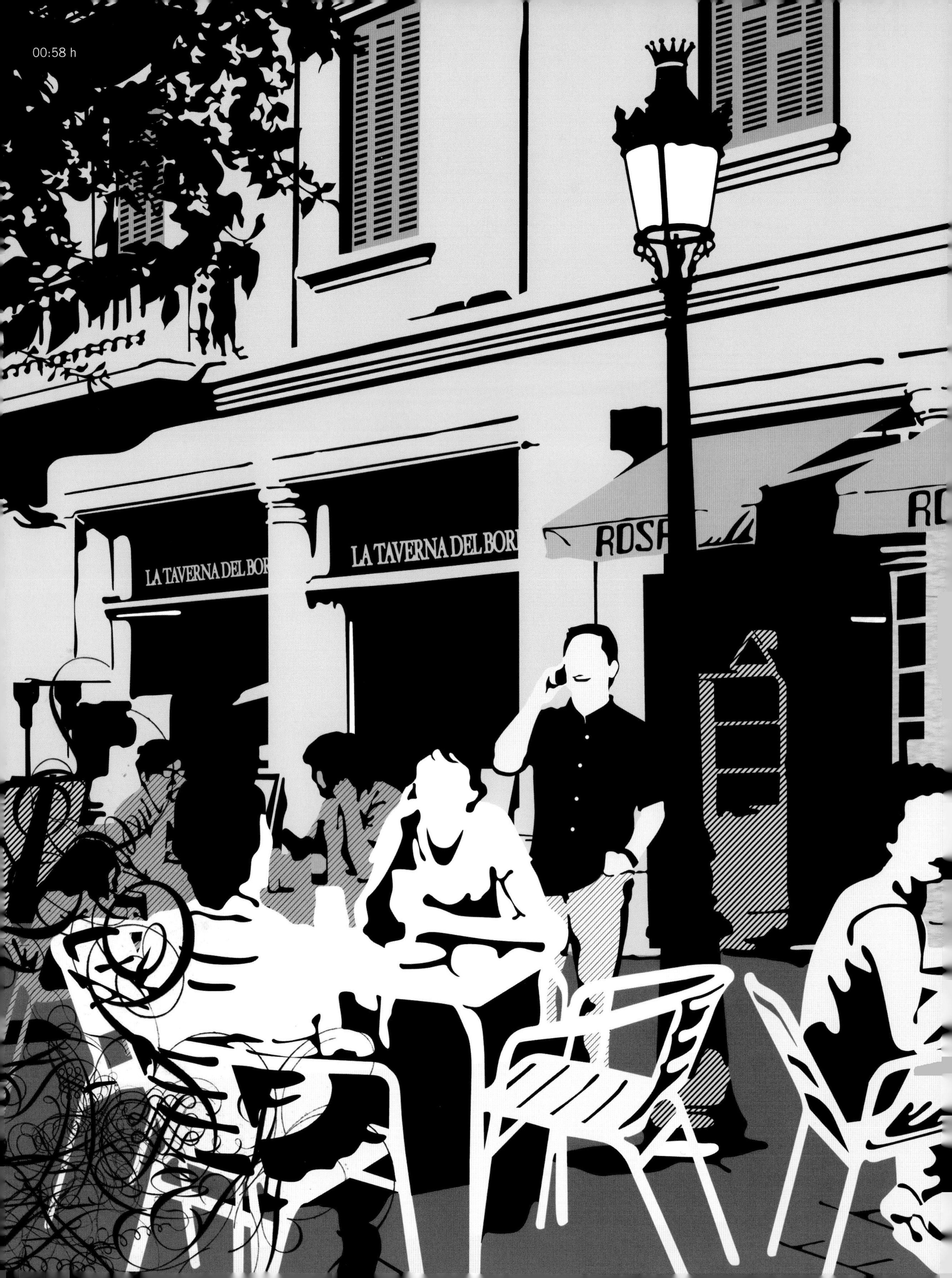

Passeig del Born

PASSEIG DEL BORN

PLAÇA COMERCIAL

01:01 h

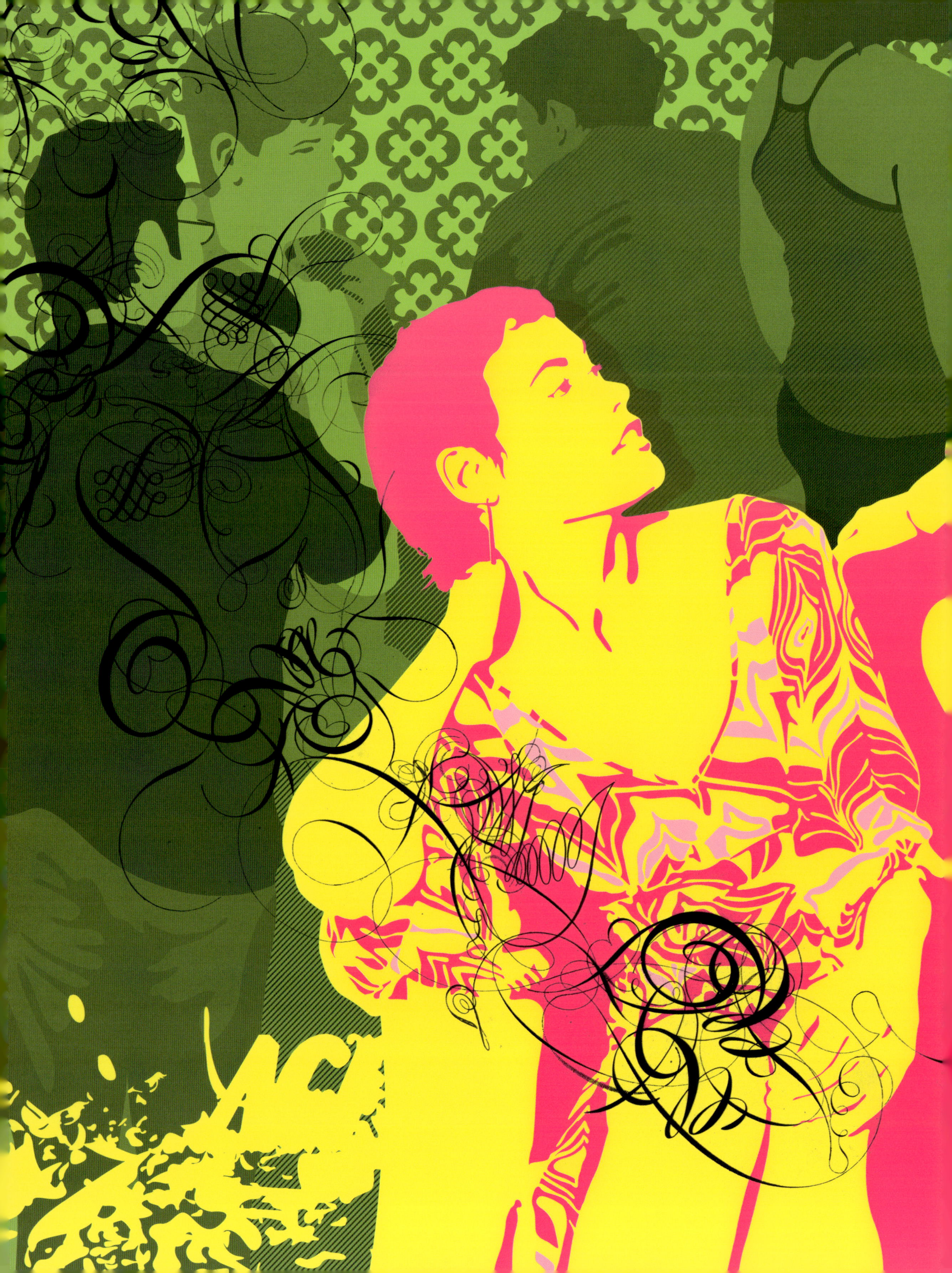

01:29 h

PLAÇA
DE
SANTA MARIA

01:37 h

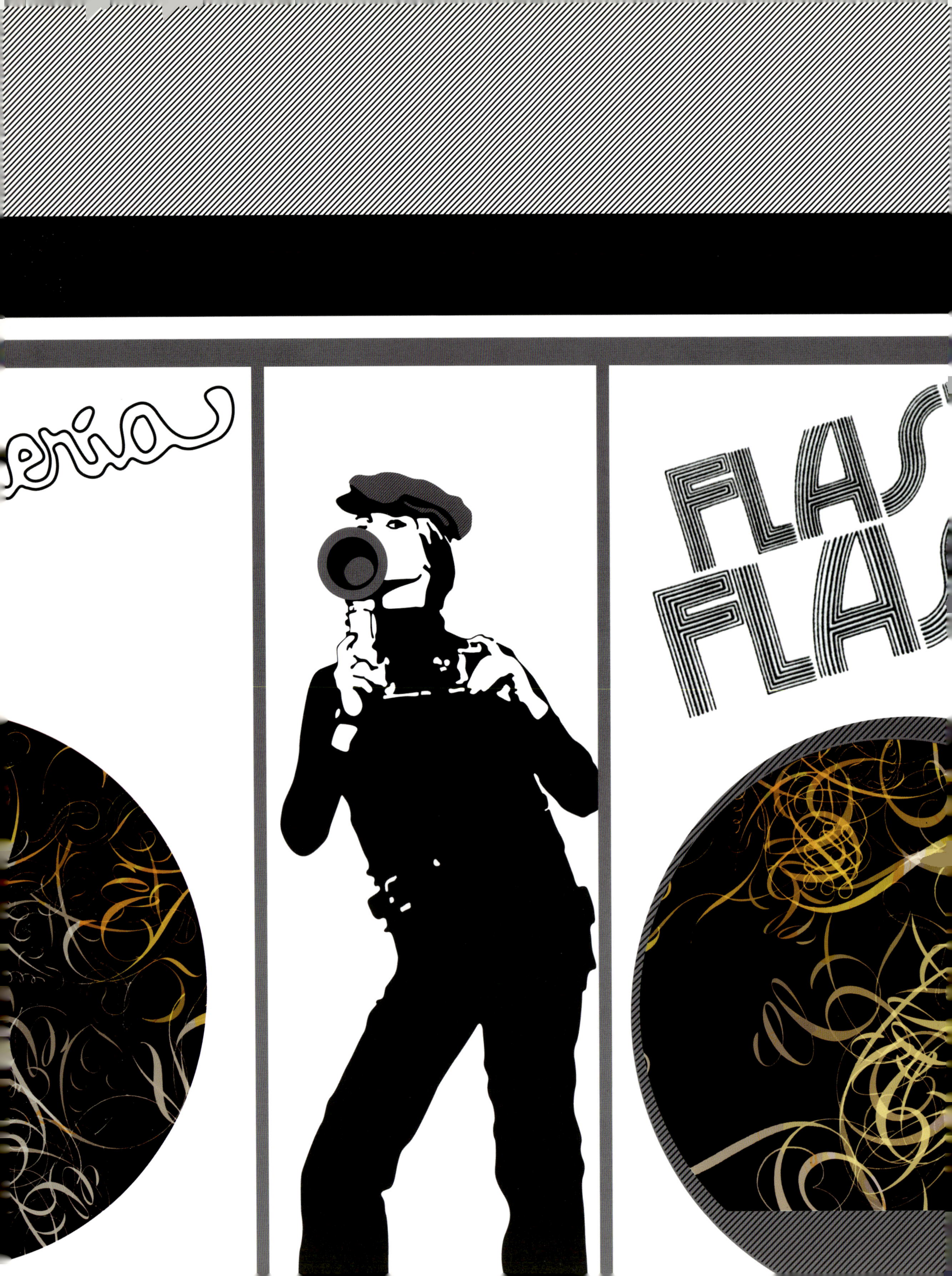
eria
FLAS
FLAS

Flash-Flash, carrer de la Granada del Penedès

02:00 h

Guillem Martínez

Un local de quan no hi havia bikinis. Ni entrepans. Barcelona, 01:00. *Julie et moi* a Bikini. Lloc emblemàtic de Barcelona. A saber: a) és un local construït sobre un altre local anomenat Bikini. Una mica com Barcelona, construïda *non-stop* sobre la Barcelona des del temps dels romans, negoci immobiliari gràcies al qual diverses famílies del temps dels romans estan en el dòlar. En altres capitals planetàries hi ha locals de l'època del primer Bikini que van donar nom a un còctel. Bikini va donar nom a un entrepà. És a dir que, b), Bikini és un local propi d'un país amb una història *mangui*, que entre un còctel i un mos d'entrepà, es quedava el mos d'entrepà. Bikini, a més, va ser fundat per uns *pijos* de Barcelona. Abans que existissin els bikinis, quan la paraulota bikini era *fashion* perquè en l'atol de Bikini els francesos li fotien canya a l'àtom. Cosa que explica, c), el concepte *pijo* a Barcelona. A Espanya, un *pijo* és un cafre. A Barcelona, a banda d'això, sol ser un avançat al seu temps. Li agraden els bikinis una dècada abans que s'inventin els bikinis. A Barcelona, el primer vegetarià, el primer marxista, el primer falangista, el primer ionqui o el primer exfumador van ser *pijos*. El *pijo* de Barcelona està a l'última. De vegades sents que estàs a l'última. Llavors vas, posem per cas, a Bikini i veus que hi ha un *pijo* que et supera. I et sents un pagerol. O, com a mínim, pobre com un pagerol. Bé. Bikini, 01:00. *Julie et moi*.
Bcn com a capital suïssa. És l'hora en què es *pilla* a Barcelona. I a Lima. La ciutat, subsector Bikini, s'aplica en el tema. A Barcelona, subsector Bikini, el tema és problemàtic. Si visiteu el Museu d'Història de la Ciutat veureu, com a raresa històrica, el cadàver dissecat de Meritxell Puigdecabanes, l'última senyoreta que va *pillar* cuixa per la cara, 1835, Primera Guerra Carlina, vint-i-escaig locals sota el substrat de l'actual local Bikini. La ciutat, subsector Bikini, en tot cas, practica el *pilling* de *cuixing* com pot. És a dir, es mira a la cara. Barcelona és la ciutat del món en què el personal es mira més a la cara. En altres llocs de la península, la mirada és un contracte. O, com a mínim, la lletra petita d'un contracte, que és la més important. Aquí, doncs no. Què dimoni signifiquen aquelles mirades? De vegades penso que són mirades de terror. Que algú descobreixi que no sabies el que era un bikini deu anys abans que s'inventés el bikini. De vegades —jo, és que només miro senyoretes— aquelles mirades són mirades de senyoreta que es diu a si mateixa a-mi-no-m'aixequen-la-camisa. Una mirada, d'altra banda, que només pot fer algú a qui li han aixecat la camisa a dojo. La vida és que t'aixequin la camisa. Tanta austeritat d'aixecades de camisa en la mirada il·lustra que, sentimentalment, hi ha dies sencers que Barcelona, més que una capital llatina, és una capital suïssa. Calvinista, fins i tot.
El punt de vista del cotxe vermell. Diversos usuaris de *Julie et moi* ens han mirat tant que podrien desmuntar-nos i, posteriorment, muntar-nos amb els ulls embenats, com ho fan els nens palestins amb els kalàshnikof. Ens n'anem. Podríem anar a Luz de Gas, un dels abocadors afectius de la ciutat. Quan la ciutat s'atipa de mirar-se, i ja s'ha venut tot el peix mentre miraves les musaranyes, un va a aquests abocadors a veure què. De vegades funciona. Però m'emporto el *pack Julie et moi* a la disco Trauma. Tronada, però més luxosa que el saló menjador dels seus clients. Està atapeïda de noies que lloguen pisos a preus dadà a Barcelona des del temps dels romans. Noies pageroles o pobres —no és el mateix, excepte a Barcelona— que riuen amb la boca atapeïda de dents quan les mires. Els seus papàs no tenien ni per a un còctel ni per a un entrepà i van venir a Barcelona per buscar-se la vida. Saben que un bikini és una cosa que serveix per fer soroll quan vas a la platja. Noies, finalment, amb la sensibilitat solucionada. Si fossin un cotxe serien un cotxe vermell, el color que fa més soroll —el soroll és el contrari d'una mirada. Per cert, quina mena de noia serà aquesta Julie? Una noia Bikini? Una noia que balla com derrapa un cotxe vermell? Tindrà raó el meu company Casavella i serà mormona?
Un local de cuando no había bikinis. Ni bocadillos. Barcelona, 01:00. *Julie et moi* en Bikini. Lugar emblemático de Barcelona. A saber: a) Es un local construido sobre otro local llamado Bikini. Un poco como Barcelona, construida *non-stop* sobre Barcelona desde la época de los romanos, un negocio inmobiliario gracias al cual varias familias de cuando los romanos están en el dólar. En otras capitales planetarias hay locales de la época del primer Bikini que dieron nombre a un cóctel. Bikini dio nombre a un bocadillo. Es decir, que, b) Bikini es un local propio de un país con historia mangui, que entre

02:13 h

02:00 h Bikini

04:00 h Cova del Drac

02:26 h

un cóctel y un muerdo de bocata, se quedaba con el muerdo de bocata. Bikini, además, fue fundado por unos pijos de Barcelona. Antes de que existieran los bikinis, cuando el palabro "bikini" era *fashion* porque en el atolón de Bikini los franceses le daban un tute al átomo. Lo cual explica, c) El concepto pijo en Barcelona. En España un pijo es un cafre. En Barcelona, aparte de eso, suele ser un adelantado a su tiempo. Le gustan los bikinis una década antes de que se inventen los bikinis. En Barcelona, el primer vegetariano, el primer marxista, el primer falangista, el primer yonki y el primer ex fumador fueron pijos. El pijo de Barcelona está a la última. En ocasiones te sientes a la última. Entonces vas, pongamos, a Bikini, y ves que hay un pijo que te supera. Y te sientes un cateto. O, al menos, pobre como un cateto. Bueno. Bikini, 01:00. *Julie et moi*.

Bcn como capital suiza. Es la hora en la que se pilla en Barcelona. Y en Lima. La ciudad, subsector Bikini, se aplica al tema. En Barcelona, subsector Bikini, el tema es problemático. Si visitan el Museu de Història de la Ciutat verán, como rareza histórica, el cadáver disecado de Meritxell Puigdecabanes, la ultima señorita que pilló cacho por la cara, en 1835, durante la Primera Guerra Carlista, veintipico locales debajo del sustrato del actual local Bikini. La ciudad, subsector Bikini, en todo caso, practica el *pilling* de *catching* como puede. Es decir, se mira a la cara. Barcelona es la ciudad del mundo donde el personal se mira más a la cara. En otras partes de la Península, la mirada es un contrato. O, al menos, la letra pequeña de un contrato, que es la más importante. Aquí, pues no. ¿Qué diablos significan esas miradas? En ocasiones pienso que esas miradas son terror; a que alguien descubra que no sabías lo que era un bikini diez años antes de que se inventase el bikini. En ocasiones (yo, es que miro sólo señoritas) esas miradas son miradas de señorita que se dice a sí misma «amínomeladanconqueso». Una mirada, por otra parte, que sólo puede emitir alguien a quien se la han dado con queso a gogó. La vida es que te la den con queso. Tanta austeridad de queso en la mirada ilustra que, sentimentalmente, hay días enteros en los que Barcelona, más que una capital latina, es una capital suiza. Calvinista, incluso.

El punto de vista del coche rojo. Varios usuarios de *Julie et moi* nos han mirado tanto que podrían desmontarnos y, posteriormente, montarnos con los ojos vendados, como hacen los niños palestinos con los *kalashnikov*. Nos vamos. Podríamos ir a Luz de Gas, uno de los vertederos afectivos de la ciudad. Cuando la ciudad se ha hartado de mirarse y todo el pescado se ha vendido mientras mirabas las musarañas, se va a esos vertederos a ver qué. A veces funciona. Pero me llevo el pack *Julie et moi* a la disco Trauma. Cutre, pero más lujosa que el salón-comedor de sus clientes. Está repleta de chicas que alquilan pisos a precio dadá en Barcelona desde la época de los romanos. Chicas catetas o pobres —no es lo mismo, salvo en Barcelona—, que se ríen con la boca repleta de dientes cuando las miras. Sus papás no tenían ni para un cóctel ni para un bocata y se vinieron a Barcelona a buscarse la vida. Saben que un bikini es algo que sirve para darle un crujido a la vida cuando vas a la playa. Chicas, en fin, con la sensibilidad solucionada. Si fueran un coche serían un coche rojo, el color que hace más ruido —el ruido es lo contrario de una mirada. Por cierto, ¿qué tipo de chica será esta Julie? ¿Una chica Bikini? ¿Una chica que baila como derrapa un coche rojo? ¿Tendrá razón mi amigote Casavella y será mormona?

A venue from the time when there were no bikinis. Or sandwiches. Barcelona, 01:00. *Julie et moi* in the *Bikini*. An emblematic Barcelona place. You need to know: a) it is a place constructed over another place called the *Bikini*. A little like Barcelona, constructed non-stop over Barcelona since Roman times, a property venture thanks to which various families dating back to Roman times are rolling in money. In other capital cities on the planet, there are venues from the age of the first *Bikini* that have lent their names to cocktails. The *Bikini* lent its name to a sandwich. In other words, b) the *Bikini* is a venue typical of a place with a history of small-time crooks that, when choosing between a cocktail and a bite of sandwich, stuck with the bite of sandwich. What's more, the *Bikini* was founded by some Barcelona snobs, before bikinis existed, when the pretentious term "bikini" was in fashion because the French were working extra hard on the atom at Bikini Atoll. Which explains c), the concept of Barcelona snobbery. The Spanish snob is a savage. The Barcelona snob, in addition to this, is usually ahead of his time. He likes bikinis ten years before they are invented. The first vegetarian in Barcelona, the first Marxist, the first Falangist, the first junkie and the first ex-smoker were snobs. The Barcelona snob is up on the latest. Sometimes you feel up on the latest. Then you go to the *Bikini*, let's say, and there you see a snob who excels you. And you feel like a hick. Or at least as poor as one. Great. The Bikini, 01:00. *Julie et moi*.

Barcelona as Swiss capital. This is pulling time in Barcelona. And Lima. In the city, subsector *Bikini*, this principle applies. In Barcelona, subsector *Bikini*, this principle is problematic. If you visit the City History Museum you will see, as a historical oddity, the desiccated cadaver of Meritxell Puigdecabanes, the last woman to pull with just a pretty face, 1835, Carlist War I, twenty-something venues underneath the bedrock of today's *Bikini*. The city, subsector *Bikini*, anyway, practices getting some and pulling in its own way. In other words, they look you right in the face. Staff in Barcelona look you in the face more than in any other city in the world. On other parts of the Iberian peninsula, a look is a contract. The fine print of a contract, at least, which is the most important. Well, not here. What the hell do those looks mean? I think that, on occasion, they are terror itself. That someone will discover that you didn't know what a bikini was 10 years before the bikini was invented. On occasion — I only look at girls — those looks are from a girl who is saying to herself they-are-not-looking-me-up-and-down. A look, however, which can only be given by someone who has been looked up and down a go-go. Life is getting looked up and down. A look that doesn't go up and down illustrates, sentimentally, that there are entire days on which Barcelona, far more than a Latin capital, is a Swiss one. Calvinist, even.

The red car point of view. Various users of *Julie et moi* have looked at us so much that they could take us apart and later reassemble us blindfolded, like the Palestinian kids do with Kalashnikovs. We leave. We could go to *Luz de Gas*, one of the effective rubbish tips of the city. When the city gets sick of looking at itself, and all the fish has been sold while you were staring into space, they go to these rubbish tips to see what's what. Sometimes it works. But I take the *Julie et moi* pack to the *Trauma* discotheque. Tacky, but more luxurious than its customers' living rooms. It is crammed with girls who rent flats in Barcelona from Roman times at Dadaist prices. Hick girls, or poor ones — it's not the same, except in Barcelona — who laugh with a mouth crammed with teeth when you look at them. Their mummies and daddies had nothing to spare for a cocktail or a sandwich and came to Barcelona to make their way. They know that a bikini is something to make life crunchy when you go to the beach. In short, girls with their sensibilities settled.

If they were a car they'd be a red one, the colour that makes the most noise — noise is the opposite of a look. Incidentally, what kind of girl is this Julie? A *Bikini* girl? A girl who dances like a skidding red car? Is my dear friend Casavella right? Is she a Mormon?

02:34 h

Txema Salvans

Bikini

02:55 h

03:00 h

03:09 h

03:14 h

La Paloma

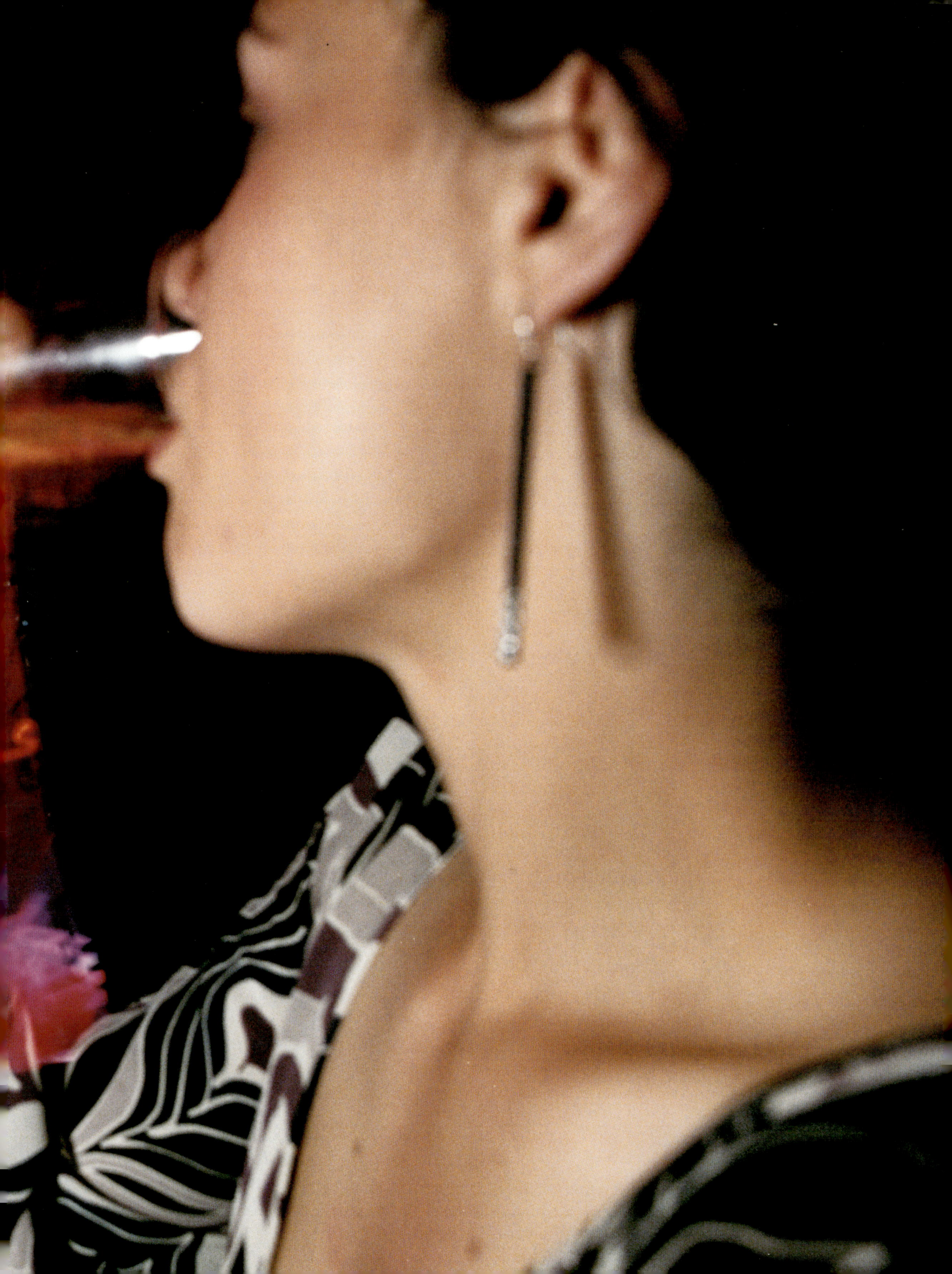

03:22 h

Trauma

03:27 h

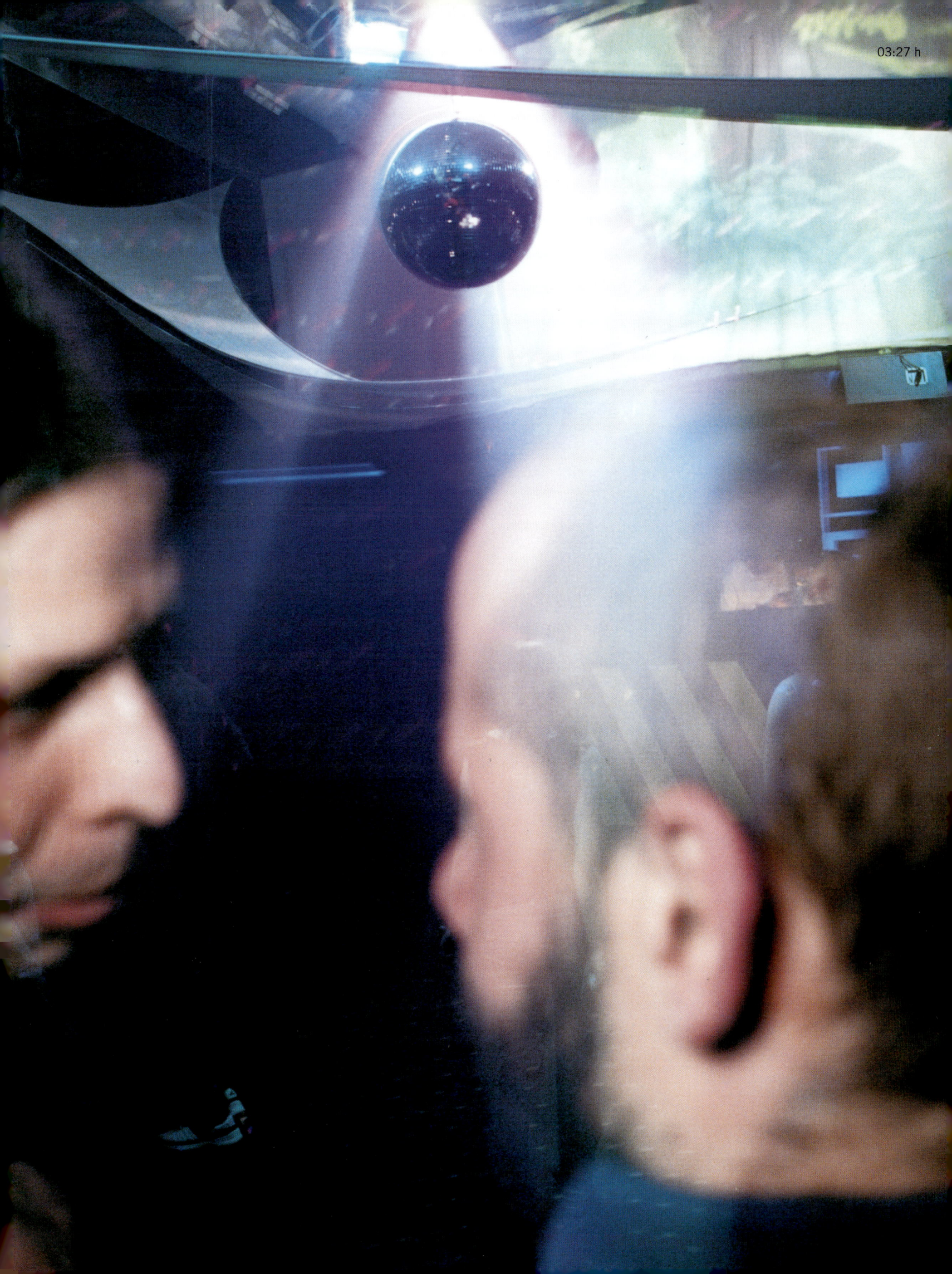

03:38 h

Trauma

03:41 h

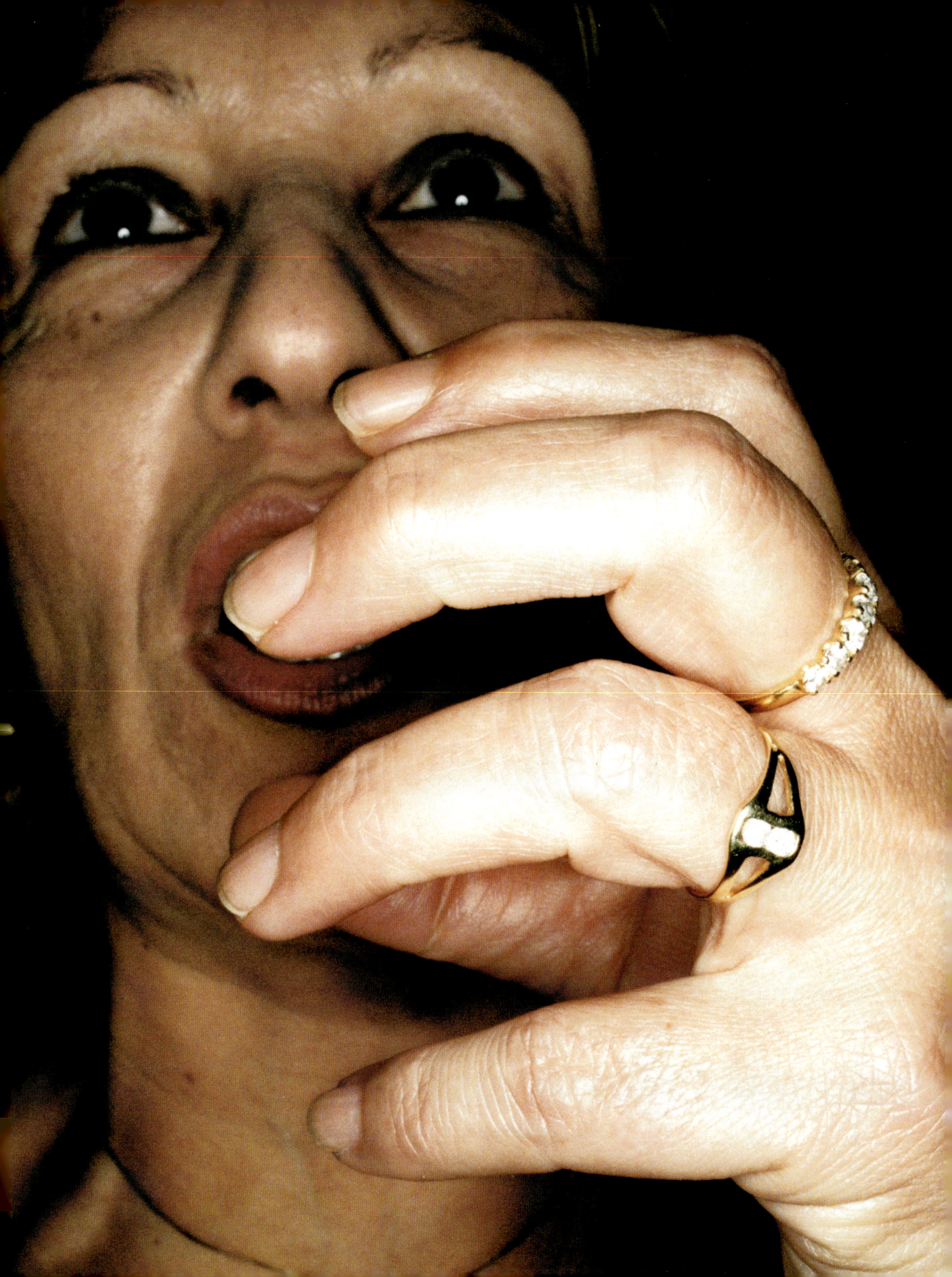

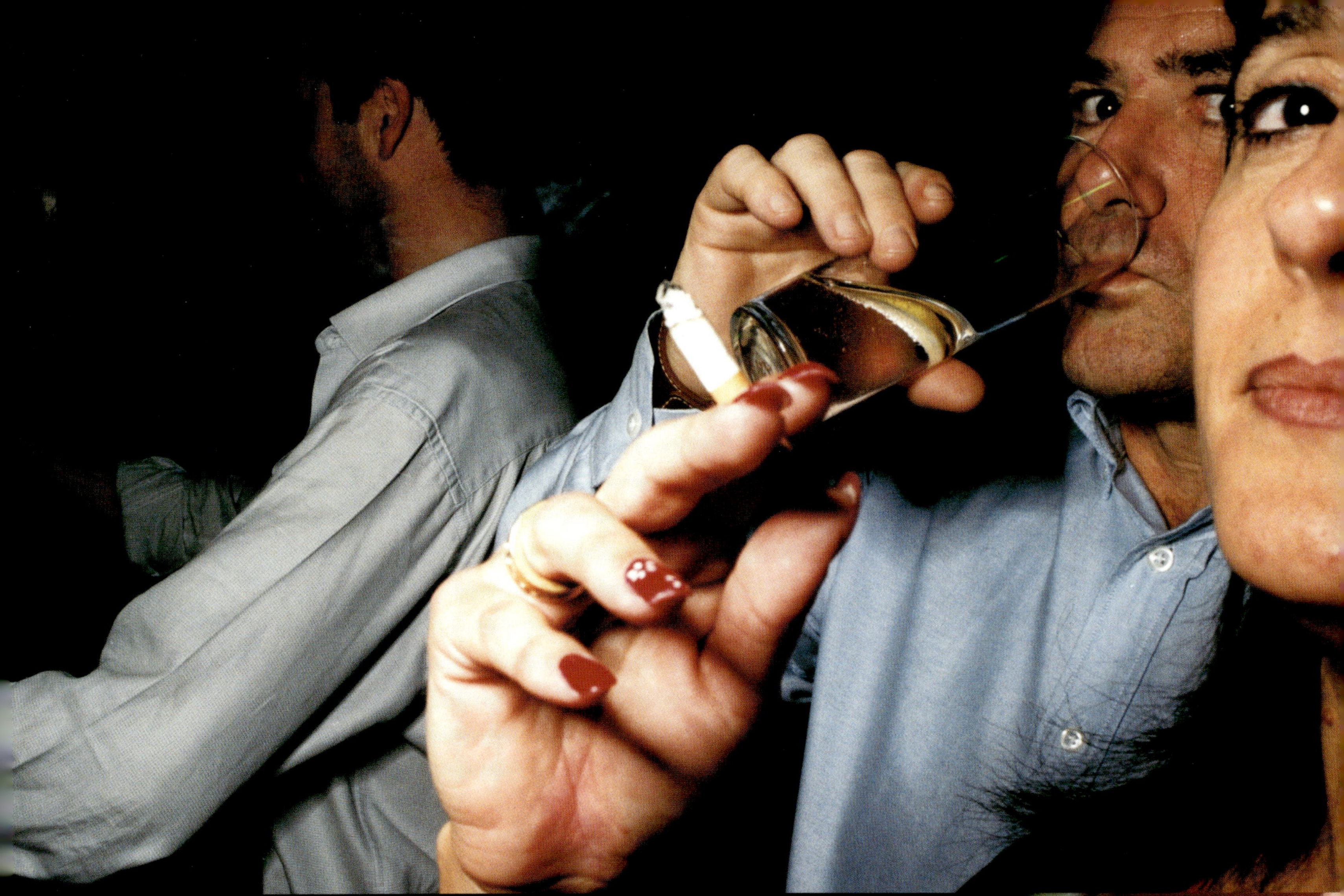
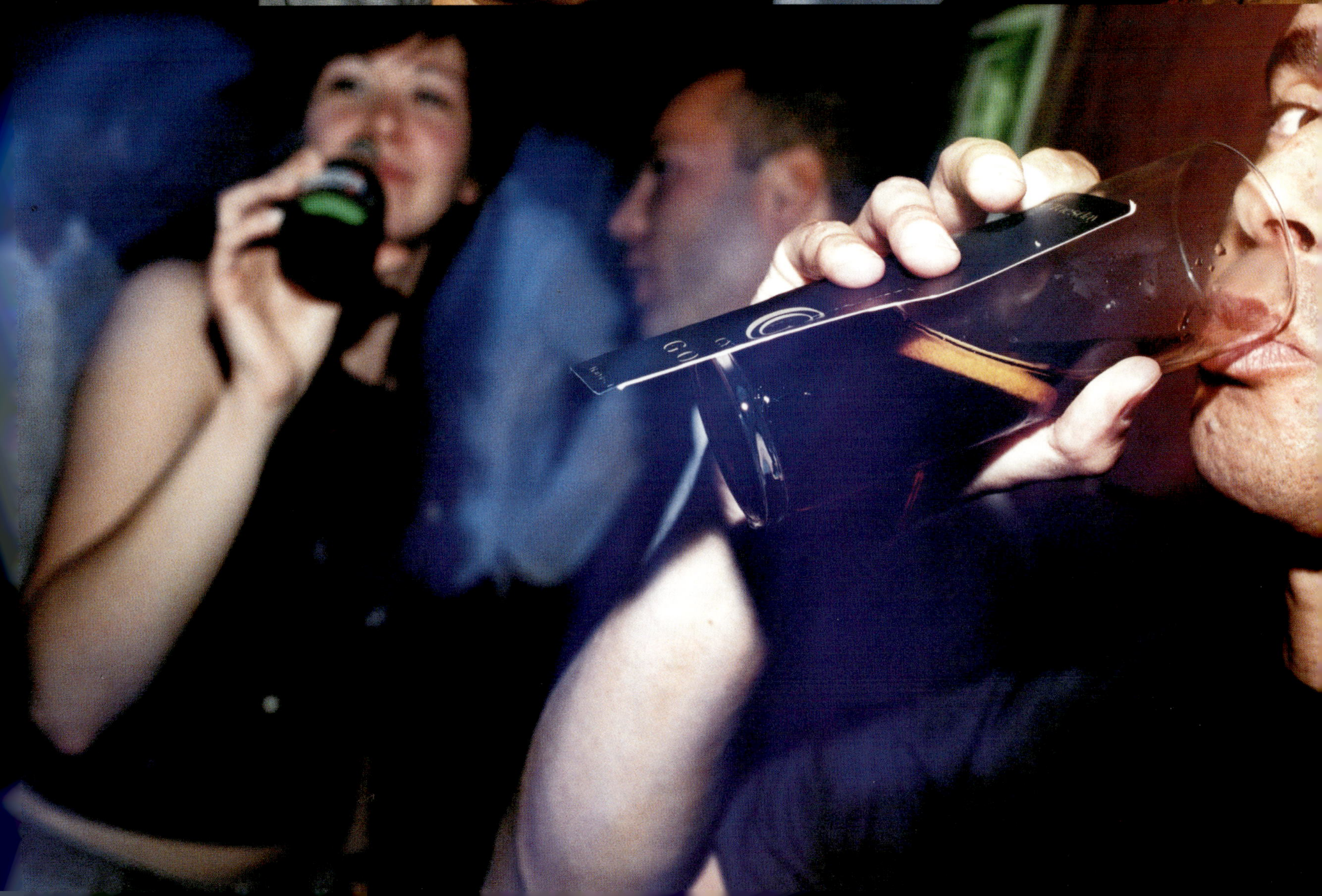

03:50 h

03:51 h

Cova del Drac

Xavier Moret

Totes les ciutats s'assemblen a la nit, sobretot quan la nit ja fa hores que s'allarga i quan s'han visitat més bars que els que som capaços de recordar. Les botigues tancades, les cases amb els llums apagats, els cotxes que passen de pressa esquinçant el silenci... Tot sembla aliar-se per donar a la ciutat un aire de món irreal, inventat. Mentre avançava en moto cap a la part alta de Barcelona, arrapada a l'esquena del Ferran, la Julie se sentia com un ninot d'ordinador obligat a anar superant mil pantalles per arribar a un final de joc que no aconseguia veure en què consistia. Els edificis passaven fugaços pel seu costat, com si fossin ells els que corressin, i el més desconcertant era que, quan per fi aconseguies superar una de les pantalles, en sortia sempre una altra que també calia deixar enrere.

Quan van pujar per l'avinguda del Tibidabo, la Julie va notar que havien entrat a la següent pantalla. L'aire era més fred i les cases més baixes, amb jardins al voltant. Eren cases d'estiu antic, construïdes cent anys enrere per l'alta burgesia on l'aire era més fred i el cel més a prop. De sobte, es va adonar que s'havien perdut. El Ferran s'havia ficat per uns carrerons solitaris i secrets: s'havien equivocat de pantalla. Van voltar per aquella mena de dimensió desconeguda fins que van retrobar l'avinguda que pujava en ziga-zaga cap a la muntanya, amb les vies del tramvia marcant un camí platejat. Un cop dalt, el Ferran va aturar la moto davant del Mirablau i hi van entrar per beure uns gintònics.

—Aquí la tens: Barcelona als teus peus —va dir ell amb el vas a la mà, indicant els llums de la ciutat.

—Cada dia fan la mateixa pel·lícula? —va preguntar ella, rient, després de beure un glop de gintònic.

—Què vols dir?

—Des d'aquí, Barcelona és com una imatge projectada —la Julie va riure encara més fort—. Un dia podrien passar Barcelona; l'altre, Roma o Londres... Així no ens caldria viatjar.

—Ho comentaré als del bar —va remenar el cap en Ferran—. Però, digues, no trobes impressionant aquesta vista de la ciutat?

—Està bé, però no n'hi ha prou —va riure ella—. Cal anar més enllà, cal passar a la següent pantalla.

—Molt bé —va acceptar ell—, doncs pujarem al Tibidabo.

Van tornar a pujar a la moto i, després de perdre's de nou per carrers fantasmagòrics, van trobar el fil salvador de l'Arrabassada, la carretera que s'enfila com una serp cap a la muntanya del Tibidabo.

L'aire fred a la cara va fer sentir a la Julie que anaven pel bon camí, que eren a la pantalla correcta. Barcelona anava agafant perspectiva a mesura que pujaven i els llums de la ciutat titil·laven com si aquell immens escenari fos tan sols el rerefons d'un joc d'ordinador.

Després de fer voltes i més voltes —la següent pantalla es resistia—, la Julie va veure com deixaven enrere el Tibidabo, coronat per l'església i el parc d'atraccions, i continuaven més enllà, fins al peu de la gran torre de Collserola.

—Què vol dir la torre? —va preguntar al Ferran quan aquest va aturar la moto.

—Què vol dir què?

—Normalment s'associa amb defensa... Però en aquest joc és tot tan diferent.

—No t'entenc —va dir ell, amoïnat—. És una torre de comunicacions que van inaugurar pels Jocs Olímpics...

—No —el va tallar la Julie—. És una banderilla gegant, una gran llança clavada per Sant Jordi al flanc de la muntanya, que és en realitat un gran monstre ajagut...

El Ferran va remenar el cap i va fer una ullada als boscos de Collserola, a aquella gran extensió de natura que semblava ser allà tan sols per compensar tantes tones de ciment i d'asfalt, com una ànima ecològica.

—Hauríem de tornar-hi de dia —va proposar—. De nit, el parc és només foscor. De dia, en canvi, és ple de camins per recórrer, de fonts per beure, d'arbres, d'ermites, de masies...

Va continuar parlant, però la Julie ja no l'escoltava. Estava embadalida mirant cap a l'altra banda, cap a la gran ciutat estesa als seus peus: un bosquet de pins en primer terme, els carrers de l'Eixample com un gran tauler d'escacs, el laberint de Ciutat Vella, la ferida de les Rambles... i Montjuïc i el mar al fons.

—Ara sí —la Julie es va repenjar al braç del Ferran—. Ara sí que som al final de la partida, a l'última pantalla. Barcelona és perfecte des d'aquí. Llàstima que haguem de tornar a baix per recomençar la partida.

De noche, todas las ciudades se parecen, sobre todo cuando la noche ya hace horas que se alarga y cuando se han visitado más bares de los que somos capaces de recordar. Las tiendas cerradas, las casas con las luces apagadas, los coches que pasan deprisa rasgando el silencio... Todo parece aliarse para dar a la ciudad un aire de mundo irreal, inventado. Mientras avanzaba en moto hacia la parte alta de Barcelona, agarrada a la espalda de Ferran, Julie se sentía como un monigote de ordenador obligado a ir superando mil pantallas para llegar a un final de juego que no conseguía adivinar. Los edificios pasaban fugaces a su lado, como si fueran ellos los que corrieran, y lo más desconcertante era que, cuando por fin conseguías superar una de las pantallas, siempre salía otra que también había que dejar atrás.

04:01 h

04:00 h Mirablau

06:00 h Av. del Tibidabo

Cuando subieron por la avenida del Tibidabo, Julie notó que habían entrado en la siguiente pantalla. El aire era más frío y las casas más bajas, con jardines alrededor. Eran casas de verano antiguo, construidas cien años atrás por la alta burguesía donde el aire era más frío y el cielo más cercano. De repente, se dio cuenta de que se habían perdido. Ferran se había metido por unos callejones solitarios y secretos: se habían equivocado de pantalla. Estuvieron dando vueltas por aquella especie de dimensión desconocida hasta que encontraron la avenida que subía en zigzag hacia la montaña, con las vías del tranvía marcando un camino plateado. Una vez arriba, Ferran paró la moto delante del Mirablau y entraron para beber unos gin tonics.
—Aquí la tienes: Barcelona a tus pies —dijo él con el vaso en la mano, señalando las luces de la ciudad.
—¿Todos los días ponen la misma película? —preguntó ella, riendo, después de beber un sorbo de gintonic.
—¿Qué quieres decir?
—Desde aquí, Barcelona es como una imagen proyectada.
—Julie rió aún más fuerte—. Un día podrían poner Barcelona; otro Roma o Londres... Así no tendríamos que viajar.
—Se lo comentaré a los del bar. —Ferran meneó la cabeza—. Pero, dime, ¿no encuentras impresionante esta vista de la ciudad?
—Está bien, pero no es suficiente. —Julie echó a reír—. Hay que seguir, hay que pasar a la siguiente pantalla.
—Muy bien —aceptó él—, pues subiremos al Tibidabo.
Volvieron a montar en la moto y, después de perderse de nuevo por calles fantasmagóricas, encontraron el hilo salvador de la Arrabassada, la carretera que se dirige como una serpiente hacia la montaña del Tibidabo.
El aire frío en la cara hizo que Julie sintiera que iban por buen camino, que estaban en la pantalla correcta. Barcelona iba cogiendo perspectiva a medida que subían y las luces de la ciudad titilaban como si aquel inmenso escenario fuera tan sólo el fondo de un juego de ordenador.
Después de dar vueltas y más vueltas —la siguiente pantalla se resistía—, Julie vio cómo dejaban atrás el Tibidabo, coronado por la iglesia y el parque de atracciones, y continuaban más allá, hasta el pie de la gran torre de Collserola.
—¿Qué simboliza la torre? —le preguntó a Ferran cuando éste paró la moto.
—¿Qué simboliza qué?
—Normalmente se asocia con defensa... Pero en este juego todo es diferente.
—No te entiendo —dijo él, preocupado—. Es una torre de comunicaciones que inauguraron para los Juegos Olímpicos...
—No —lo cortó Julie—. Es una banderilla gigante, una gran lanza clavada por San Jorge en el flanco de la montaña, que es en realidad un gran monstruo tumbado...
Ferran meneó la cabeza y echó un vistazo a los bosques de Collserola, a aquella gran extensión de naturaleza que parecía estar allí tan sólo para compensar tantas toneladas de cemento y de asfalto, como un alma ecológica.
—Deberíamos regresar de día —propuso—. De noche, el parque es sólo oscuridad. De día, en cambio, está lleno de caminos que recorrer, de fuentes para beber, de árboles, de ermitas, de masías...
Siguió hablando, pero Julie no lo escuchaba. Estaba embelesada mirando hacia el otro lado, hacia la gran ciudad extendida a sus pies: un bosquecillo de pinos en primer lugar, las calles del Eixample como un gran tablero de ajedrez, el laberinto de Ciutat Vella, la herida de las Ramblas... y Montjuïc y el mar al fondo.
—Ahora sí —Julie se colgó del brazo de Ferran—. Ahora sí que estamos al final de la partida, en la última pantalla. Barcelona es perfecta desde aquí. Lástima que tengamos que volver abajo para jugar otra partida.

All cities look alike at night, most of all when the night has been dragging on for hours and more bars have been visited than we can remember. The shops closed, the houses with their lights out, the cars that pass quickly, rending the silence... Everything seems to combine to give the city the feel of an invented world, unreal. As she approached the upper part of Barcelona on the moped, holding on to Ferran, Julie felt like a character in a computer game, obliged to get past a thousand screens to get to the end of a game whose object she did not know. The buildings raced by next to them, as if they were the ones speeding, and the most disconcerting thing was that, when you finally got past one of the screens, another one always popped up that you would have to leave behind as well.
When they went up Tibidabo Avenue, Julie noticed they had entered the next screen. The air was colder and the houses shorter, with surrounding gardens. They were old summer houses, constructed a hundred years ago for the upper middle class, where the air was cooler and the sky nearer. Suddenly, she realised that they were lost. Ferran had taken some solitary secret alleys: he had picked the wrong screen. They went round a kind of unknown dimension until they recovered the avenue that zigzagged up the mountain, with the cable car tracks marking a silvery trail. Once they got to the top, Ferran stopped the moped in front of Mirablau and they went in to have some gin and tonics.
"Here you have her: Barcelona at your feet," he said, with glass in hand, indicating the lights of the city.
"Do they have the same movie every day?" she asked, laughing, after drinking a sip of her gin and tonic.
"What do you mean?"
"From here Barcelona is like a movie projection," Julie laughed still harder. "One day they put on Barcelona; another it's Rome or London... that way we don't have to travel."
"I'll tell the bartenders," Ferran said, shaking his head. "But, tell me, don't you find this view of the city impressive?"
"It's okay, but there isn't enough of it", she laughed. "We should go further, we should get to the next screen".
"Very well," he agreed. "We'll go up to Tibidabo then."
They got back on the moped and, after getting lost again on phantasmagorical streets, they found the saving thread of the Arrabassada, the road that snakes up toward the mountain of Tibidabo.
The cold air on her face made Julie feel as if they were on the right track, that they were in the right screen. Barcelona gained in perspective as they went up, and the lights of the city

titillated, as if that immense setting were just the background of a computer game.

After going round and round — the next screen was tough — Julie saw how they left Tibidabo, crowned by the church and the amusement park, behind, and continued beyond it, to the foot of the great Collserola Tower.

"What does the tower mean?" she asked Ferran when he stopped the moped.

"What does what mean?"

"Normally they're associated with defence... but in this game everything is so different."

"I don't understand," he said, worried. "It's a communications tower they opened when the Olympic Games..."

"No," Julie cut him off. "It's a giant banderilla, a great lance sunk by Saint George into the mountain's flank, a mountain that's really a great sleeping monster..."

Ferran tossed his head and glanced at the Collserola forests, at that great stretch of nature that seemed to be there just to compensate for so many tonnes of cement and asphalt, like an ecological soul.

"We'll have to come back during the day," he suggested. "At night, the park is just darkness. But during the day it's full of paths to go round, fountains to sip from, trees, hermitages, old country houses..."

He continued to talk, but Julie had stopped listening. She was entranced, looking toward the other side, toward the great city spread out at her feet: a tiny pine forest in the foreground, the streets of the Eixample like a great chessboard, the labyrinth of the Old City, the wound of the Rambles... and Montjuïc and the sea behind it.

"Now," Julie said, taking Ferran's arm, "Now we're really at the end of the game, in the last screen. Barcelona is perfect from here. It's too bad we have to go down to start the game over again."

04:22 h

04:31 h

Miguel Gallardo

04:38 h

04:47 h

04:50 h

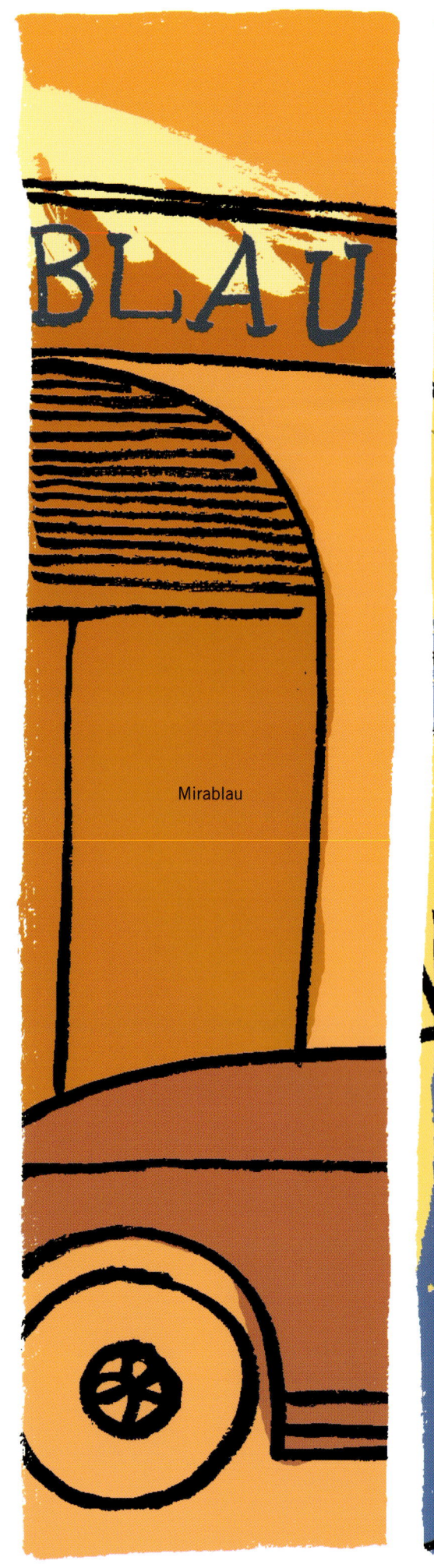

Mirablau

04:55 h

05:10 h

05:15 h

LOST AGIN

OOOO OOH!

Mirador de Torre de Collsero[la]

05:44 h

05:59 h

Vista de Barcelona

06:00 h

07:00 h Mercat de Sant Antoni   **06:00 h** Via Laietana

06:01 h

Javier Pérez Andújar

En fer-se de dia, el sol va retallar la silueta de la torre de les Aigües amb el seu perfil de míssil i va saludar d'aquesta manera els dies que corren. Les furgonetes amb el repartiment de la premsa ja havien començat la ruta dels quioscos, a aquella hora encara tancats. La Julie va agafar un diari d'un dels paquets i, guiada per un vague sentit de l'humor, va rectificar amb un bolígraf l'albarà de lliurament dels diaris. No va oblidar recollir el suplement dominical.

Un home i una dona que intentaven de nou sentir-se joves tornaven a casa cansats del tabac i de les coses, i mentre ella girava la clau a la porta d'entrada, ell acabava la punta de cigarreta, la llançava a terra i llavors la polvoritzava amb les sabates encara llustroses. Va passar una ambulància a poc a poc i en silenci, amb els llums d'alarma apagats, com un fantasma avorrit. I un altre home solitari va encendre la primera cigarreta del dia i va cridar el seu gos, que s'allunyava per la vorera veient el món amb una taca fosca al voltant de l'ull. Li va dir: «Treski...!», perquè potser l'home havia estat lector de *La familia Ulises*. I un altre tipus que també fumava va continuar empenyent el seu carretó ple de roba bruta i cartrons. I cada vegada circulaven més vehicles solitaris, perquè a aquesta hora la ciutat és poblada per una solitària multitud de cotxes i persones.

En un autobús dels que arriben a la perifèria viatjaven unes dones endormiscades. Se n'anaven a la feina amb el cap recolzat a la finestreta. Les va seguir amb la vista un senyor que treia ampolles de plàstic d'un contenidor ecològic i les doblegava com acordions perquè li cabessin millor a la bossa. Tapat amb una manta, un indigent dormia en un banc. I una altra persona també dormia, coberta de cap a peus amb un edredó de flors, a la porta d'un teatre. I gairebé al costat, a l'oficina d'una caixa d'estalvis, una dona abandonada dormia sobre el terra.

El sol surt a la ciutat per la zona on hi ha hagut el Fòrum. Però, per descomptat, no és el seu disc el que es veu primer, sinó la llum d'una segona nit, una mica més clara que la primera, d'un blau menys nocturn. I els qui han travessat aquella espessor noctàmbula de paraules que s'emboliquen com la malesa, i de riures embardissats que deixen petites esgarrinxades, se senten una mica supervivents d'un món que al final no existeix. Llavors formen petits grups heroics, d'una heroïcitat de gintònic, i es van reunint a la porta de les xurreries per donar un final castís a la nit. Barcelona és una ciutat antitaurina que esmorza les ressaques amb xurros i xocolata desfeta. En castellà hi ha una sentència que diu: «Las cosas claras y el chocolate espeso»; i això mostra un país en què la gent s'estima més aturar-se en les espessors de la xocolata desfeta amb xurros que en l'espessor de la vida. A la Julie li van venir de gust els xurros i va demanar a en Ferran que l'acompanyés. Després en Ferran se la va endur a la recerca de llibres.

S'ha sentit el batec d'un despertador en un carrer buit. El porter d'un pàrquing treu el cap per la vorera per contemplar com desclunta el dia i badalla amb les mans a les butxaques. Els ocells comencen a baixar dels terrats cap als arbres. Un grafiter remata la pintada i s'allunya corrents en bicicleta, amb la motxilla plena de retoladors i esprais per a cotxes. Un ancià va rebuscant cèntims d'euro oblidats a les cabines de telèfon. Al voltant del mercat de Sant Antoni, els llibreters ja s'han posat a muntar les parades. Arriben amb els cotxes carregats de llibres vells, usats, nous. Els de les paradetes de còmics també comencen a instal·lar les safates a vessar de quaderns. La Julie hi busca l'*Spiderman* de Ditko, que va dibuixar el Peter Parker més introvertit, més delicadament adolescent, i al seu costat en Ferran prefereix l'Home de Ferro, atrapat en la seva armadura, a una passa de la nova carn. A la Julie li agradaria pujar al Tibidabo de seguida i perdre's entre la solitud de les atraccions. Ha entès que la ciutat, quan es fa de dia, és en certa manera un parc d'atraccions ple de tipus solitaris, un estrany parc d'atraccions per les façanes del qual s'enfilen al·lucinats tipus solitaris que es creuen homes aranya.

Al amanecer el sol recortó la silueta de la torre de las Aguas con su perfil de misil y saludó así a los días que corren. Ya habían empezado la ruta de los quioscos, a esa hora todavía cerrados, las furgonetas con el reparto de la prensa. Julie tomó un periódico de uno de los paquetes y, llevada de un vago sentido del humor, rectificó con un bolígrafo el albarán de entrega de los diarios. No descuidó recoger el suplemento dominical.

Un hombre y una mujer que intentaban de nuevo sentirse jóvenes volvían a su casa cansados del tabaco y de las cosas y, mientras ella metía la llave en la portería, él apuraba su colilla, la lanzaba al suelo y entonces la pulverizaba con sus zapatos aún lustrosos. Pasó una ambulancia despacio y en silencio, con las luces de alarma apagadas, como un fantasma aburrido. Y otro hombre solitario encendió el primer cigarrillo del día y llamó a su perro, que se alejaba por la acera viendo el mundo con una mancha oscura alrededor del ojo. Le dijo: «¡Treski...!», porque quizá el hombre había sido lector de *La familia Ulises*. Y otro tipo que también fumaba siguió empujando su carrito lleno de ropa sucia y de cartones. Y cada vez circulaban más vehículos solitarios, porque a esta hora la ciudad está poblada por una solitaria multitud de coches y de personas.

En un autobús de los que llegan de la periferia viajaban unas mujeres adormiladas. Iban al trabajo con la cabeza recostada sobre la ventanilla. Las siguió con la vista un señor que sacaba botellas de plástico de un contenedor ecológico, y que las comprimía como acordeones para que cupiesen mejor en su bolsa. Tapado con una manta un indigente dormía en un banco. Y cubierta de pies a cabeza con un edredón de flores, también dormía otra persona a la puerta de un teatro. Y casi al lado, en la oficina de una caja de ahorros, una mujer abandonada dormía sobre el suelo.

El sol sale en la ciudad por la zona donde ha estado el Fórum. Pero no es su disco lo primero que se ve, desde luego; sino la luz de una segunda noche, algo más clara que la primera, de un azul menos nocturno. Y quienes han atravesado esa espesura noctámbula de palabras que se enredan como maleza, y de risas enzarzadas que dejan sus pequeños arañazos, se sienten un poco supervivientes de un mundo que al final no existe. Entonces forman grupitos heroicos, de una heroicidad de gintonic, y van reuniéndose a la puerta de las churrerías para ponerle un final castizo a la noche. Barcelona es una ciudad antitaurina que se desayuna las resacas con churros y chocolate a la taza. Existe una sentencia que dice: «Las cosas claras y el chocolate espeso», y ahí se muestra un país donde la gente prefiere detenerse en las espesuras de los churros con chocolate que en la espesura de la vida. A Julie le apetecieron churros y le pidió a Ferran que la acompañase. Después Ferran la llevó en busca de libros.

Se ha escuchado el latido de un despertador en una calle vacía. El portero de un parking se asoma a la acera para contemplar el despuntar del día y bosteza con las manos metidas en los bolsillos. Los pájaros empiezan a bajar de las azoteas a los árboles. Remata su pintada un grafitero, y a toda prisa se aleja en bicicleta, con la mochila llena de rotuladores y de esprays para automóvil. Un anciano anda rebuscando céntimos de euro olvidados en las cabinas de teléfono. Alrededor del mercado de Sant Antoni los libreros ya se han puesto a montar los puestos. Llegan con sus coches cargados de cajas de libros viejos, usados, nuevos. También los de los tenderetes de los tebeos empiezan a instalar sus cubetas rebosantes de cuadernillos. Julie busca en los cajones el *Spiderman* de Ditko, que dibujó al Peter Parker más introvertido, más delicadamente adolescente, y junto a ella Ferran prefiere al Hombre de Hierro, atrapado en su armadura, a un paso de la nueva carne. A Julie le gustaría subir enseguida al Tibidabo y perderse entre la soledad de las atracciones. Ha entendido que la ciudad, cuando amanece, es a su manera un parque de atracciones lleno de tipos solitarios, un extraño parque de atracciones por cuyas fachadas trepan alucinados tipos solitarios que se creen hombres araña.

At dawn the sun cut the silhouette of the Las Aguas tower with its missile profile, saluting the passing days. The newspaper delivery vans had already begun their route to the newsagents, still closed at this hour. Julie took a paper from one of the packages and, taken by an idle sense of humour, corrected the delivery invoice with a pen. She didn't forget to collect the Sunday supplement.

A man and a woman trying to feel young again returned to their house, tired of tobacco and other things, and, as she turned the key in the lock, he finished off his cigarette butt, threw it down and then ground it into powder with his still shiny shoes. An ambulance passed by, slowly and silently, its strobe lights off, like a bored ghost. And another solitary man lit the first cigarette of the day and called to his dog, advancing down the pavement away from him, seeing the world with a dark stain around one eye. He called, "Treski!" perhaps because he had been a reader of the *La familia Ulises* comic. And another guy, also smoking, continued to push his cart full of dirty clothes and cardboard. And more and more solitary vehicles began to circulate, because at this hour the city is peopled by a solitary multitude of cars and people.

Some sleepy women were riding on a bus coming in from the outskirts. They were going to work with their heads leaning on the windows. A gentleman taking out plastic bottles from a recycling bin followed the women with his gaze and folded the bottles like accordions so they would better fit into his bag. A destitute person covered with a blanket slept on a bench. And another slept in the doorway of a theatre, covered head to toe in a flower duvet. And almost right next to him, in the office of a savings bank, an abandoned woman slept on the floor.

The sun comes up in the city through the area where the Forum was. But its disk is not by any means the first thing seen, that is the light of a second night, somewhat clearer than the first, a less nocturnal blue. And those who have crossed this night thicket of words that get snarled up like weeds, of tangled laughs that leave their little scratches, feel a bit like survivors of a world that in the end does not exist. So they form small heroic groups around the heroism of a gin and tonic and they meet at the doors of the churro shops to put a proper end to the night. Barcelona is a city against bull-fighting, one that feeds its hangovers with churros and hot chocolate. There is a saying in Spanish that says, "Ideas should be clear and chocolate thick", revealing a country where the people prefer to waste time on churros and the thickness of hot chocolate than on the thickness of life itself. Julie felt like eating churros and she asked Ferran to take her there. Afterwards Ferran took her in search of books.

The throb of an alarm clock had been heard in an empty street. A car park attendant comes out to the pavement to contemplate the daybreak and yawns with his hands stuck in his pockets. The birds begin to come down from the rooftops to the trees. A graffiti artist concludes his piece and takes off on a bicycle at top speed, with his backpack full of markers and car spray paints. An elderly man rummages around for forgotten cents in telephone boxes. The booksellers around the Sant Antoni market have already begun to assemble their stands. They arrive in cars loaded down with boxes of old books, second-hand books, new books. Those with stalls of comics also begin to put out trays brimming with papers. Julie looks in the crates for *Spiderman* by Ditko, the one who drew the most introverted, delicately adolescent Peter Parker. Beside her, Ferran prefers Iron Man, trapped in his armour, one step from new flesh. Julie would like to go up to Tibidabo right away and lose herself in the solitude of its rides. She understands that the city at dawn is a theme park in its own way, full of solitary types, a strange amusement park whose façades are climbed by crazy solitary types who think themselves spider men.

06:14 h

Via Laietana / Plaça Ramon Berenguer El Gran

Frank Kalero

06:17 h

06:20 h

Avinguda Diagonal / Gran Via Carles III (Plaça Reina Maria Cristina)

Avinguda Diagonal cantonada Carrer Balmes

06:21 h

Plaça Joan Carles I

Av. Diagonal
- Pl. de les Glòries
- C. Gran de Gràcia
- Pl. Lesseps

Carrer Àngel J. Baixeras

06:22 h

06:25 h

Trambaix Avinguda Diagonal / Plaça Francesc Macià

06:30 h

Carrer Pelai

Carrer Rosselló

Passeig de Gràcia cantonada Gran Via de les Corts Catalanes

Passeig de Gràcia

Gran Via de les Corts Catalanes cantonada Carrer Balmes

Carrer Còrsega

06:35 h

Gran Via de les Corts Catalanes cantonada carrer Bruc

Carrer Balmes cantonada Gran Via de les Corts Catalanes

Ronda de Sant Antoni

06:38 h

Avinguda Diagonal

Arc de Triomf

06:39 h

Jardins Ferran Soldevila / Avinguda Diagonal

Via Augusta

06:40 h

06:43 h

Teulades del carrer Bruc

06:46 h

Montjuïc, teulada de l'antic bar del Mirador

06:51 h

Mercat de Sant Antoni

CHOCOLATE ON CHURROS

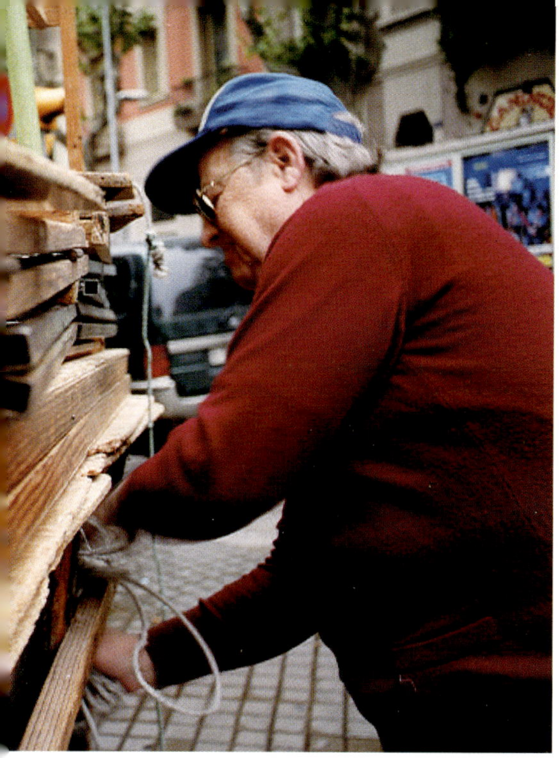
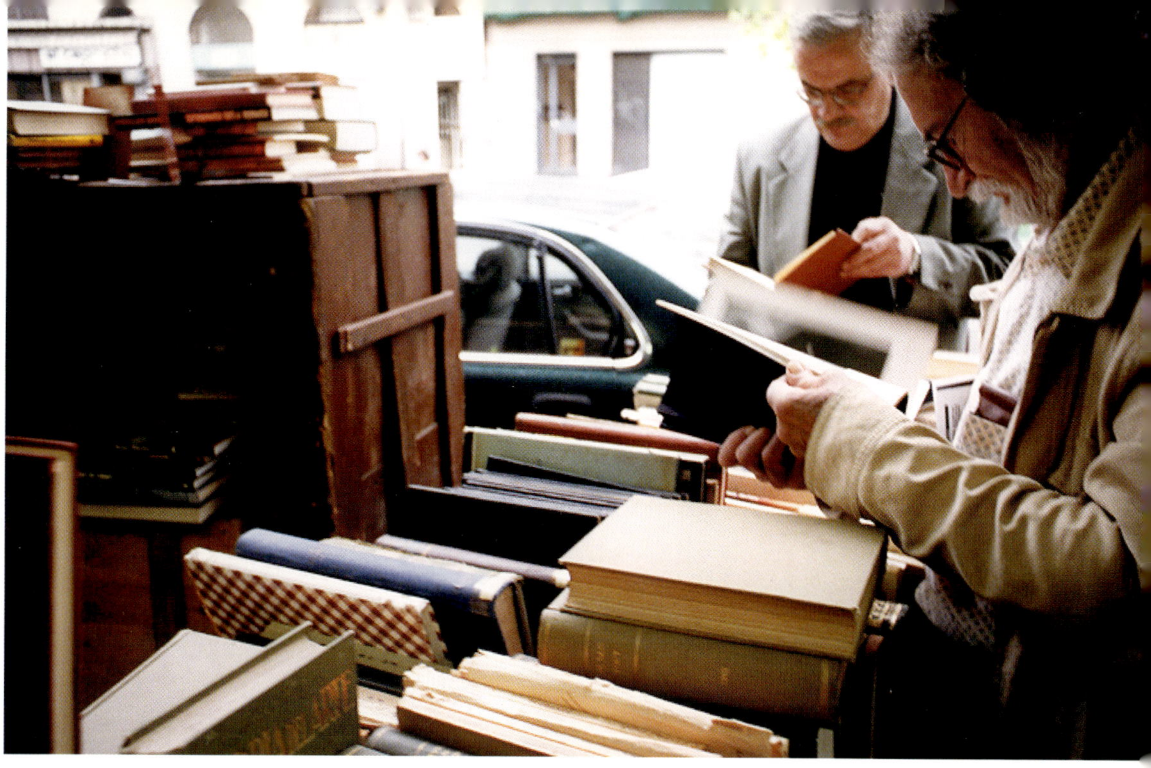
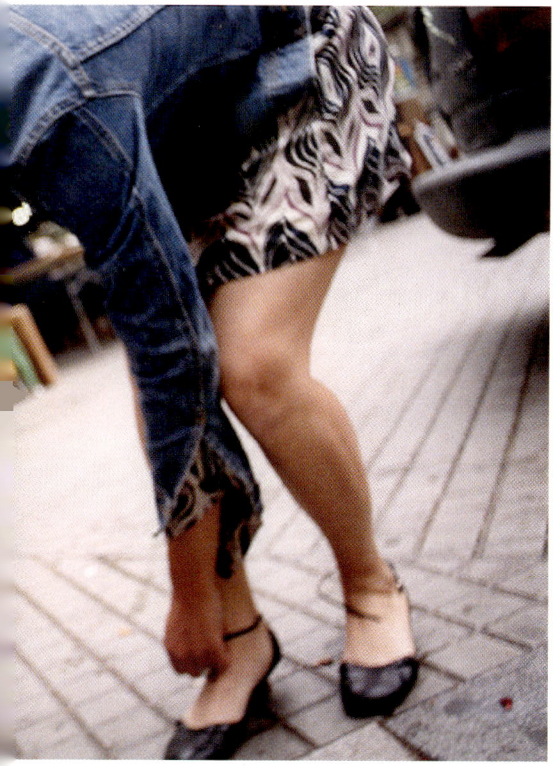
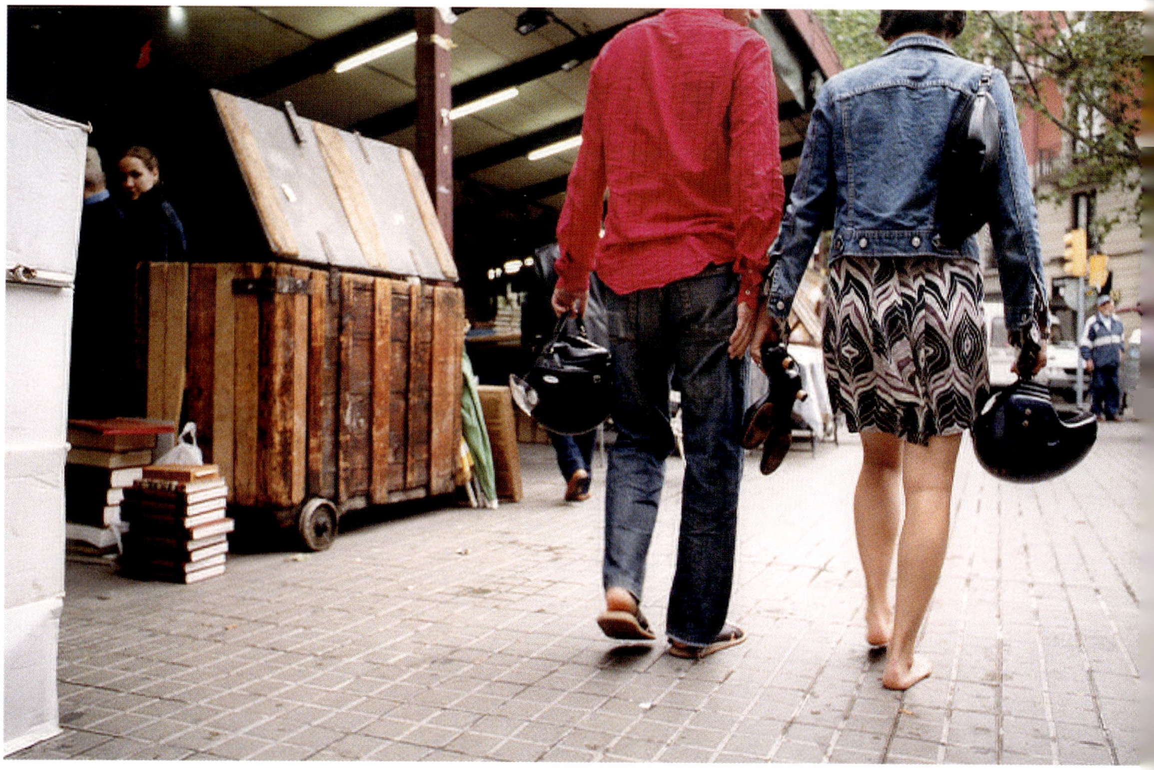
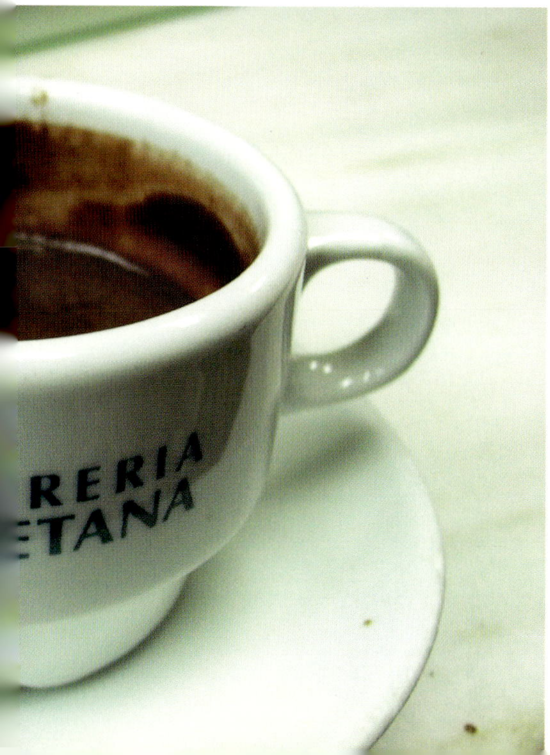
RERIA
ETANA
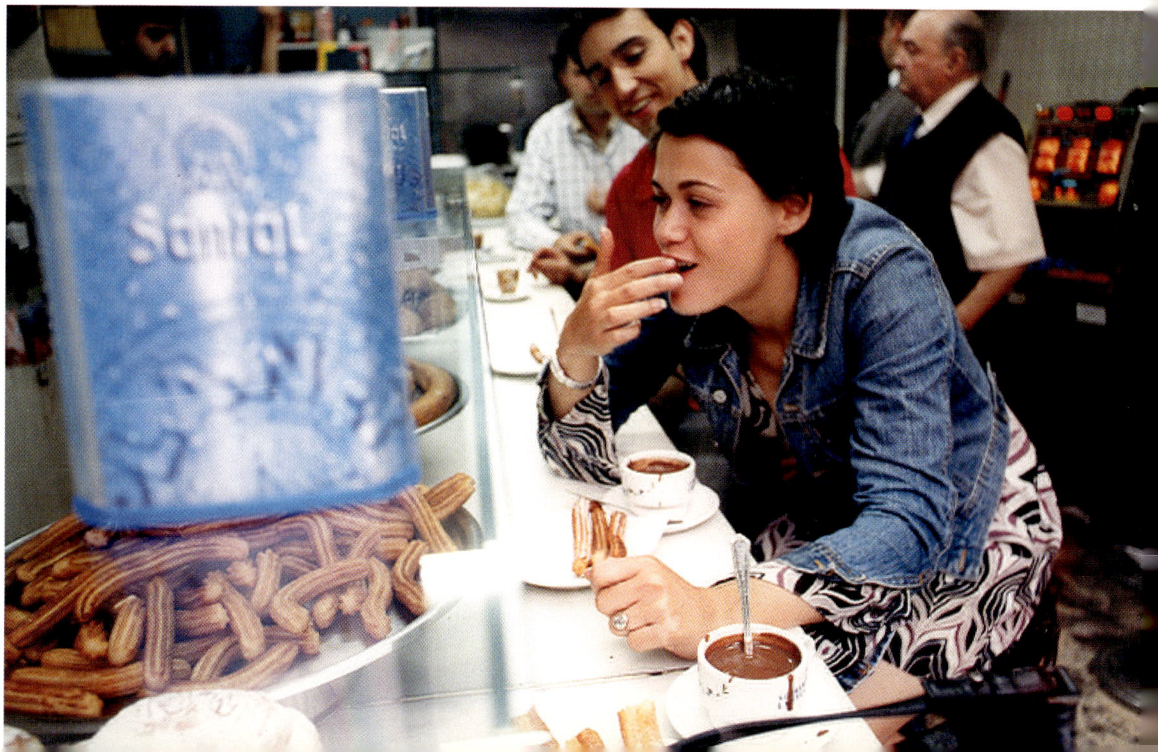

07:00 h

Ana M. Moix

La dona de bronze, a la vora del petit estany, es reflectia en l'aigua tenyida dels daurats del matí estival i es repetia en el vidre i els marbres que conjuntaven la prístina geometria de l'edifici. La llum de la superfície marmòria («marbre verd alpí», «marbre verd de l'antiga Grècia», «marbre travertí romà» i «ònix daurat de l'Atlas», recorda que havia llegit a la seva guia) rebotava en la pell bronzina de la figura femenina, tot i que feia la impressió que era la figura femenina qui l'emetia omplint el Pavelló d'una mena de transparència que es diria apta al tacte humà. Sí, era una claredat suspesa en l'espai, una claredat que sostenia a la visitant del recinte i que gairebé es podia tocar. Ara, veient el port, recorda, camí dels molls on embarcarà en el ferri en direcció a Mallorca, que així que va trepitjar l'interior del Pavelló Mies van der Rohe, a Montjuïc, va pensar en l'error que hauria suposat cedir a la temptació de saltar-se la visita, vençuda pel cansament de la turista que fa una jornada sencera que visita la ciutat. La sensació de placidesa que la va envair en entrar en el Pavelló havia tingut efectes físicament reparadors sobre el seu organisme, sobre un cos que, gairebé d'immediat, en qüestió de breus minuts, havia passat de l'esgotament a una eufòria lleugera, a una puixança gairebé musical, ritmada per les lleus notes d'una partitura espacial. Per què la visió del Partenó, a l'Acròpolis d'Atenes, se superposava de sobte, en la seva ment, a aquella geometria de vidre i ombres verdes que ara la contenia a ella, aquell espai creat per Mies van der Rohe el 1929, és a dir, vint-i-cinc segles més tard que el temple grec i amb el que, de fet, no tenia, ni remotament, cap relació? Va pensar que la rotunda modernitat del recinte era el grau màxim d'innovació de què podia gaudir una sensibilitat com la seva, habituada a les formes clàssiques. «Una passa més», recorda que va dir-se —o va dir algú, en un xiuxiueig pronunciat com amb veu de pluja lenta, exterior però molt propera—, una passa més en el camí de la modernitat arquitectònica i les caixes, els cubs, els trapezis i els espais multiformes on habita l'home *serien* propis de decorats de ciència-ficció. Recorda que, mentalment, havia anul·lat la condicionalitat de l'últim verb: en realitat, va pensar, ja *són* habitacles propis de malsons de ciència-ficció molts dels edificis creats per la darrera arquitectura. I ho són des de fa molt temps. Potser, en entrar en aquell espai d'harmonia, havia trepitjat la frontera que separava l'art a la mida de l'home de l'art a la mida de la seva despersonalització com a aposta de futur històric; potser ara es trobava en el límit entre l'art com a mitjà capaç de suscitar l'expansió sensitiva, racional i cognitiva de l'ésser humà i conduir-lo, arrossegat, fins a la seva fusió amb els confins de l'existent, l'art com a solució al seu destí de despullament d'ell mateix.

Al peu de l'estàtua de Colom, camí del port on havia d'agafar el ferri que la duria a Mallorca, la brisa del matí, a una hora tan matinera, li va retornar la frescor de l'interior del recinte del Pavelló que havia visitat encara no feia mitja hora. Va mirar cap a Montjuïc. El parpelleig que provava de desemboirar la mirada enterbolida per la manca d'hores de son no va aconseguir separar la verdor dels jardins de Montjuïc del de les capçades dels plataners de la Rambla que acabava de deixar enrere. Els verds es barrejaven en la seva ment, confusa, a punt de cedir a la somnolència. Es va aixecar del banc, disposada a creuar la calçada que la separava del port. Al primer, però ja càlid, sol del matí, el mar, sense onades, semblava un animal blau que just començava a deixondir-se amb el lleu pessigolleig de la brisa, entestada a despertar el món amb el seu fregadís fresc. En acostar-se més al moll, a la recerca de l'embarcació a la que havia de pujar, va veure que el mar es bellugava lleugerament, sacsejant-se la indolència amb onades menudes i espurnejants sota un cel límpid, en la transparència blava del qual encara quedaven algunes estries rosades de la recent sortida del sol. L'aire, suau, li va acostar unes veus que fins aquell moment havia percebut com des d'una llunyania d'estiu. Comiats apressats entre viatgers i acompanyants en uns darrers minuts durant els quals ella, girada d'esquena a la ciutat i ullant uns fullets de paisatges mallorquins, va dir-se que els déus de l'antiguitat havien triat, amb raó, el Mediterrani com a lloc indicat on somniar-se humans.

La mujer de bronce, al borde del pequeño estanque, se reflejaba en el agua teñida de los dorados de la mañana estival y se repetía en el vidrio y los mármoles que conformaban la prístina

07:00 h Pavelló Mies van der Rohe

08:00 h Port de Barcelona

07:10 h

geometría del edificio. La luz de la superficie marmórea (mármol verde alpino, mármol verde de la antigua Grecia, mármol travertino romano y ónice doré del Atlas, recuerda que leyó en su guía) rebotaba en la piel broncínea de la figura femenina, aunque daba la impresión de ser la figura la que emitía la luz, llenando el pabellón de una suerte de transparencia que diríase apta para el tacto humano. Sí, era una claridad suspensa en el espacio, una claridad que sostenía a la visitante del recinto y casi se podía tocar.

Recuerda, ahora, a la vista del puerto, camino de los muelles donde embarcará en el ferry en dirección a Mallorca, que sólo pisar el interior del Pabellón Mies van der Rohe, en Montjuïc, pensó en el error que habría supuesto ceder a la tentación de saltarse la visita, empujada por el cansancio de la turista que lleva una jornada entera visitando una ciudad. La sensación de placidez que la invadió al entrar en el pabellón tuvo efectos físicamente reparadores sobre su organismo, sobre un cuerpo que, casi de inmediato, en cuestión de breves minutos, pasó del agotamiento a una euforia ligera, a un brío casi musical, ritmado por las leves notas de una partitura espacial. ¿Por qué la visión del Partenón, en la Acrópolis de Atenas, se superponía, de repente, en su mente, a aquella geometría de vidrio y sombras verdes que la contenía a ella ahora, aquel espacio creado por Mies van der Rohe en 1929, es decir, veinticinco siglos más tarde que el templo griego y que, de hecho, no guardaba, ni remotamente, relación alguna con él? Pensó que la rotunda modernidad del recinto era el grado máximo de innovación que podía gozar una sensibilidad como la suya habituada a las formas clásicas. Un paso más, recuerda que se dijo —o dijo alguien, en su susurro pronunciado como con voz de lluvia lenta, exterior pero muy cercana—, un paso más en el camino de la modernidad arquitectónica y las cajas, cubos, trapecios y espacios multiformes donde habita el hombre *serían* propios de decorados de ciencia ficción. Recuerda que, mentalmente, anuló la condicionalidad del último verbo: en realidad, pensó, ya *son* habitáculos propios de las pesadillas de ciencia ficción muchos de los edificios creados por la arquitectura contemporánea. Y lo *son* desde hace mucho tiempo. Quizá, al entrar en ese espacio de armonía, había pisado la frontera que separaba el arte a la medida del hombre del arte a la medida de su despersonalización como apuesta de futuro histórico; quizá se hallara ahora en el límite entre el arte como medio capaz de suscitar la expansión sensitiva, racional y cognitiva del ser humano y conducirle, arrebatado, hasta su fusión con los confines de lo existente, del arte como solución a su destino de despojamiento de sí mismo.

Al pie de la estatua de Colón, camino del puerto, donde cogería el ferry que la llevaría a Mallorca, la brisa de la mañana, a hora tan temprana, le devolvió el frescor del interior del recinto del pabellón visitado no hacía aún media hora. Miró hacia Montjuïc. El parpadeo que intentaba desnublar la mirada entorpecida por la falta de sueño no logró separar el verdor de los jardines de Montjuïc del de las copas de los plátanos de la Rambla, recién dejada a su espalda. Los verdes se mezclaban en su mente, confusa, a punto de ceder a la somnolencia. Se levantó del banco, dispuesta a cruzar la calzada que la separaba del puerto. Al primero, pero ya cálido, sol de la mañana el mar, sin olas, parecía un animal azul que justo empezaba a desperezarse al leve cosquilleo de la brisa, empeñada en despertar al mundo con su fresco roce. Al acercarse más al muelle, en busca de la embarcación a la que debía subir, vio que el mar se movía ligeramente, sacudiéndose su indolencia con olas menudas y destellantes bajo un cielo límpido, en cuya transparencia azul quedaban aún algunas estrías rosadas del reciente amanecer. El aire, suave, le acercó voces, hasta aquel momento percibidas como desde una lejanía de verano. Despedidas apresuradas entre viajeros y acompañantes en unos últimos minutos durante los que ella, dando la espalda a la ciudad y hojeando unos folletos de paisajes mallorquines, se dijo que con razón los dioses de la antigüedad eligieron el Mediterráneo como lugar indicado donde soñarse humanos.

The bronze woman on the edge of the small pool was reflected in the water, dyed by the golds of the summer morning and repeated on the glass and marble that unified the pristine geometry of the building. The light of the marble surface (green Alpine marble, green marble from ancient Greece, Roman travertine marble and gilded Atlas onyx, she remembers reading in her guidebook) bounced back on to the bronzed skin of the feminine figure, although it gave the impression that it was the feminine figure who emitted it, filling the Pavilion with a fortuitous and tactile transparency. Yes, it was a light suspended in space, a light that sustained visitors to the exhibition site and could almost be touched.

She remembers, now — within sight of the port and the path of quays where the Majorca-bound ferry *would* dock — that merely stepping into the Mies van der Rohe pavilion at Montjuïc made her think what a mistake it would have been to yield to the temptation to skip the visit, transported by the weariness of a tourist who has spent an entire day visiting a city. The feeling of placidity that overcame her upon entering the Pavilion had restorative physical effects on her being, on a body that almost immediately, within minutes, passed from exhaustion to a slight euphoria, an almost musical verve, carried along by the light notes of a spatial score. Why, in her mind, had the vision of the Parthenon, in the Athens Acropolis, become suddenly superimposed on that geometry of glass and green shadows containing her now, that space created by Mies van der Rohe in 1929 — twenty-five centuries later than the Greek temple, and with nothing whatsoever to do with it? She thought that the emphatic modernity of the site was the maximum degree of innovation that a sensibility such as hers, accustomed to classical forms, could enjoy. One step later, she remembered what she had said to herself — or what Ferran had said, in a pronounced whisper like a slow rain, outside but nearby — one step more on the road to modern architecture and the boxes, cubes, trapezoids and multi-formed spaces man inhabited which would belong in a science fiction setting. She remembers that she had mentally rescinded the conditional tense of the last verb: in reality, she thought, many of the buildings created by the latest architecture were living spaces that already *belonged* in science fiction nightmares. And they had *belonged* there for a long time. Perhaps upon entering this place of harmony she had stepped over the border that separated art on a human scale from art which was depersonalised as a commitment to a historic future; perhaps it now found itself at the limit between art as a medium capable of giving rise to sensitive, rational and mindful human construction and art that was hastily driving man towards fusion with the limits of what now exists, art as a solution to its own destiny of stripping itself bare.

As she sat at the foot of the Columbus statue, on the path to the port where she would catch the ferry to take her to Majorca, the morning breeze at such an early hour took her back to the cool inside of the pavilion she had visited not half an hour ago. She looked toward Montjuïc. She blinked, trying to clear a vision that was stupefied by lack of sleep, but could not manage to separate the greenness of the Montjuïc gardens from that of the treetops in the Ramblas that she had just left behind. The greens blended in her mind, confused, about to give in to drowsiness. She got up from the bench, prepared to cross the road that separated her from the port. By the first sun of the morning, already warm, the calm sea looked like a blue animal, just beginning to stretch itself in the light tickle of a breeze that was determined to wake up the world with its fresh touch. As she neared the quay, searching for the vessel she had to board, she saw that the sea was moving slightly, shaking off its laziness with small sparkling waves under a limpid sky, whose blue transparency still held some pink stripes from the recent dawn. The soft air carried voices to her, which she had perceived up to that moment as if from a distant summer: hurried farewells between travellers and their companions, during a few last minutes when she turned her back on the city and, flipping through a few leaflets of Majorcan landscapes, told herself that the ancient gods had chosen the Mediterranean for a reason, as the best place to dream that they were human.

07:18 h

Patrick Thomas

07:23 h

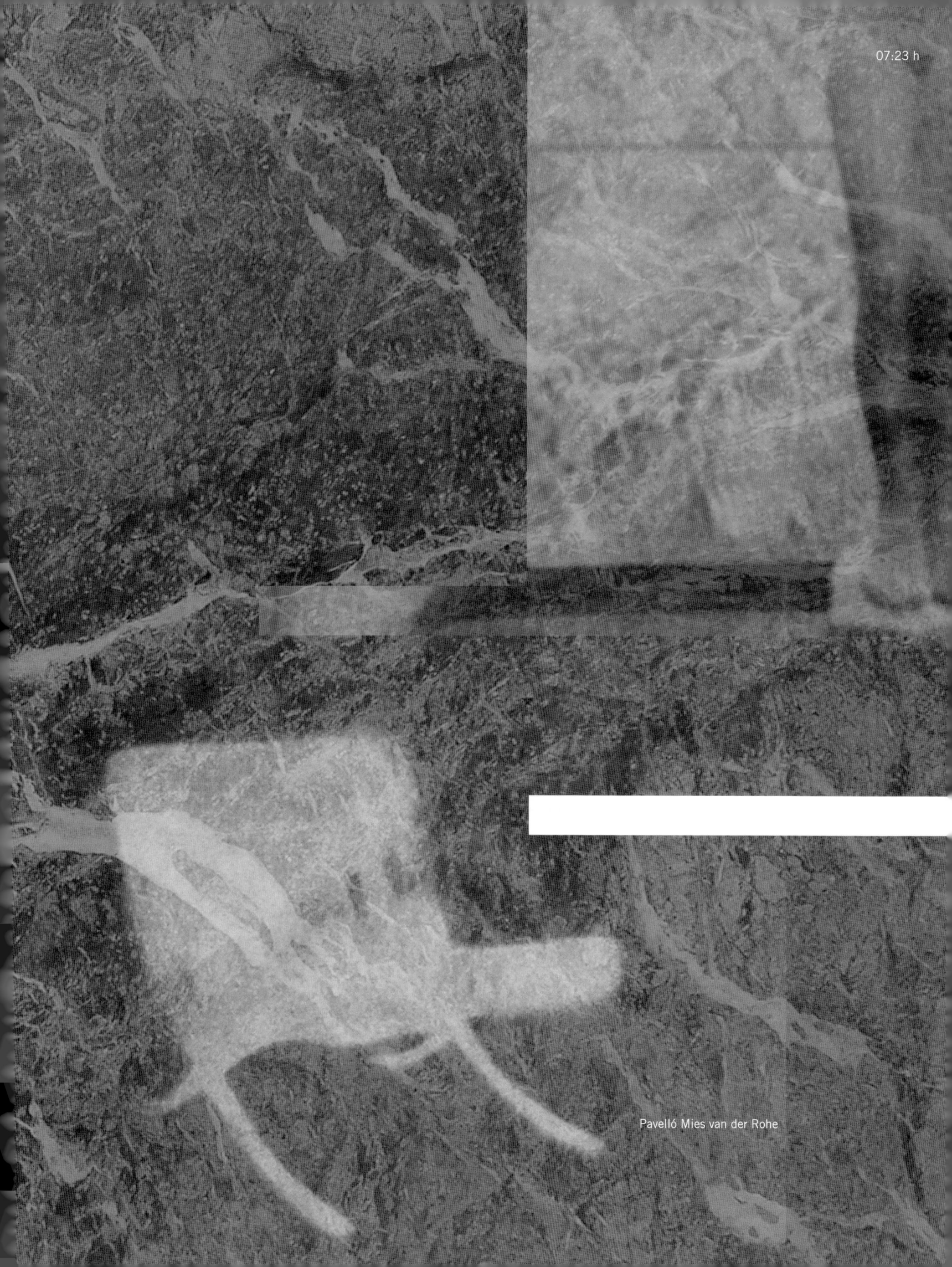

Pavelló Mies van der Rohe

07:24 h

07:25 h

Jardí Botànic

07:38 h

Fundació Joan Miró

07:46 h

Port de Barcelona

07:59 h

Telefèric de Montjuïc

08:00 h

Títol: BCN 24H

Primera edició: novembre de 2004

© d'aquesta edició, Brabander i Ajuntament de Barcelona, 2004
© de les il·lustracions: Fran Barquero; Montse Bernal; Rafa Castañer; Katja Enseling; Miguel Gallardo; Enric Jardí; Iñigo Jerez; Berto Martínez; José Luis Merino; Pep Montserrat; Raar; Patrick Thomas, 2004
© de les fotografies: Regina Carnicer; Alex García; Paola de Grenet; Heike Lohneis; Frank Kalero; Ana Lage; Jordi Oliver; Tanit Plana; Daniel Riera; Txema Salvans; Joan Tomás; Thomas Vilhelm Jørgensen, 2004
© dels textos: Joan Barril; Lluís-Anton Baulenas; Alfredo Bryce Echenique; Jorge Bucay; Francisco Casavella; Josep M. Espinàs; Enrique de Hériz; Jorge Herralde; José Carlos Llop; Juan Marsé; Andreu Martín; Guillem Martínez; Olga Merino; Ana María Moix; Xavier Moret; Javier Pérez Andújar; Jordi Puntí; Rosa Regàs; Carme Riera; Albert Sánchez Piñol; Màrius Serra; Javier Tomeo; Pau Vidal; Enrique Vila-Matas, 2004

Direcció editorial: José Antonio Díaz Fernández
Imatge i producció editorial: José Pérez Freijo
Coordinació editorial: Marta Lorés
Editor de fotografia: Pepe Baeza
Editor d'il·lustració: Laia Clos/Enric Jardí
Traducció al castellà: Carlos Vitale i Ana Mata
Traducció al català: Judit Mulet
Traducció a l'anglès: Casey Butterfield
Fotomecànica: SCAN4
Impressió: Grafos
Enquadernació: Arts Gràfiques Orient

Ajuntament de Barcelona

bbd brabander EDITORES

www.bcn.es/publicacions
www.brabanderdigital.com

Es reserven tots els drets
Cap part d'aquesta publicació no pot ser reproduïda, emmagatzemada o transmesa per cap mitjà sense permís dels editors

ISBN: 84-7871-238
Dipòsit legal: B-48.923-2004

Distribució nacional: RBA Libros